博物馆数字化建设及藏品保护利用与研究

林 琳 褚红轩◎著

吉林出版集团股份有限公司
全国百佳图书出版单位

图书在版编目（CIP）数据

博物馆数字化建设及藏品保护利用与研究 / 林琳，褚红轩著. -- 长春：吉林出版集团股份有限公司，2023.1
　　ISBN 978-7-5731-2550-7

Ⅰ.①博… Ⅱ.①林… ②褚… Ⅲ.①博物馆－数字化－建设－研究－中国 ②文物－藏品保管（博物馆）－研究－中国 Ⅳ.①G26-39 ②G264

中国版本图书馆CIP数据核字(2022)第188530号

BOWUGUAN SHUZIHUA JIANSHE JI CANGPIN BAOHU LIYONG YU YANJIU
博物馆数字化建设及藏品保护利用与研究

著　　者	林　琳　褚红轩
责任编辑	李　强
封面设计	图美之家
出　　版	吉林出版集团股份有限公司
发　　行	吉林出版集团青少年书刊发行有限公司
地　　址	吉林省长春市福祉大路5788号(130118)
电　　话	0431-81629808
印　　刷	唐山富达印务有限公司
版　　次	2023年1月第1版
印　　次	2023年1月第1次印刷
开　　本	787 mm×1092 mm　1/16
印　　张	14.75
字　　数	300千字
书　　号	ISBN 978-7-5731-2550-7
定　　价	69.80元

版权所有　翻印必究

前 言

随着科学技术的发展与进步,在博物馆的建设与发展过程中,以博物馆信息化建设为基础的数字化建设工作贯穿始终。推动博物馆信息化管理在博物馆各项工作中的全面覆盖,是推动博物馆智慧化建设工作的基石。博物馆数字化建设阶段的工作,是推动博物馆智慧化建设工作的坚实壁垒。针对博物馆的藏品进行数字化采集工作,是开展藏品管理、保护、研究与利用工作的基础。

当今,科学技术的发展给博物馆在展览展示、宣传教育、研究利用等方面工作的开展,增加了新的形式。观众沉浸式体验,成为博物馆的风尚。

博物馆的数字化建设和藏品的保护和利用,是博物馆以馆藏文物为本,开展各项工作的基础。目前,针对博物馆的数字化建设和藏品的保护和利用,国内缺乏基础且系统的文物保护学相关书籍,特别是涵盖了与时俱进的保护概念、理念和技术、方法的基础类文物保护学参考书籍,从某种程度上阻碍和制约了文物保护学科的建设、发展以及人才的培养。

博物馆承担着文化传播的重任,博物馆的网络化、数字化、智慧化成为未来博物馆建设的必然。鉴于上述背景,本专著围绕博物馆数字化建设及藏品保护与利用展开相关研究分为两个板块:首先介绍博物馆的数字化建设,包括博物馆数字化建设概述、博物馆数字化建设的应用与实践、数字技术在博物馆中的运用、博物馆藏品数字化采集管理与技术应用、博物馆数字建设的美学研究;然后介绍博物馆藏品保护与利用相关的内容,主要包括:文物保护、博物馆数字化建设在文物保护中的新应用、孔子博物馆数字化建设与文物保护管理实践、数字化与博物馆藏品利用、博物馆文物藏品保护管理研究。本书对于更好地开展博物馆各项工作,有重要的指导意义。

目 录

第一章　博物馆数字化建设概述 (1)
第一节　博物馆数字化的概念和内涵 (1)
第二节　博物馆数字化建设的意义 (10)
第三节　博物馆数字化的发展现状 (14)
第四节　博物馆数字化建设前景 (18)
第五节　数字博物馆的发展及未来 (22)

第二章　博物馆数字化建设的应用与实践 (27)
第一节　藏品数字化的采集工作 (27)
第二节　数字化在展陈中的运用 (30)
第三节　数字传播的需求与使用 (40)
第四节　文创研发的采用与促进 (48)

第三章　数字技术在博物馆中的运用 (53)
第一节　博物馆数字化建设的内容 (53)
第二节　数字技术对博物馆建设的促进作用 (57)
第三节　数字技术在博物馆运营中的应用 (60)

第四章　博物馆藏品数字化采集管理与技术应用 (62)
第一节　藏品管理系统的建设 (62)
第二节　馆藏数字化采集的实施与实践 (66)
第三节　数字资源的采集处理与审核 (74)

第五章　博物馆数字化建设的美学研究 (79)
第一节　展陈的数字化叙事 (79)
第二节　交互叙事在数字化背景下的运用 (85)
第三节　博物馆的审美意识与文化传播 (89)
第四节　新媒体语境下的博物馆 (94)

第六章　文物保护 ……………………………………………………（98）
第一节　文物的基本概念 ……………………………………………（98）
第二节　文物保护的基本概念和内涵 ………………………………（106）
第三节　影响博物馆文物保护的环境因素 …………………………（107）
第四节　文物保护的新理论和新方法 ………………………………（117）

第七章　博物馆数字化建设在文物保护中的新应用 …………………（137）
第一节　数字化技术在文物保护中的运用 …………………………（137）
第二节　数字化技术与文物预防性保护 ……………………………（141）
第三节　数字化技术与文物本体保护 ………………………………（157）
第四节　数字化技术在文物保护中的意义和前景 …………………（160）

第八章　孔子博物馆数字化建设与文物保护管理实践 ………………（163）
第一节　孔子博物馆及其数字化建设 ………………………………（163）
第二节　文物数字化信息采集与加工 ………………………………（164）
第三节　文物数字化保护管理平台建设 ……………………………（166）
第四节　文物数字化信息展示及利用 ………………………………（170）
第五节　孔子博物馆数字化保护存在的问题 ………………………（172）
第六节　孔子博物馆数字化建设的对策及展望 ……………………（174）

第九章　数字化与博物馆藏品利用 ……………………………………（180）
第一节　博物馆藏品利用概述 ………………………………………（180）
第二节　数字化引发博物馆藏品利用新态势 ………………………（193）
第三节　博物馆藏品展览与展示 ……………………………………（198）
第四节　博物馆藏品与社会教育 ……………………………………（203）
第五节　博物馆藏品的创意开发 ……………………………………（207）

第十章　博物馆藏品保护管理与研究 …………………………………（210）
第一节　藏品保护中的先进手段 ……………………………………（210）
第二节　玉石器保护管理与研究 ……………………………………（212）
第三节　陶器保护管理研究 …………………………………………（214）
第四节　青铜器类文物藏品保护管理研究 …………………………（218）
第五节　书画保护管理研究 …………………………………………（223）
第六节　瓷器保护管理与研究 ………………………………………（225）

参考文献 …………………………………………………………………（228）

第一章　博物馆数字化建设概述

第一节　博物馆数字化的概念和内涵

一、博物馆的定义

"博物馆"一词,起源于希腊语,意为"祭祀缪斯的地方",中国的典籍,很早就出现了"博物"的概念,但"博物馆"一词是舶来品。20世纪40年代,国际博物馆协会对博物馆的定义主要从博物馆的职能入手,从博物馆开放性功能及其展览展示的内容为出发点,界定属于博物馆范畴的机构。2007年,国际博物馆协会对博物馆的定义进行了修改,界定了博物馆的服务对象、机构性质、工作范围和工作内容。[①]2015年,国务院通过了《博物馆条例》,其中针对博物馆的定义进行了较为清晰的明确:"博物馆是以教育、研究和欣赏为目的,收藏、保护并向公众展示人类活动和自然环境的见证物,经登记管理机关依法登记的非营利性组织"。[②]2022年,国际博协第91次咨询委员会公布博物馆定义的最终提案:博物馆是为社会服务的非营利性常设机构,它研究、收藏、保护、阐释和展示物质与非物质遗产。它向公众开放,具有可及性和包容性,促进多样性和可持续性。博物馆以专业、道德的方式,在社区的参与下进行运营和交流,为教育、欣赏、深思和知识共享提供多种体验。也就是说,世界各国对博物馆都没有形成一个统一的定义,不同国家对博物馆的功能的认知大致相同,如博物馆对馆藏藏品的管理、保护、研究、利用功能。

构成一座博物馆,通常包含三个方面:一定的场所及设施、设备,馆藏藏品及博物馆从业人员和向社会公众开放并提供服务。由于博物馆种类的多样性,给博物馆一个明确的定义难度很大,不同类型的博物馆的职能具有多重性,不同区域文化的博物馆也承担着不一样的功能与作用。国际博物馆协会自成立以来,对博物馆的定义不断进行辩论和修订,至今没有达成共识。随着科技发展对博物馆发展的影响日渐凸显,据欧洲博物馆组织对全球六百余家博物馆的调查问卷统计,近半数以上的博物馆运用数字化技术,增强博物馆的管理和运营。博物馆存储下来的文物藏品,通过数字化的形式进行采集,可以从文物本体出发,将文物承载的价值和文物信息精准地复制下来,进行一种全新形式的数字化保存。当前,受众依托互联网,可以通过"云展馆"的形式欣赏到博物馆的展览、宣教等内容,博物馆从业者通过数字技术,增强博物馆馆藏藏品的保护和管理工作,数字技术的运用对更好地保护、管理、修复馆藏藏品提

[①] 龚良.从社会教育到社会服务——南京博物院提升公共服务的实践与启示[J].东南文化,2017(03):107-112+127-128.

[②] 黄旭茹.博物馆教育活动管理研究[D].华侨大学,2015.

供了重要的技术保障。博物馆服务对象是公众,公众走入博物馆,直面文物参观展览的体验感是线上展览目前无法给受众带来的,随着 AI 等技术的不断进步,真实本体和虚拟呈现之间的桎梏还需要被不断地打破。

二、国外博物馆的现状及发展

国外博物馆在不断发展的进程中,不同国家的博物馆的数量越来越多,博物馆的作用和意义逐渐提升。

(一)国外博物馆的分类及现状

国际上,世界各国博物馆的数量不断增加,博物馆的分类也越来越细致,其中,按照博物馆馆藏藏品的内容进行分类,可分为综合、考古、历史、艺术、自然等类型的博物馆。从所有制上进行分类,可以分为四类:国有博物馆、社会所有博物馆、学校所有博物馆和私人所有或基金会所有博物馆。从功能上分为两类,一类是为政治服务,宣传传扬民族文化的博物馆,一类是为社会团体服务,对社会实现、特定历史时期进行记载或纪念。

(二)国外博物馆的数字化发展情况

国外博物馆的数量越来越多,类型越来越丰富,用数字化的形式表现博物馆的内容,开展博物馆的宣教、研究等方面的工作越来越被各国博物馆所接受,数字多媒体的运用和虚拟技术的使用,令博物馆的展陈形式和宣教内容更加丰富。近年来,受新冠肺炎疫情的影响,博物馆的闭馆时间较以往有所增加,参观观众数量呈断崖式下跌,近年来,国际博物馆协会曾在全球一百三十多个国家调研,为疫情环境下博物馆的运营管理、线上展览等提供指导。全球的博物馆积极探索使用线上展览的形式,推动博物馆的数字化建设,为博物馆受众提供更便捷、更安全的展陈观展服务,在客观环境受限制的情况下,不断以崭新的形式强化博物馆的服务属性,不断发挥博物馆的力量。据统计博物馆在丰富受众日常生活、保护人类文化遗产等方面,发挥重要作用,各国政府均十分重视博物馆在文化传播、政治外交等方面的作用,政府助力博物馆的日常运营,采取多种措施,助力博物馆转型和复苏。全球三分之一以上的国家博物馆得到当地政府的资金支持,用于博物馆的日常运营管理,其中,对数字化技术方面,均投入较大的资金数量。卢浮宫、梵蒂冈博物馆、阿联酋博物馆等世界著名博物馆的门户网站上,按照馆藏藏品的文物门类和主题,将馆藏藏品进行细致的分类和呈现,并通过线上数字资源,将博物馆的日常管理、文物动态管理等内容提供给受众,让观众可以通过互联网欣赏到博物馆的馆藏藏品。

三、中国博物馆的现状及发展

在中国,现代意义上的博物馆出现于十九世纪初期。近年来,博物馆的数量不断增加,国家文物局是中国博物馆的主管部门,负责指导、协调文物的管理、保护、抢救、发掘、研究、出境、宣传等业务工作。

(一)中国博物馆的分类及现状

参照国际博物馆的分类,结合中国特色,中国的博物馆分为综合性、专门性和纪念性博物馆,按照所有制形式,分为国有博物馆和非国有博物馆两种。

(二)中国博物馆的数字化发展情况

中国博物馆在藏品管理和数字化方面的工作开展情况,与近代世界博物馆的发展是同步进行的。国家文物局每年对中国博物馆进行文物本体保护及预防性保护和文物数字化保护两块专业内容投入大量资金,全国各博物馆跟随科技发展潮流,很快进入到全球博物馆数字化发展的大潮流中,无论是博物馆藏品的数字化研究还是博物馆学术研究、社教宣传及文创研发方面,数字化对博物馆的发展都产生一定的促进作用。近年来,中国博物馆在博物馆数字化发展道路上发挥着日渐重要的作用,中国博物馆联合世界十六个国家的博物馆,在线上开展博物馆馆藏藏品介绍活动。

(三)中国博物馆数字化发展的必然性

随着信息传播方式的变化,从口口相传到以纸为主要载体的文字传播,再到依托数字化技术的互联网传播的出现,信息传播方式在不断发生着变化,对于博物馆而言,适应信息传播发展方式,更好地发挥博物馆的意义和作用,就要不断与时俱进,调整工作思路,适应传播方式的变化和发展。随着科技的发展和进步,博物馆数字化建设成为博物馆提高运营水平,发挥好自身职能的最重要的工作内容。在国家各级博物馆运行评估指标中,藏品管理系统的建设、宣传平台的建设、楼宇自控系统建设等与数字化技术相关联的内容均有涉及。信息技术在博物馆馆藏藏品的管理、研究等方面也发挥着越来越重要的作用。依托科学技术,让馆藏藏品"活起来",通过多种形式,增加博物馆藏品的线上传播途径,丰富线上传播形式,通过多种科技,增强博物馆观众的沉浸式体验,点击鼠标,就可以欣赏展览。互联网上出现越来越多的文物信息,让博物馆馆藏藏品爱好者和对历史文化感兴趣的观众,可以通过浏览博物馆门户网站、浏览博物馆自媒体平台等形式,欣赏和研究博物馆的藏品。

数字化技术在博物馆的大范围运用,可追溯至20世纪90年代。在中国,博物馆官方门户网站的设立及运营,开启了线上直接获取博物馆信息、浏览博物馆内容的新途径。随后,运用电脑等电子设备,对博物馆的馆藏藏品进行数字化管理,将传统的总账进行数字化登记和记录,将博物馆馆藏藏品图片,进行数字化呈现。博物馆数字化的出现,符合时代发展及科技发展对博物馆的客观要求。

随着科学技术的进步与发展,博物馆的管理设备自动化、藏品数字化、办公自动化等进入快速发展阶段,数字化技术被应用于博物馆的展览陈列、文物修复、日常管理、科教宣传等方面,这些技术的运用,令博物馆的运营方式发生了重大变化。近年来,随着科技的进步、自媒体客户端的丰富和发展,一些先进的技术被引进并应用于博物馆行业,AR、VR的运用,让博物馆展览展示的内容更加生动,形式更加丰富,视频、直播等传播手段的使用,让博物馆的宣传更加丰富多彩,3D技术的运用,让博物馆的文物复仿、文创产品研发等相关工作的开展更加轻松。

近年来,受疫情影响,中国博物馆采取闭馆或者限流的措施。为丰富疫情影响下人民的文化、娱乐生活,国家文物局牵头,以数字化服务的形式,集中推出全国博物馆云展览,博物馆云展览受众群体数量巨大。博物馆是传承弘扬传统文化、传播历史及科学知识、满足人民群众精神及文化需求的重要文化单位。疫情给博物馆带来了机遇和挑战,展陈理念新颖、公众认可度高的线上博物馆以全新的面貌迅速成长、成熟,"全景展览"这种展览形式,将博物馆展厅内的展览搬到"云"上,这种做法让实体展览能够发挥更大的作用,"云上博物馆展览"在情境感方面较为薄弱,运用多种技术形式,增强观看线上博物馆展览的沉浸式感受,带给受众全新的观展体验,一直是博物馆探索和努力的方向,以更好地发挥博物馆的艺术浸润力和文化熏陶力。

现代科技的发展和互联网技术的发展,令传统博物馆的时空局限被打破,极大地拓展了博物馆的受众群体,公众通过互联网线上浏览,有了更多的选择,博物馆与现代技术的结合,不只对博物馆的运营管理进行了提升,更对博物馆的展览展示和传播范围进行了拓展。现代技术与博物馆展览展示结合的传播形式,实现了从对实体展览的辅佐到成为展陈传播的重要转变,是当前博物馆数字化建设过程中的重要举措。疫情形势下博物馆的挑战和机遇,让博物馆数字化的建设进程不断加快,科技赋能博物馆的建设,给博物馆的线上传播创造了更多可能性。当前,博物馆的数字化建设还处在建设期向成长期过渡的阶段,藏品管理模式、知识构建和展陈逻辑等均有很大的提升空间,在防疫常态化的社会背景下,博物馆运营和管理的数字化建设将成为博物馆发挥服务社会功能的重要实现途径。

四、博物馆数字化的概念

博物馆的数字化,是指在科技发展的客观背景下,为更好地发挥好博物馆的功能和作用,运用信息技术化的先进技术,利用虚拟成像、三维立体图像、计算机技术、虚拟互动、网络传播技术等形式,将博物馆藏品、展陈、宣教等业务内容以数字化信息的形式在电子设备及互联网上保存、利用和呈现。利用数字化手段,加强博物馆对馆藏藏品的保护和利用,博物馆数字化建设的目的是更好地发挥博物馆的教育、展示作用,增强博物馆对馆藏藏品的保护和研究水平,让博物馆的馆藏藏品能够得到妥善的保护和传承。[1]博物馆运用现代科学技术对馆藏文物保存、保管、保护和利用,使用物联网对文物的存储环境进行整体监控,运用专业的恒温恒湿设备,对文物的存储环境进行调控和管理,使用文物的数字化技术,对文物的修复提供重要的修复依据,精准、准确地进行文物修复。

在互联网时代,科技迅猛发展,博物馆以传统文化场所发挥作用的形式逐渐丰富、途径逐渐多样,博物馆的数字化建设,是博物馆长久存在、与时俱进必须要面对的发展趋势,因博物馆的文化属性和藏品的文化承载,博物馆的热度持续提升,越来越多的受众关注博物馆。博物馆线上直播、线上展示等形式,都是博物馆拓宽公众服务的重要形式。博物馆的馆藏藏品

---

[1] 周静. 现代博物馆管理模式探析[J]. 东南文化,2009(04):94—97.

通过多种呈现形式,借助互联网进行传播,收藏在博物馆中的文物,可以通过数字图片、数字展陈等形式进行传播,吸引越来越多的公众线上观展、线上互动、线上打卡。运用先进的科技力量,让博物馆内的藏品"活"起来,充分利用移动通讯、物联网、云计算等形式,将博物馆原有的藏品资源以数字化的形式进行可视化、交互化的呈现,为观展的观众提供服务,增强博物馆的沉浸式观展体验。博物馆的数字化建设,辅助博物馆的实际发展,为博物馆的从业人员提供藏品管理的技术协助,很多博物馆的藏品管理系统、数字化资源管理系统等形式,对博物馆从业人员利用文物进行展览展示、利用文物进行科学研究及做好藏品的保护、整理、修复等各项工作提供帮助。博物馆的线上展示、线上互动、线上传播等,让博物馆通过崭新形式服务公众,博物馆的受众便捷地参与到博物馆展览展示欣赏、线上社教活动互动、云直播互动等服务中。受疫情影响,博物馆的数字化建设让"线上文化"的受众群体不断增大,对于博物馆而言,新的挑战就是新的机遇,通过线上和线下相结合的形式,输出更多的精品数字化内容,不断拉近博物馆与受众之间的距离,让博物馆的运营形式和服务形式不断创新,吸引更多的博物馆受众。

五、博物馆数字化的内涵

随着电脑、手机、平板电脑等电子应用设备的普及,人们获取信息的方式发生了巨大的变化。"互联网+"应用和博物馆的数字化建设及发展,使文博从业者能够使用新的科学技术提升文物的保管、研究和利用水平,近年来,在常态化疫情防控形势下,博物馆的数字化建设对博物馆拓宽业务途径、创新宣传方式等,提供了重要的支持。数字藏品和展览展陈的线上展览,让博物馆在缩小与受众之间的距离方面,发挥着重要作用。对博物馆而言,博物馆数字化的建设分为四个方面:其一为博物馆藏品数字化的采集制作与使用;其二为博物馆管理系统的建设,涉及管理系统既有藏品的管理系统,也可用于博物馆日常工作管理的OA系统;其三为博物馆展览展示内容的数字化多媒体表现;其四为博物馆日常宣传及社教活动的数字化呈现。博物馆数字化的终极目标是实现博物馆智慧化,让科技丰满博物馆的展示及服务的内容和形式。

博物馆的数字化建设,是一项非常复杂且巨大的工程,每座博物馆根据自己馆藏文物的特色,利用数字化的形式对博物馆的各项工作进行有计划、有目标的建设,逐渐完善博物馆的数字化设施,以数字化的形式促进博物馆日常工作的提升和改进,用更加丰富的形式做好博物馆的展览,提升展览的互动性,做好对观众的社会教育服务,增强观众的体验感,以更丰富有趣、生动形象的形式,提高观众对博物馆的兴趣。"博物馆热"的出现,让博物馆成为受众参观的重要旅游目的地,"云展示""云平台"的出现,丰富了博物馆的线上宣传、线上传播形式,博物馆的线上展陈,并不是简单的将博物馆的展览搬到线上进行展示,而是通过这种展示形式,为受众提供更丰富的观展体验,"云展示"要兼顾博物馆的受众群体,兼顾受众的多种需求,从互联网时代开始,博物馆就开始探索使用线上展示、线上讲解、线上讲座等形式丰富展示内容,在受疫情影响的特殊时期,全世界的博物馆都在探索使用最新的科技发挥博物馆自身的作用,满足受众的文化需求和精神需求。数字化展示呈现的是一个完整性强、规划性好、互动体验性高的展览。博物馆受众的水平各不相同,兴趣爱好也有很大的差别,博物馆的线上展示要做到统筹兼顾,既是学习平台,也是业务交流平台。线上展览的呈现与线下展览的展示形成良好的相互促进性。博物馆的数字化建设,是促进文旅融合的重要载体,数字技术在博物馆管理、运营、展陈、社教、文创等方面的运用,有利于博物馆打造独特的文化 IP,不断满足博物馆受众的文化需求,为文旅产业的数字化转型奠定基础。

六、博物馆数字化的概念、原理和特点

数字化博物馆建设是博物馆成长过程中的必然产物,数字化博物馆,是通过博物馆的信息化建设而逐渐形成的,并赋予博物馆新的特质。

第一,博物馆信息存储形式发生了重要变化,通过存储介质,博物馆从业人员和文博爱好者可以通过线上搜索查询的方式,便捷地获取知识。从理论上讲,潜在的博物馆用户比潜在的图书馆读者更大、更多。人们普遍不否认,博物馆藏品中存在的知识量是非常庞大和宝贵的,尤其是真实可靠的第一手资料。几乎所有普通人都能在博物馆藏品中找到或多或少有趣的东西。以客观的信息对象来回答这些疑问,那么博物馆藏品的潜在需求市场是非常广阔的。

由于传统的博物馆媒体大多不方便移动实物藏品,它们大多是不可再生和不可复制的,并且需要很大的展览空间,向公共服务提供信息。虽然每个展览都可能针对特定人群的需求,但人们会在博物馆的展厅参观展品。这需要时间、精力和金钱,站着看也不是人们习以为常的学习态度。问题是博物馆只能提供"团体服务",不能像图书馆那样提供"个人服务"。个人用户不可避免地要花费一定的金钱,往往不能完全满足自己的需求。

造成这种限制主要有两个原因:一是空间,如果公众不去博物馆,博物馆信息就无法呈现给公众;二是选择性,博物馆只能根据"群体需求"公开某些类型的信息。即使普通大众有一些超出展览内容的个性化需求,也无法满足。博物馆数字化在质地(触觉)、气味、味觉、身体运动和环境参与(在场)等综合或短程感官信息方面是不够的,可以在一定程度上转化最重要的视听感官,电磁信息信号。突破上述空间和选择性障碍,大大提高社会利用率。就空间而言,通过互联网,您可以坐在家里查阅和观察博物馆的藏品信息,也可以坐在博物馆大厅的电脑终端前,挑选来自世界各地的目标藏品信息。博物馆馆藏;只选体裁方面,等待人们投票的是一个几乎全面的露天博物馆藏品,而不是数量有限的主题展品和有趣的展品。人们可以根据自己的兴趣积极地参观博物馆,而不会受到来自非目标馆藏的大量信息所造成的"噪音"。互联网的发布形式,能够有效地解决这一现状,给有博物馆信息需求的受众,提供一条便利的途径。

博物馆数字化服务于受众,更能满足博物馆受众的个性化需求,对不同人群提供不同的服务,让有需求的受众来到博物馆之后,可以获得观展的愉悦和获取知识的快乐。

第二,博物馆的信息组织形式发生了变化,从单一的顺序排列转变为网状组织。例如,传统博物馆的展品需要人们在走动时看到,所以展品是线性排列的,最重要的是要注意逻辑顺序。参观陈列室的行为就像翻书一样,当你找到一个你感兴趣的部分时,停下来观看一会儿,

并在跳过之前找出你不感兴趣的部分。传统的博物馆观展形式,对博物馆受众而言,需要遵循固定的秩序,进入博物馆观展的受众,多采用自由观展和讲解员讲解观展两种形式,寻找感兴趣的展览展示内容、有目的性有针对性观展的体验感较差。

博物馆数字化展览展示、智能讲解设备等的运用,可以大大提升博物馆的数字化服务水平,受众走进博物馆,就可以运用智能设备、展陈展示辅助装置等,根据自己的喜好,选择自己感兴趣的内容进行观赏和学习。

每个博物馆藏品都是时间的产物,形成了藏品的"时间坐标";任何集合都由一种或多种材料组成,形成集合的"纹理坐标点";任何集合都有特定的用途,它构成了集合的"协调使用点";任何集合都有一个特定的通用名称,它构成了集合的"通用名称坐标点"。另外,任何一件藏品还有可能具备名称、纹饰或造型等工艺特征、来源、产地或作者、国别或族属、分类号、原号、总登记账号、相关人物、相关事件、入藏时间、收集时间等多种信息。运用信息技术实现的博物馆数字化,可以使藏品的相关信息通过设备载体,方便、快捷地呈现给受众。①

第三,博物馆信息的呈现形式发生了变化。博物馆内藏品通过展览的形式进行展陈,运用多种形式的多媒体技术,扩大展览呈现的范围,与传统博物馆中流线型的展览展示相比,数字化展陈需要运用更多的信息技术,也能够为受众提供更加多元的信息和知识。

第四,博物馆的信息传递周期发生了变化。数字化展览展示、智能语音讲解、自媒体宣传等途径,使博物馆的受众,在博物馆获取信息和知识的周期变短,数字化博物馆的建设,有利于博物馆更好地服务于受众。博物馆的展览、举办的社教活动等,可以通过自媒体的形式进行宣传,博物馆受众可以很快地获取到相关信息。

第五,博物馆的藏品信息化建设和数字化管理是博物馆发展的必然选择。博物馆通过对本馆藏品的信息化建设,有利于本馆针对馆藏藏品开展收藏、保护、整理、研究、利用等工作。

七、博物馆数字化可能带来的问题及解决方式

随着博物馆信息化建设的不断推进,数字化博物馆对博物馆的从业人员提供了诸多工作上的便利,实现博物馆数字化,也要面对如下几个方面的新问题。

(一)信息的组织与管理方法

实现博物馆数字化之后,博物馆信息的组织和管理成为博物馆存在的关键,博物馆信息化建设将藏品信息及博物馆馆舍建设等诸多信息均予以数字化,本馆工作人员和文博爱好者,想查询博物馆的相关信息,可以通过藏品管理平台或者互联网快速获取,如博物馆举办一个新的展览,博物馆选择在自媒体及网络媒体上进行宣传,受众获取到展览资讯后,可以看到展览内容、展出藏品,并根据自身兴趣点选择性观展或进行知识获取。博物馆数字化后,藏品资源的安全问题,是博物馆安全保障的一个重要方面。博物馆从业人员,根据工作需要,对文物藏品信息进行查询、管理和使用,数字化信息带来了很大的便利,但要充分保障博物馆藏品

---

① 童嘉露.博物馆文化传播的数字化应用分析[J].丽水学院学报,2022,44(03):73—78.

资源数据的安全性,避免出现不法分子获取藏品信息进行违法犯罪活动。

(二)信息与知识产权问题

博物馆的数字资源一经发布,受众可以通过互联网进行下载,一些商家不经博物馆允许,使用博物馆馆藏藏品信息的行为,令博物馆藏品的知识产权很难得到保护。处理好博物馆发布图片与藏品数字信息安全之间的矛盾,是博物馆维护自身知识产权权益的必然选择。

博物馆在进行藏品数字资源使用的过程中,注意对藏品数字资源的安全性的管理,例如,在网络上使用的宣传内容,图片使用非高清版本,对重点文物,进行水印处理。本馆的藏品管理系统,杜绝连接互联网使用,采取高安全性能的服务器,提升馆藏数字资源的安全性能。

(三)对博物馆经济收入的影响

博物馆是公共服务性机构,不以营利为主要目的,国家财政对博物馆的经费支持,是博物馆运营费用的主要来源。除此之外,社会捐赠、资金募集等经济来源,也是博物馆运营的财力支撑。文物是人类智慧的结晶,是全社会的共同财富。近年来,依托博物馆藏品数字资源进行文创研发,推出馆藏藏品的衍生品获取经济收益的形式,在世界博物馆领域风靡一时。故宫博物馆、河南博物馆、苏州博物馆等众多文博机构研发的文创产品,得到了市场的认可。除此之外,众多博物馆依托本馆的数字藏品与 NFT 平台合作,推出馆藏数字藏品,让文物与年轻人的距离进一步缩短。数字藏品的产生,让博物馆的藏品不仅能在博物馆橱柜展出和以图片、视频的形式在宣传媒体上呈现,还可通过区块链技术形成数字凭证,以新的形式,让文博资源共享互通。

鉴于博物馆的公益属性,博物馆藏品的数字资源,服务于社会受众,对博物馆藏品文物的数字资源的使用,不可因噎废食,对需要以宣传的形式对外公布的博物馆藏品数字资源,在不影响图像传播质量的基础上,采取压缩图片的清晰度、增加水印等形式的措施,维护博物馆的切身利益。在受众传播方面,观众通过线上观看藏品数字资源的形式理论上不会影响博物馆的受众群体走入博物馆观看实物的行为。数字藏品的线上宣传,会促进博物馆特色馆藏品吸引更多的受众。博物馆藏品数字资源,通过以电子屏幕为传播介质的传播形式,能够让一部分无法到博物馆现场观赏藏品的受众通过网络的形式,欣赏到文物的外形、色泽等,但这种视觉感受与在博物馆展陈上看到真实文物的感受,是有一定距离的。在博物馆展览陈列中,通过藏品数字化的形式,对文物藏品进行数字化展览展示,通过 3D 数字资源展示手段,将文物的 3D 模型展示出来,让观众能看到 360°的文物,也可以通过动画、VR 等技术,拓展展陈内容,让展陈形式更加丰富、展陈内容更加充盈。

(四)对博物馆运营资金的统筹

博物馆信息化建设给博物馆的藏品资源管理、馆舍运营等工作的开展提供了便利,文博人员对计算机的接纳,是时代发展的必然,电脑成为工作的必备工具,在博物馆的日常运营中,也发挥着重要的作用。文博从业人员通过电脑客户端进行工作的分配和实施,通过数字藏品系统、数字资源系统,对文物藏品的信息进行使用。博物馆在运营中,要拨付专门的资金进行数据库的运维,管理好、使用好本馆的文物信息。文物数据拍摄、采集、数据库建设均需花费很大的人力、财力,博物馆在运营过程中,需要做好顶层构架,积极争取上级资金支持。以孔子博物馆为例,孔子博物馆的文物信息是第一次全国可移动文物普查中集中进行的一次大规模的采集和记录而留存下来的文物信息化建设素材。[①]随后,博物馆又积极申请国家资金支持,对馆藏珍贵在级文物进行三维立体和二维平面的采集工作。对珍贵馆藏品采取保护性数字化采集,留存好藏品资源数据的同时,建设本馆藏品数据库、数字资源库和用于行政办公的 OA 系统,为推进智慧博物馆建设打牢基础。

博物馆的数字化实现形式有很多,概括而言,主要有以下四种。

第一,文博机构通过局域网的形式,将藏品资源管理系统建设好后,进行利用,博物馆不同部门的从业人员,可根据需要线上提取文物信息,开展相关工作,这种形式大大提升了文博人员的工作效率。

第二,博物馆信息建设成果,更好地服务于博物馆受众。文博从业人员根据对本馆藏品管理系统的内容进行特殊研发,在展陈需要时,通过电子触摸屏的形式,进行文物数据元素的多形式制作,以不同展陈效果的形式向观众呈现,也可以设置专门的观众服务查询场所,让有信息需求的观众,到馆后可以进行馆藏藏品信息的查询和研究。博物馆的馆藏藏品服务受设备和场地的限制,通常不会设置太多。

第三,线上藏品数据管理系统的建设。全国第一次可移动文物普查,国家文物局建设了全国可移动文物普查数据藏品系统,用于全国文博单位的可移动文物信息查询,各省市、各文博单位依托文物资源,建设自己的藏品管理系统。

第四,运用线上 OA 系统,实现对博物馆内部行政工作、行文批办、组织人事等工作的签批和处理,实现文博单位的内部管理,高效率地完成不同部门之间的工作协作,更好地服务于社会受众。

博物馆数字化的核心意义在于藏品信息的数字化保护,通过对文物藏品的数字化采集,实现对文物信息的精准掌握。当前,科技水平已经发展到一个新的高度,文物数字化采集工作的开展需要大量的资金支持,除扫描文物和制作文物图像的设备以外,还需要加强服务器的建设,这些技术的落实和使用,都需要雄厚的资金作为支撑。三维扫描数据的体量较大,对数据存储设备的数量和质量都有很高的要求。另外,文物的数据采集是崭新的行业,目前,各博物馆从业人员中,既懂文物也懂藏品数据采集的专业技术人员较为匮乏。各博物馆只能采用同公司合作,边学习边采集的方式,以项目带动专业人员的配备。在项目开展过程中,藏品管理系统的建设有据可循,但藏品信息的导入,不同的馆有不同的需求,不同馆的藏品类别各不相同,对藏品管理系统的需求也有差异,针对本馆的具体情况,进行软件研发的"私人订制",是文博单位在藏品资源库建设过程中所需要的服务形式。建立藏品管理系统和数字资源系统,实现对馆藏文物进行数字化采集和存储,是博物馆数字化工作开展的基础部分,运用藏品管理系统和数字资源系统,研究、保护和利用好馆藏藏品,才是博物馆数字化建设的关键所在。

总之,博物馆的数字化建设涉及多个学科,需要博物馆在人才、技术、经费等方面综合考

---

① 沈业成.关于博物馆数字化转型的思考[J].中国博物馆,2022(02):19—24.

量,进行研究性采集,具体问题具体分析,运用最新的科学技术,结合本馆馆藏文物的特征,开展博物馆数字化建设,照搬照抄的方式无法完成博物馆的数字化建设工作,根据本馆藏品情况,调整博物馆的藏品资源库建设的内容,让藏品资源库和数字资源库,能够更好地服务于博物馆的日常工作,是博物馆数字化建设的落脚点。结合本馆馆藏文物特征,做好系统研发,运用科学技术进行数据资源采取的过程,就是学术研究的过程,管理好、利用好博物馆藏品的数字资源,发挥好文物的社会价值。

第二节 博物馆数字化建设的意义

一、厘清博物馆中"人"与"物"的关系

21世纪,对博物馆的定义中,博物馆向社会开放、服务于社会发展,以教育为目标等特性,被世界各国所认同,理顺博物馆"人"与"物"的关系,是更好地管理博物馆、利用好馆藏藏品的立足点。多数博物馆作为非营利性的服务机构,具有共同的社会文化现象方面的本质属性,博物馆的发展需要顺应当前社会的发展和科技的进步。信息时代,博物馆的传播方式和运营模式不断变化,博物馆中的"物"指的是博物馆中的馆藏藏品以及博物馆中用于管理、研究、展示博物馆藏品的其他物品。"人"指的是博物馆的管理者和博物馆的受众,这个群体,是以不同形式利用博物馆的群体。当前,博物馆的发展,从以"物"为重心,逐渐转化为在做好"物"的保存、保护、管理基础上,以"人"为重心,重视人的需求,使博物馆更好地服务于人们的日常生活。受信息传播载体的影响,博物馆的管理和传播,顺应时代发展,不断向科技性、互动性、趣味性等方向发展。博物馆数字化建设,以计算机及信息技术为支撑,将互动性和虚拟性作为主要呈现形式,使博物馆学成为一个多学科运用、注重受众观展体验的综合学科。博物馆实施数字化建设,通过对藏品数据的采集,利用数字化手段,方便对藏品进行管理、利用和展示。

(一)博物馆的属性

从博物馆定义分析,博物馆的实物性和公众性是博物馆的共同属性。

藏品是博物馆的重要组成部分,保护、管理、研究、利用好馆藏藏品,做好藏品征集、考古发掘等工作,收集记录历史的文物藏品,扩充藏品存储量,持续发挥博物馆见证历史、传承历史的作用。实物和资料是构成博物馆最基本的组成部分。博物馆藏品是博物馆开展社会服务的重要载体,博物馆根据本馆馆藏策划文物展览,推出文物展陈,各博物馆之间,根据本馆文物藏品情况,策划特色展览,进行文物展交流,实现馆际学术交流、文化交流,让不同地域的博物馆受众群体,可以在当地博物馆欣赏到不同地域博物馆的藏品,学习不同博物馆不同时期文物藏品的历史文化。博物馆的数字化建设,有利于博物馆藏品的存储、查询和使用。数字资源可以使文物永久保存,除文物本体保存外,又多了一层安全保障。

博物馆是公共服务机构。在世界各国,博物馆的文化属性承载力,使博物馆不仅仅是藏品的保管机构,也是文化的宣传和弘扬机构,博物馆的服务性必须以受众为中心开展社会教

育,进行人文教育等,博物馆的馆藏藏品是人类的文化遗产,公共性的博物馆不以营利为目的,博物馆中保管的文物藏品是历史文化遗产的承载,需要子孙万代的传承。一座博物馆可以是一个国家或者是一座城市的记忆,见证历史和文化,博物馆作为文化传承、展示场所,既要有娱乐性也要有科技性。[①]要运用先进的科学技术,丰富博物馆的展示展陈形式,吸引博物馆的不同受众群体。"文物承载灿烂文明,传承历史文化,维系民族精神,是老祖宗留给我们的宝贵遗产,是加强社会主义精神文明建设的深厚滋养。保护文物功在当代、利在千秋。""博物馆是保护和传承人类文明的重要殿堂,是连接过去、现在和未来的桥梁。"博物馆运用数字化技术,让文物存储多一层保障,使文物利用过程更加简便,让文物展览展示实施更加容易。

(二)博物馆功能的发挥

博物馆的功能是开展对藏品的征集、管理、研究和利用,博物馆是开展藏品科研、宣传社教和藏品收藏的机构,藏品是博物馆的重要构成,藏品的构成形式是多种多样的。随着信息技术的发展,藏品存储、保管、宣教可以从文物本体出发,以多种形式展开,利用文物数字化,对文物本体进行采集,应用于文物的保管、研究、宣教、文创等方面。博物馆的数字化建设,就是依托博物馆的馆藏藏品进行的数字化采集,并将藏品采集的成果应用到博物馆的日常业务中,做好馆藏文物的保管和收藏工作;为更好地发挥博物馆的教育作用,博物馆中的科研服务与博物馆的服务属性,通过展览展示、社教活动等形式,解读文物背后的故事,挖掘藏品的文化内涵,并提供给博物馆的受众,实现博物馆的社会教育功能。博物馆的数字化建设,是数字技术在博物馆运营中的使用。

(三)博物馆内多学科融合的必然性

博物馆学因其特殊属性包罗万象,囊括多学科范畴,博物馆学是一门综合的、不断发展的学问。国际上,对博物馆学的认知方面,较为一致的观点认为:"博物馆学研究博物馆的学术史、时代背景以及博物馆在社会中的作用,分析博物馆与自然环境的关系和区别。"这一定义将博物馆学作为一门社会科学的属性予以明确。如博物馆的数字化建设对博物馆信息传播的拓展和建设,就是一个特定的学科领域。博物馆工作内容中对科技创新的不断学习与应用,是博物馆与时俱进发展的重要保证,多学科融合的博物馆学,令博物馆从业人员不断更新观念、提升技能,发挥主观能动性,为博物馆受众提供文化需求。博物馆可以通过数字技术拓展展陈内容,借助虚拟技术完成展陈文物及场景的虚拟呈现。

二、以数字化形式连通博物馆的时空

博物馆数字化建设,更好地发挥博物馆连接过去和未来的作用,数字化是博物馆客观发展的必然选择,数字博物馆概念的提出,侧重点在博物馆藏品的数字化信息采集,电脑设备对数字信息的采集、存储及数字信息的展示和运用等方面,数字博物馆运用计算机和互联网进

---

① 郑淞尹,王萍,丁恒,谈国新.基于方面级情感分析的博物馆数字化服务用户体验研究[J].情报科学,2022,40(04):171.

行博物馆日常管理和建构,并将博物馆的资源与互联网连通,提供给博物馆受众观赏。数字化博物馆的定义分为三个层面:其一是馆藏藏品的数字化采集与保管;其二是采集制作完成的数据可以通过数字资源的形式进行传播;其三是对不同形式博物馆数字资源进行利用及传播。数字化博物馆的概念,比博物馆的概念要更宽泛。

(一)数字博物馆建设的集中呈现形式

博物馆数字化通过两种形式开展,一种是对博物馆本体进行的数字化,一种是虚拟博物馆。这两种处理形式中,进行数字化的主体是不同的,一种是实体博物馆,一种是虚拟博物馆。

博物馆的电子化呈现,指的是运用当前的信息技术,将多媒体成像技术和网络信息技术运用到博物馆藏品的呈现,这里所说的狭义上的"电子",单纯是指博物馆传播的一种媒介。

数字博物馆建设中的虚拟性应用。博物馆数字化建设侧重于数据的采集,会出现两种不同内涵的虚拟性。一种以数字信息库的形式进行博物馆数字化采集和呈现。另一种通过虚拟成像,客观还原历史场景、文物背后的时代背景等。不同形式的数字博物馆均是构成博物馆数字化建设的因素。

依托互联网建设以网络形式呈现的博物馆。在互联网上建立博物馆,让有需求的博物馆受众可以通过互联网来获取博物馆的相关资讯,互联网上的数字博物馆建设,囊括博物馆数字化建设的多种形式。如博物馆门户网站、博物馆展陈数字化呈现、文物藏品数字化呈现、博物馆藏品管理系统的建设与使用等。①

博物馆的门户网站建设。博物馆的门户网站是博物馆数字化建设最集中的表现,博物馆通过门户网站的建设为博物馆受众提供本馆的文物信息,但博物馆的官方门户网站并不等同于数字博物馆,它可以承载数字博物馆,是博物馆数字化建设的组成部分。

(二)数字技术运用对博物馆数字化建设的促进

数字技术运用到博物馆的管理和运营中,对博物馆的促进作用主要表现在,将博物馆的文化属性与计算机的科技属性相结合,并融合了多种学科,如档案学、信息技术学、博物馆学等的知识。

1. 藏品数字化采集

博物馆馆藏藏品的数字化采集,是博物馆数字化建设的重要步骤之一,博物馆的藏品信息以数字形式进行展示,是数字博物馆建设的关键,博物馆文物藏品的数字化采集按照文物类型分为两种形式,一种是三维立体文物,需要进行文物的三维信息采集,一种是平面文物,需要进行文物的二维信息采集。

2. 虚拟技术的运用

博物馆藏品的数字化实现之后,文物以数字资源的形式存在,将文物数据进行不同形式的运用,可服务于博物馆的社会教育和科研文创。在文物展览展示过程中,为实现文物内涵

---

① 孔妍."三孔"世界文化遗产管理研究[D].新疆大学,2017.

的展示,进行文物本体、历史场景等形式的虚拟呈现,让观众有沉浸式的观展体验。另外一种虚拟技术,就是指博物馆受众通过电子设备利用屏幕进行博物馆虚拟呈现的欣赏,如博物馆展览数字化虚拟成像的采集及传播。

3. 藏品管理方面的运用

博物馆数字化为博物馆从业人员提供了一个很大的便利,数字化藏品信息有利于博物馆人对博物馆藏品进行保管、研究和利用。通过对文物信息的采集和藏品系统的录入构建起来的藏品管理系统,可以为博物馆从业人员提供便利,更好地发挥博物馆的力量。

三、拓展博物馆的空间

博物馆数字化的建设,要处理好真实场景、虚拟场景及线上场景三者之间的关系,拓展博物馆的展览展示空间。对博物馆而言,每个扩展领域都需要进行全新的探索,通过计算机技术在展览展示和互联网传播上产生的不同,博物馆可以基于现实的博物馆场景进行拓展,这种形式让博物馆的传播力和影响力扩展到社会信息传播的多种方面。

(一)博物馆的原始展陈空间

博物馆建设之初,用于藏品的展览展示,通过博物馆藏品与周围环境的搭配,共同呈现博物馆展陈内容,博物馆受众通过走入博物馆展厅观看博物馆的展览和文物,信息传播多通过文物版面、说明牌等形式呈现。

(二)虚拟拓展的展陈呈现

为丰富博物馆的展览展示内容,运用先进的科学技术,将博物馆的展陈环境进行数字化包装,从文物本体或客观的历史史实出发,运用多媒体及多种数字技术,对博物馆的展示进行空间和时间上的扩充。受众进入博物馆观看展览,既能看到展示出来的文物,感受博物馆空间环境,还可以通过多媒体及其他计算机技术欣赏到展览展示的拓展场景,博物馆数字化建设令原有的展陈内容展现更多的时空内容。

(三)博物馆的线上虚拟呈现

博物馆受众可以通过不同的媒介屏幕,依托互联网欣赏到博物馆的藏品及展陈,不受时间和空间的限制。展览可以是真实存在的虚拟数字化的展览,也可以是不存在的、被计算机技术虚拟出来的展览,区别于传统的观展形式,这种呈现形式令观众产生耳目一新的观展体验。

四、以数字化增强博物馆的交互性

传统的博物馆展览展示,文物的特殊性是禁止触摸的,数字化技术的运用可以让博物馆的观展体验增加"触觉"。如在博物馆展览展示过程中,运用互动多媒体技术,将文物本体的数字化进行展示和呈现,博物馆受众通过屏幕对文物本体放大或缩小,受众对感兴趣的文物元素,可用计算机进行设计,对元素进行提取和呈现,这种展览设计的形式增强了受众观展过程中的互动性,让走进博物馆的观众成为一个体验者。

(一)顺应博物馆受众的参观意愿

随着物质世界的极大丰富,受众走入博物馆从观赏到审美,除了观看展览展示外,还希望博物馆展陈能够调动"五感",让观展留下深刻的印象。博物馆的数字化建设过程,不断寻求可以满足受众需求的技术形式,不断尝试、不断创新,增强沉浸感的体验。

(二)打破常规叙事性

博物馆的展览展示多采用线性叙事,数字技术的运用,对线性叙事是一种打破,会拓展拓宽展示的时空、展览的形式,也会运用非线性叙事的形式,将两个或者两个以上的时空重叠,转变展览的重点,从以"物"为主体,到以"人和物"为主体。非线性叙事是数字化博物馆经常使用的叙事形式。

在博物馆,占绝对主导地位的一切业务性工作都围绕"物"开展,这种工作不同于其他任何一种生产经营性活动,博物馆对"物"本身,是收藏、研究、保护、利用,藏品对博物馆而言,是各项工作开展的基础,文物是文明的承载体,是不可再生的。博物馆从业人员通过展陈、科研、社教、文创研发等形式,挖掘藏品背后的故事,探索藏品的文化内涵,用藏品信息连接人的需要,把许多复杂的工作变得简单,使工作速度加快,效率提高,获取信息服务的时间和空间少受限制,减少人为制约因素。由此可见,在博物馆工作中,投入一定的人、财、物来建立健全藏品信息管理系统、OA协同办公系统等,有利于博物馆业务工作的开展。以往我们都是用文物标本的收集保管、科学研究及教育传播等三项职能来描述博物馆,随着当前科学技术的发展,可以把博物馆看作一个信息处理机构,信息机构采用当今最有效的信息工具——计算机。博物馆开展数字化建设工作,是博物馆与时俱进的必由之路。博物馆从业人员通过OA系统高效率地进行部门协作,提高工作效率,利用藏品管理系统,从事文物的科技保护、展览展示、社会教育等各项工作。加强博物馆的数字化建设,是文博从业者努力的方向。

第三节 博物馆数字化的发展现状

随着科学技术的发展,博物馆的管理、展览展示、宣教等方面的工作,发生着与时俱进的变革。博物馆的展览展示也享受着技术红利带来的优势。博物馆数字化建设大致分为三个阶段。第一个阶段为博物馆内的信息技术建设。这一阶段的出现,是科学技术和社会发展的必然,随着信息技术的发展和计算机的普及,为做好博物馆藏品的保护和管理工作,文博从业人员运用当前先进的图文技术,对博物馆藏品进行文物信息采集,运用计算机等设备,辅助进行博物馆藏品的管理和利用。第二阶段为博物馆内的数字化建设。随着科学技术的进一步发展,传播形式发生了天翻地覆的变化,博物馆藏品数字化处理工作,在这个阶段开始启动,随着藏品数字化的发展,楼宇自动化、办公自动化等博物馆的数字化建设也被纳入到博物馆业务拓展的范围之中，通过互联网进行博物馆的传播的方式日渐成熟，"博物馆上网"成为一种潮流，博物馆馆藏藏品的数字化及博物馆展览陈列等内容的数字化，更好地发挥博物馆的社会服务功能。第三阶段为博物馆的智慧化建设阶段。计算机技术被运用到博物馆的日常工作中，AR、VR 技术的使用大大丰富了博物馆的展览展示形式，促使博物馆展陈的提升，智慧博物馆建设的进程中，数字技术浸润到博物馆日常工作的方方面面，数字化藏品管理平台的应用令文物保管工作效率大幅度提升，高新技术的运用令博物馆的展陈形式丰富多彩，智慧博物馆的整体建设，为博物馆受众提供参观博物馆、在博物馆获取知识的全新途径，掌上博物馆的建设，让博物馆以更多的形态展现在受众面前。

一、AR 技术在博物馆中的运用

一些虚拟技术的运用，让博物馆的展示和宣教从平面展示向内容丰富、形式多样的方向转变。虚实结合的成像形式的应用，就是利用信息技术将图像进行视觉化呈现，创造客观环境中并不存在的真实场景，并通过传感技术，把虚拟场景放置到真实的环境中，显示设备的成像将虚拟和真实合二为一。如增强现实技术的运用，即 AR 技术。这是一种信息技术领域的人机交互技术，博物馆运用这种技术，可以模拟博物馆场景之外的景观，并通过交互性实现客观场景与拓展场景的融合，是一种全新的计算机成像的人机高级画面。信息技术可以在博物馆既定的展示空间内，通过画面、声音、图像、触觉感等方式，将环境进行虚拟化，受众通过这一虚拟系统，感受到客观和虚拟世界中"身临其境"的感觉，这种技术的运用，将博物馆内的既有时空，通过信息技术拓展，模拟仿真后，在博物馆的空间里进行技术性叠加，通过把虚拟成像的信息和现实客观存在的场景相结合的方式，将真实的客观展示场景进行内容的丰富，让观众走入展馆的同时，在全新技术的覆盖下，通过不同的感官，获得博物馆展览展示的全新体验。这种技术同样可运用于博物馆馆藏文物的解读方面，通过 AR 技术，还原藏品文物生产、使用的场景，给受众更直接的视觉感官体验。

二、VR 技术在博物馆中的运用

近年来，新冠肺炎疫情在全球肆虐，VR 技术在博物馆中的运用迅速发展。VR 技术是虚拟现实技术的简称，即运用信息技术构建人工环境，将三维空间进行模拟，提供给受众进行欣赏，使受众有身临其境的感觉，并在这一空间中不受限制地随意观看空间内的事物，该技术把计算机技术中的人工智能、图像成像、仿真成像等进行计算机辅助设计，生成高技术的模拟系统。VR 技术多用于博物馆的展示和宣传方面，也用于展厅的展示内容扩展和线上数字化宣传。博物馆全景呈现当前已成为展览展示线上宣传的重要呈现形式。博物馆中的常设展会进行展品更换、展线调整等，将展厅进行 VR 采集，生成线上展馆信息，一方面宣传展览，另一方面，对博物馆展馆当前的情况进行客观记录。除此之外，博物馆根据馆藏藏品情况及博物馆馆际之间的合作，开展临时展览，这些特别展览的举办是博物馆常换常新的重要方面。

三、博物馆数字化对藏品保护的助力

博物馆积极推进藏品数字化建设,完成本馆的藏品管理数据库,提升本馆藏品基础信息的数字化程度,运用新的科技手段,对本馆藏藏品本体进行二维、三维的数字化采集,运用AR、VR等虚拟成像技术,共同服务于文物的展览展示和博物馆对受众的宣传教育活动。科技力量让博物馆的馆藏藏品"活"起来,大数据、云计算、物联网和移动通信等技术被加以利用,博物馆在展览展示和宣教工作开展的时候,利用丰富形式服务于受众,让观众无论在观展还是在接触博物馆的宣传和社教服务,均能够享受到科技发展带来的红利。博物馆数字化技术的运用,有利于增强博物馆的科技感和观展体验的交互性,让更多受众对博物馆感兴趣,让博物馆能够更好地发挥其本身的作用。随着自媒体的发展,各博物馆除建立官方门户网站之外,还在微信、微博、抖音、快手等自媒体发布博物馆的展讯、社教活动预告、云展览、云课堂等内容,这些举措大大提升了博物馆的服务品质。

数字化技术的运用,在加强博物馆馆藏藏品的保护方面,起到了很好的助力作用。通过对物联网的运用,对博物馆馆藏藏品的存储环境、展陈环境等进行数字化监控,通过计算机进行数据分析,调整环境温湿度,以适应不同文物的保管、展示需求。通过对文物本体的数字化采集,对文物的病虫害等进行记录,以数字信息的形式进行呈现,为文物修复提供精准的数据支持,更好地做好文物的预防性保护。[①]

数字化技术的运用,在加强博物馆馆藏藏品的利用方面,起到了很好的助推作用。博物馆数字化建设过程中,对馆藏文物的数字化藏品进行采集,这些数字信息可应用于博物馆的文创研发和社会宣传及教育当中。藏品数字化信息的采集,能够为文创研发提供基础资料,文物信息采集后,文创研发人员通过对文物本体的图文样式、外形等方面进行加工、改造,生产出文化韵味高、受消费者喜爱的文创产品。博物馆中的馆藏藏品有着悠久的历史,新兴科技与文化产业相结合,能够给受众带来耳目一新的感觉。博物馆藏品的数字化采集成果,可运用于博物馆的日常宣传和社教活动等业务工作中。近年来,故宫、国博等博物馆均在自己的官方微博上推出《文物日历》,这种形式将馆藏文物与传统节日相结合进行研究和呈现,满足了一部分文博爱好者获取文物信息的需要。文博日历的热销,从侧面反映博物馆中的藏品受众群体数量巨大。另外,依托博物馆馆藏藏品进行游戏皮肤设计,增强游戏的文化性和趣味性,也受到博物馆受众的喜爱。如故宫推出的《大内咪探》,运用AR及3D技术,以全新的视角呈现故宫中的宫廷秘事。走入博物馆的受众参观博物馆,会选择自主参观或请讲解员带领参观等形式,数字技术的运用拓展了博物馆受众的参观形式,越来越多的受众走入博物馆后,会选择通过自主性较强的语音讲解器、数字导览、掌上导览等形式参观博物馆。

数字化技术的运用,在加强博物馆馆藏藏品的研究方面,起到了很好的促进作用。数字技术在藏品研究方面,主要应用于藏品信息的采集和藏品本身的研究两个方面。国家文物局

---

① 赖亭杉.让文物活起来:数字化助力博物馆的融合传播[J].传媒,2022(04):34-36.

牵头进行的全国第一次可移动文物普查工作,明确了文物的类别及文物信息采集的内容,让博物馆数字化建设过程中的文物信息采集有了统一的模板和形式。基于博物馆的藏品数字化建设,博物馆的从业人员可根据文物信息和藏品管理系统等文物查询系统,进行馆藏藏品的研究,数字化技术的运用打破了博物馆藏品是不可再生资源且受限于时间和空间,无法满足向大量观众展现、展示的桎梏。随着博物馆从业人员对博物馆馆藏藏品的研究,一些专题展览不断推出,并通过数字化的形式进行互联网传播。全国各博物馆自媒体的建设,让文博爱好者可以通过多种形式直接搜索、欣赏甚至同文博专家进行有效交流。

四、数字技术对博物馆发展的促进作用

近年来,新冠肺炎疫情的肆虐对全球博物馆的发展产生了巨大的影响,中国博物馆在新的困境下开展自救,在国家文物局的引领下,全方位开启博物馆网络数字化传播工作。2020年,国家博物馆、南京博物院等博物馆联合推出"在家云游博物馆"活动,开启了博物馆线上直播的热潮,在疫情期间,通过线上观展的形式逛博物馆,也成为文博爱好者的一种选择。2021年,九部委联合印发了《关于推进博物馆改革发展的指导意见》,对博物馆未来发展的目标和工作任务提出了较为明确的要求。虽然受疫情影响,博物馆开放时间、观众参观数和文创收入等都受到影响,但中国博物馆的数量一直保持着增长的态势,博物馆在疫情闭馆期间,通过探索新的渠道开展业务工作,如进行"云展览""云社教""云课堂"等,较好地发挥了博物馆社会服务的作用。国家文物局完成了国家在级博物馆评估办法及指标体系的修订工作,部署并建立博物馆领域常态化"双随机一公开"机制,明确各地博物馆联盟的建设,让数字化技术助推实现博物馆资源共享,为平台建设协作助力。受疫情影响,博物馆的社教和宣传活动采取线上和线下相结合的形式,继续推出了一批满足人民群众精神需求的好展览,如国家文物局牵头实施并推进的"十大精品展""社会主义核心价值观展"等。这些评比的项目中,数字技术的应用成为项目评比的重要内容,包括展览的数字化多媒体互动、展览线上与线下宣传情况、展览社教及文创研发和售卖情况等。

(一)提升了博物馆藏品的管理和保护水准

由于博物馆藏品的特殊性,针对文物本体的保管、保护、修复、研究等工作要以合理的方式开展,数字化技术的运用,让文物信息得以精确采集,可以协助文物修复者多角度查看文物现状,针对文物当前的情况制订修复计划,开展文物修复。藏品数字化后,通过不同介质进行传播,形成文物档案记录,文物管理者可以不必每次都去库房调取文物,可以通过对文物数字资源的搜索,完成对文物的管理、研究和利用。

1.通过对文物的数字采集,采用二维、三维扫描技术,留存藏品的高清信息,减少接触文物有可能带来的损害,为博物馆的从业人员和文博爱好者提供信息检索查询。

2.通过数字化采集给博物馆馆藏藏品"上保险",数字化采集的文物信息是较为精准的文物信息,可用于文物的复原和复制。近年来,3D打印技术逐渐成熟,运用到博物馆的一些日常业务如文物复原等工作中,简化了文物的复制流程。

3.运用数字化将藏品本身附加的知识进行统计,如第一次全国可移动文物普查中国家文物局指定的文物登记规范,将文物的基本信息很全面地进行记录和登记,有利于藏品信息的存储和利用。

(二)丰富了博物馆的藏品展示形式和展陈内容

博物馆中数字技术的运用,丰富了博物馆的藏品展示形式,让博物馆的展览展示有了更丰富的形式。

1.数字化技术的运用让博物馆传统的藏品展陈方式变得更加丰富。在传统博物馆展陈中,藏品展陈时空是固定的,数字技术的运用可拓展博物馆的藏品展陈时空,令受众通过多媒体进行观看和互动,近距离观看藏品、了解藏品。

2.数字技术的运用打破了博物馆的藏品展示与展览展陈之间的壁垒。各博物馆受展陈场地、经费等客观条件的限制,很难大量地通过展陈的形式将馆藏藏品向社会受众进行展示,博物馆藏品数字化的推出改变了这一情况,随着博物馆藏品数字化的深入推进,很多博物馆在门户网站推出馆藏藏品资源欣赏和数字化展览,"云上观展"等虚拟博物馆体验。

3.数字技术的运用丰富了博物馆的展陈形式。传统博物馆传播是通过博物馆受众走入博物馆后观看展出文物而实现的,数字化技术的运用,可以利用多媒体的形式,对展出文物进行人体感官的互动体验设计,在受众观展的时候,通过多媒体的形式调动观众的视觉、听觉、触觉等感官,以丰富的展陈形式,助力展陈思想的表达。

(三)提升了展陈的互动性和趣味性

在传统的博物馆展陈中,受空间限制,很难通过藏品的排列讲述出文物背后的故事。随着数字技术的进步,策展人在确立展陈主题之后,会根据上展藏品情况,将数字化多媒体制作纳入到博物馆展陈制作过程中。多媒体数字展陈方式能够还原历史、扩宽展陈空间,利用数字化的"声光电"将博物馆展陈的实际空间与虚拟空间进行整合,更好地营造展陈的时空感。

通过数字化技术的运用,创造博物馆体验感,增强博物馆展陈的互动性,让藏品与观众的互动交流不只通过讲解员的讲述或说明牌的呈现进行。而且当受众走入博物馆后,可以根据自己的主观意愿选择展览展线进行参观,在感兴趣的文物面前驻足,有选择性地听取相关文物的介绍。甚至可以通过博物馆展览陈列中运用的数字化技术,调动自己的"视觉、听觉、触觉"等感官,参与到博物馆互动中来,同博物馆展陈设计者所设计的内容实现多种形式的互动,完成展陈体验。

第四节 博物馆数字化建设前景

随着互联网的普及,博物馆逐步向数字化和智能化发展,在博物馆的建设中引入数字化技术,可以有效改善传统博物馆藏品管理的弊端。博物馆数字化建设的目标就是要构建智慧化博物馆。与传统的博物馆不同,在数字化博物馆的建设过程中,会融入较多的科技技术和互联网传播等技术,这些技术可以有效解决藏品管理上存在的各种问题,使博物馆在运营上突破时间和空间的限制,丰富了文物的传承与保存方式,实现了实体博物馆的功能在计算机技术下的延伸与拓展,这样既实现了文物的智能化管理又保障了文物安全。①

一、教育功能的新拓展

(一)全球信息资源共享

随着互联网的发展,全球人民在互联网平台上形成"地球村",对博物馆而言,这是机遇也是挑战,它在一定程度上改变了人们对博物馆作为陈列实体的认知和体验。

如今,世界领先的博物馆都把传播藏品信息和公众的主观认知作为主要任务。公众在完成所有参观后将获得多少知识,信息反馈已成为评价一项博物馆工作成效的重要指标。计算机技术与网络技术的结合在一定程度上取代了博物馆传统的信息传播功能,新的展览平台和操作方式让公众更方便地学习新知识。

在数字时代,受众的认知水平有了很大提高,认知媒体也越来越多样化。所在城市或国家的博物馆已不能满足公众的需求。为满足公众日益增长的需求,博物馆在各个方面都做出了巨大的努力。由于出现了比传统博物馆传播方式更快、更便捷的信息传播渠道,博物馆在传播信息时需要考虑如何使用流行的方式,同时保持自身的个性。博物馆如果不能建立起自己的个体优势,就会在浩瀚的信息海洋中逐渐被淘汰。笔者认为,博物馆要保持自己在传播博物馆信息方面的独特优势,关键是要善于发挥自己的个性和传统特色,充分发挥临场感和互动性。通过数字化部署,世界上任何人都可以通过网络连接访问任何博物馆网站。在世界的其他地方,也许是一个你一辈子都不会去的国家,你可以很容易地从当地的博物馆中获取信息,甚至可以亲身体验。

(二)远程互动教育

教育是博物馆的三大功能之一,也是博物馆工作中最重要的方面。可以说,博物馆教育功能的好坏直接影响着人们参观博物馆的热情。教育的功能和目的不是灌输,而是唤起公众的兴趣。数字化进入博物馆教育领域后,扩大了教育范围,丰富了教育内容,不仅限于参观博物馆,还能展示更多实物形式无法展示的内容。例如,一些旧文档只能在预览窗口中使用,无法浏览,创建电子版后,用户可以轻松找到所有信息。

大量的数字化存储实际上增加了虚拟博物馆的信息存量,最重要的是虚拟博物馆缩短了教与学的距离,实现了双方的互动。传播者既是传播者又是受众,受众也是学习过程中信息的传播者。虚拟博物馆涵盖范围广泛,参与者众多。用户参观后,通过在线问答、论坛、在线社区等方式与公众进行信息交流,从而达到促进知识讨论、交流和创新的教学目的。

---

① 郑滨.试论新形势下博物馆开展数字化建设的原因和路径[J].文物鉴定与鉴赏,2021(17):114-116.

二、商业功能

(一)网络虚拟博物馆的盈利模式

根据美国一项调查显示,互联网已成为人们从事主题信息和休闲活动的主要方式,近60%的网民每天在互联网上花费的时间超过两个小时。因此,网络文化的传播是一个可以带来巨大经济效益的商业平台,网络文化娱乐和文化消费已经成为同一枚硬币的两个方面。对于大多数网民来说,网络游戏有着无限的魅力。对于一个拥有绝对优势的虚拟博物馆来说,在线游戏体验无疑是最好的盈利方式。大多数网络游戏只包含游戏元素,但虚拟博物馆游戏体验是娱乐和学习的结合。玩家付费与数以千计的其他玩家在线玩。网络游戏持续带动周边产业群体的消费,如玩偶、书籍、服饰、手办礼等。高水平的科技和网络管理理念决定了网络虚拟博物馆的消费趋势。

(二)抓住受众的网络消费心理

网络文化的出现,是顺应互联网的发展而产生的。网民在网络上进行的消费等活动,是通过多种形式实现的。在创建虚拟博物馆时,选择的内容一定注意不要过多地展示整个历史和文化,要了解内容才能进一步的进行深入阐释、深入挖掘。通过一些新型的科技手法,利用微信小程序、专门的APP研究等,对展陈的内容进行设计,让不同年龄阶段的观众,可以利用手机移动终端,进行线上观展和线上互动。如添加制作一些博物馆桌面、内容、屏幕分析等小程序。针对不同年龄的观众创造、研发相关的程序,提供诸如下载照片和评论等功能的程序。这些设计以互动的方式吸引观众并创造"身临其境"的观看体验。此外,互动设计可以与实体展馆相结合,吸引参观者展示早期海报,了解设计、在线信息和会议结束后的讨论。只有深挖不断,才能留住观众。

三、艺术前景

(一)博物馆的真实化

在传统博物馆中,详细的文物介绍以及藏品存放的空间监测等各个环节都会以人工操作的方式来完成,需要投入大量的人力资源,在藏品整理过程中不可避免地会对文物造成损坏。随着时代的发展,将信息技术引入博物馆的藏品管理工作中,可以有效解决藏品管理上存在的各种问题,丰富了文物的传承与保存方式,既实现了文物的智能化管理又保障了文物安全。博物馆数字化的过程也是博物馆藏品管理水平提升的过程,对藏品数字化成果的运用有利于博物馆各项业务的开展,从而更好地服务于博物馆的受众。

(二)博物馆的电影化

传统博物馆展览展示的传播,多通过静态图片的形式进行,以视频的形式进行博物馆传播,将博物馆的建筑、雕塑、展陈都容纳进来,生成动态影像。随着电脑、手机等移动终端的普及,人们越来越习惯通过屏幕来获取资讯。[1]对博物馆而言,针对馆藏文物制作动态视频,讲述文物背后的故事、通过展陈宣传片的形式进行宣传、通过动态影像技术实现展陈上的"沉浸式体验",这些努力,都令走进博物馆的受众产生耳目一新的感觉,博物馆越来越多地容纳了科技馆和艺术馆的属性。利用三维扫描仪对文物进行扫描、修复,让用户使用三维浏览软件进行全方位观看,强化了视觉的生动性,也使得形象更加丰富。这些流动变化的电影化动态影像已经成为博物馆数字化不可缺少的部分。例如,冬奥会的宣传,受众浏览冬奥会的专题网站,可以从其中一个模块获取多家文博单位的精品文物,也能通过网络了解冬奥会的具体情况。

(三)博物馆的游戏化

受众对博物馆的期待越来越高,在参观博物馆时,可以产生"沉浸式"体验的观展需求越来越强烈。很多博物馆在开展社教活动时,会与游戏设计公司合作,研发互动性强、趣味性好的网络游戏,在虚拟网络中,通过游戏的形式,让受众进行线上互动,在游戏中获取知识。很多博物馆在展览陈列中,也会使用游戏的方式,让观众在"密室脱逃""剧本杀"等展陈故事设定的形式下,进行"沉浸式观展"。

四、博物馆数字化促进博物馆的互动发展

(一)互动宣传的新模式

博物馆要承担其应有的社会职能,做好文物的收藏管理保护和利用等工作。传统的博物馆以文物的展览展示为主要工作,依托馆藏文物,举办专题展览,通过展览的形式,讲述文物背后的故事。在数字化博物馆建设的过程中,线上观展展览形式的推出,丰富了展览的展示形式。博物馆展陈受众面得以扩大,传统博物馆地域性受众限制得以突破,全球的博物馆受众,都可以通过互联网的形式,对自己感兴趣的线上展览进行观看,展陈的传播打破了时间和空间的限制。

(二)促进发展的新前景

博物馆数字化是博物馆发展的必然选择。藏品保管系统的建立,给博物馆从业人员从事展陈、社教、文创研发等工作提供了快捷性。对馆藏藏品的数字化采集,有利于开展馆藏文物的保护、修复和研究。博物馆的数字化建设,将博物馆举办的展览,在互联网上推出,保留了博物馆在不同时期举办的展览,让因时间、空间限制不能到博物馆现场观展的受众还有机会观展。

---

[1] 杨婧言.虚实对话:数字化博物馆的沉浸式传播[D].南京:南京大学,2021.

第五节　数字博物馆的发展及未来

一、数字博物馆的发展概况

数字博物馆的建设水平与发展速度反映出一个国家在对待人类共有遗产所持有的态度,也间接反映了一个国家的信息技术水平。

随着当前国家数字博物馆的不断发展,也出现了很多问题,呈现出"大博物馆强,小博物馆弱"的不平衡局面。此外,随着科学技术的发展和普及,尤其是近几年,受新冠肺炎疫情的影响,更多的博物馆建设起来本馆的数字化博物馆,分析数字化博物馆的现状变得越来越必要和重要,探索数字化博物馆未来的发展趋势也是一个重要的关注点。

(一)数字博物馆的概念

数字博物馆的概念在国内外尚未形成统一的定义。针对其内容,也没有一个统一的标准。当前,文博人员比较认可的数字博物馆的功能性定义为:数字博物馆具有传统博物馆的基本功能,是一个综合互联网连接的数字平台和信息服务功能。这种呈现形式的博物馆,可以充分发挥博物馆的基本功能。数字博物馆具有馆藏数字化、利用多媒体进行公共展示、在时间和空间限制内展示和利用馆藏资源实现全球共享、实现数据库的分级别共享等许多基本功能。基于数字化管理模式,以及个性化、特色化服务等。数字化博物馆是对传统博物馆的有效补充,它可以永远保持传统的博物馆展览方式,数字博物馆与传统博物馆的存在,是相互促进的关系。

(二)数字博物馆的发展及现状

二十世纪八十年代,全国的博物馆,在发展方向上,为顺应时代发展的需求,开始探索并进行博物馆馆藏藏品的信息化管理工作,并取得了不错的成效。到本世纪,随着科学技术的进一步发展,博物馆的数字化建设被作为一个博物馆的重要工作内容,提上日程。数字博物馆雏形在中国初具规模,国家逐步加大数字博物馆建设力度。此后,逐步建立起具有国家价值的文物基础数据库。近年来,运用3D技术等,对文物进行三维采集,并在博物馆的网站上进行呈现的形式已经被各博物馆认可,展厅的360°呈现,增强了博物馆展览展示的延续性。随着科学技术的不断进步,对馆藏藏品文物本体的数字化采集技术也越来越高,实现了针对藏品文物本体的精度扫描。

数字博物馆的快速发展离不开实践探索和理论研究的深入。从实践探索来看,中国数字博物馆成功开展了多个试点项目,已经取得了良好的进展。受新冠肺炎疫情影响,国家文物局在网上发起倡议,引领全国各博物馆加强本馆的数字化建设,将博物馆的宣传题材库进一步扩大,其中,很多博物馆依托本馆的网站门户,针对本馆藏品、展览等进行数字化采集,并将采集的数据呈现在互联网客户端上,越来越多的博物馆重视此项工作。博物馆的数字馆已经成为诸多博物馆网站上的常见设置。

数字博物馆概念的提出,受到社会各界的广泛关注,受新冠肺炎疫情的影响,越来越多的博物馆加入到建设数字博物馆的行列中,将博物馆的资源转化为可以通过互联网检索和查看的信息源,是一种新的博物馆存在方式。近几年,关于数字博物馆的概念及其发展需要讨论的话题不断扩大,对数字博物馆的实现方式、技术和恢复原理进行了系统、科学的描述。

数字博物馆的发展,受财政资金的影响非常大,建设数字博物馆需要很大的财政支持才能实现。但由于不同的博物馆的客观条件均不相同,受人力、财力、物力的制约情况也各不相同,因此,针对本项工作的开展,不同的博物馆也有不同的制约因素。综合而言,财力较为雄厚的文博单位,在解决人力、物力方面有天然的优势,能够很好地实现本馆文物藏品或展览的数字化呈现。如北京故宫、南京博物院、河南博物院等,其他博物馆进行数字化建设的进度较为缓慢,本馆的经费有限,开展数字博物馆建设的物力、财力不足等原因,都是制约文博单位开展数字化博物馆建设的因素。

二、数字博物馆的发展趋势

(一)综合型

随着数字博物馆的不断发展和网络技术与数字技术融合程度的不断提高,数字博物馆的参观者遍布全球。未来,数字博物馆也将成为集博物馆、科技馆、图书馆于一体的综合性博物馆。他面对的观众群体将是一个庞大的群体,打通文化展馆各领域的壁垒,观众群体庞大。

(二)个人化

对于博物馆的受众,不同的人群对博物馆的信息需求也各不相同,有受众主要是想到博物馆参观,从展陈整体上,获取观展过程中的视觉体验,也有受众到博物馆,是有针对性的想查找某一类文物、某一个特定的历史时期的文物、文化和文明情况,数字博物馆向着面向个人需求化的方向发展,是一个共同的发展方向,不同受众群体可以通过对线上数字博物馆的浏览,获取自己想要获得的信息。

(三)虚拟与真实相结合

在进行数字化博物馆的建设过程中,将博物馆中的展览陈列、馆舍建筑、文物藏品等,以数字资源的形式在互联网上呈现,提供给有观赏需求的受众。[①]数字化博物馆的建设,也包含着数字博物馆的内容设计,这些内容同真实展览一样,可以让受众在观赏的时候有现场体验感,这是数字化博物馆建设的重中之重。互联网的存在形式,如网友在网络上进行的浏览和交流,都是数字化传播的呈现形式,博物馆要充分利用这些呈现形式,将先进的科学技术与博物馆业务的发展相结合,让"文物活起来",让博物馆的展陈设计、文物呈现,不止通过线下,也要运用线上这种传播速度快、传播覆盖面广的传播形式,让博物馆惠及更大群体的文化受众。

---

① 朱中一.博物馆数字化与智慧化建设的思考与研究[J].中国新通信,2021,23(04):84-85.

(四)标准化

数字博物馆的统一标准,是在数字化博物馆建设中不断摸索不断丰富的。经过全国第一次可移动文物普查,博物馆馆藏藏品的登记项目已经确定下来,将藏品的定名详细化、规范化,随着数字博物馆的发展,标准化的数字博物馆的呈现形式和构成内容也将被标准化。

三、博物馆数字化升级是大势所趋

(一)优质的数字服务

优质的数字服务可以极大拓宽博物馆的辐射圈,更加全面地展现博物馆藏品的珍贵价值,发挥出博物馆的更大作用。据报道,因为新冠肺炎疫情反复,一些博物馆不得不临时关闭或重启限流措施。但博物馆仍然在用丰富多彩的数字化服务形式发挥着自己的影响力,以文化和艺术浸润着人们的心灵。历经疫情以来两年多时间的发展,不少线上博物馆服务赢得公众高度认可与欢迎,博物馆云展览愈发具有想象力,不断更新业界观念,展现出新理念,开创出更多新的发展空间,让大众看到了亲切、蓬勃的新趋势。

过去,博物馆数字化的价值并没有得到充分展现,各类"全景展览""云上展览"只是实体展览的辅助。但随着博物馆实体展览受限,数字化成为博物馆发挥作用的必由路径,也使得业内抛弃了原有的顾虑,开拓了数字化建设思路。相比于实体,虽然数字化的情境感有所不足,但凭借丰富的数字技术手段,通过将其他媒体形式引入博物馆,可以打造出多姿多彩的"云上展览"等数字化产品,并且借助AR、VR等沉浸式技术,可以有效弥补情境感知不足,给人耳目一新的视听享受。

步入互联网时代,数字化是未来发展的必由之路。博物馆作为传统的文化场馆,进行数字化升级改造势在必行。即便是实体展览正常进行的情况下,数字化建设的脚步也不能停止。优质的数字服务可以极大拓宽博物馆的辐射圈,更加全面展现博物馆藏品的珍贵价值,发挥出博物馆的更大作用。一些博物馆已经用实际行动证明,云展览、云直播对公众有很强的吸引力。如孔子博物馆的十二时辰直播,选取博物馆孔子广场,面向网友在线播出,观众在直播间谈论儒学知识、考试祈福等,累计收看数量超过百万。数字化让公众可以更便捷地享受博物馆服务,随时随地获取所需知识,符合当前公众的现实需求。

博物馆数字化建设与实地化发展并行不悖,两者相互促进、相得益彰。数字化并不是简单地将线下展览搬到线上,而是要在视觉呈现、展品设计、观众互动等方面进行整体设计,让博物馆插上"数字翅膀",跳出物理空间的束缚和局限,持续为公众提供更多高品质文化供给,更好地满足公众日益增长的精神文化需求。

(二)国家对文物博物馆事业的政策与扶持

针对博物馆的馆藏文物,国家文物局每年都以项目的形式,面向全国的博物馆,给予专项资金支持。近年来,国家文物局扶持力度最多的经费支持为文物预防性保护和珍贵文物数字化两个类别。其中,珍贵文物数字化项目的开展,多针对全国各博物馆珍贵馆藏文物进行数字化保护性采集，数字化扫描成果可用于科学研究、展览展示、社教应用、文创研发等。中共中央、国务院高度重视文物工作，对文物保护利用出台了若干意见，各省市纷纷出台相关政策，重视文物工作的开展。

为实现文物博物馆事业规划的目标，最重要的是采取科技创新推动战略和文化"走出去"战略。先进的科技是发展文物的数字化保护和修复以及数字博物馆建设的根本前提，它能从根本上改变我国文物博物馆行业核心竞争力不强的状况，走出传统桎梏，实现自主创新。与其他国家进行文化交流，对外交流展览是重要的呈现形式之一，举办对外交流展，有效地提升国家形象，提升我国的文化软实力。坚持文化"走出去"，有助于提升国家文化软实力，扩大中华文化的对外影响，促进国内文物博物馆事业与国外进行交流和学习，把博物馆打造成为国际交流的重要窗口。

首先，大力发展科技，实现文物的数字化保护和修复，保障了文物博物馆事业的长久生命力。

其次，在博物馆展览展示方面，创新展陈内容和展示方式。通过陈列展览直接面向国际社会和公众，实现社会作用和价值，推动文物博物馆相关文化产品和服务的出口。

最后，进行数字博物馆建设实现传播手段的创新。现代科技的日新月异，为传播手段的创新提供了条件，人民群众的需求变化为传播手段的创新提出了要求。

博物馆数字化建设需要运用互联网、大数据等相关技术，搭建博物馆数字化平台，建立数据库，进而实现藏品数据的实时保存。

博物馆数字化建设是一个漫长的过程，不仅需要博物馆工作人员进一步提高数字化、信息化意识，还要进一步优化完善博物馆内各项运营制度，逐步使工作向标准化方向发展。博物馆数字化建设是一项任重道远的工作，博物馆工作人员应掌握一定的数字化技术，把握好新时代下博物馆的发展机遇，使数字化博物馆更好地为社会发展服务。

除了制定相应的政策外，国家在财政上也对文物博物馆行业进行了资金支持：中央财政新增经费支持博物馆免费开放；出台专项资金的管理办法，支持可移动文物预防性保护和文物藏品数字化工作的开展。出台的相关文件中，明确提出文物预防性保护项目，数字化保护利用项目，可申请国家重点文物保护专项补助资金，并将陆续投入资金对数字博物馆和博物馆数字化进行建设。

四、博物馆数字化建设的发展策略

当前博物馆数字化建设迎来了新的发展机遇，从国家到地方都为博物馆数字化建设提供良好的政策支持。随着国家文物局对该项工作的支持，很多博物馆都在文物数字化方面做出了一定成绩，如北京故宫、甘肃敦煌博物馆等，数字化实现了很好的转化成果。

（一）不断提高博物馆数字化的管理水平

博物馆数字化建设不是一个单一的数字化系统，其实质是一个包含管理思想的综合管理项目。博物馆数字化工作主要包含自动化办公系统、数字典藏和数字教育等方面。在博物馆数字化建设过程中,需要负责人统筹规划,对已有的资源合理布局,科学掌握。为了进一步推动现有博物馆工作的标准化管理,提高对数字化服务建设的重视程度,博物馆工作人员应各司其职,各尽其责,提升数字工作管理水平。此外,博物馆工作人员要有较强的责任感,主动学习信息化、数字化的技术,实现博物馆专业化的管理运行,在博物馆内构建一个数字化运营管理模式,逐步推动博物馆的信息化建设。

(二)应用现代技术实现藏品数字化管理

目前我国各大博物馆收藏的文物藏品近千万件,中小型博物馆的藏品数量也有数千件,如何解决文物信息的存储与检索工作,成为博物馆工作的重点。博物馆收集和保存的藏品数目很多,大量数据信息需要处理,博物馆运用现代技术实现博物馆藏品数字化管理以后,通过建立一个海量的数据库,实现了对文物藏品的科学分类和对数据的存储、整合,便于对文物数据的及时查找,进而实现藏品数据系统化管控。

博物馆在实现藏品数字化管理的过程中,还要使博物馆的建设与国家相关标准相统一,从博物馆网络管理系统出发,将博物馆相关信息上传至互联网,人们可以随时随地浏览博物馆网页,实现博物馆的数据资源共享。[①]数字化博物馆在发挥数据资源共享的同时,促使工作人员对馆藏文物进行深入研究,促进了优秀传统文化的传承与传播,切实发挥了博物馆在我国社会发展中的文化教育作用,也为建立研究型博物馆奠定了基础。

博物馆保存的文物历经千年,一些藏品存在不同程度的损毁,在博物馆数字化建设中,用互联网、物联网、大数据等信息技术,实现藏品数字化管理的同时还可以对文物现状以及保存环境的温湿度实时监测,尽可能减少外部因素对文物的破坏,从而达到延长文物寿命的目的。

(三)加大对数字化博物馆资金的支持力度

为了更好地推动博物馆的现代化、数字化发展,可以设置博物馆建设的专项资金,保证专款专用,不得违规挪用。中小型博物馆可以向上级部门申请财政资金支持数字化项目,谋求与外部开发公司的合作。

---

① 周继洋.上海博物馆数字化发展的问题与对策[J].科学发展,2021(01):67—74.

第二章　博物馆数字化建设的应用与实践

第一节　藏品数字化的采集工作

　　馆藏藏品的信息化采集工作，依托国家文物局进行的全国第一次可移动文物普查工作的开展，全国各博物馆针对本馆的馆藏，给每一件文物一个身份证号，统计记录好每件馆藏文物的十四项基本信息，摸清本馆馆藏藏品的家底。计算机及馆藏数字资源平台的使用，大大便利了文博从业人员查找文物、研究文物、利用文物，很大程度上提高了工作效率。在博物馆信息化基础上，依托基础的文字、图片资料，对馆藏藏品进行数字化采集，制作完成数字化资源，更好地开展文物的保护、利用及研究工作。

一、藏品信息采集模式转变

　　最初博物馆的馆藏藏品信息采集工作是通过纸质记录的形式，将文物藏品信息登账记录、留档保管的。随着信息技术的普及和计算机的应用，藏品文物的数字化采集从手写的纸质账本留存，变更为电子录入及文稿打印留存的模式。博物馆藏品信息采集，在博物馆数字化建设的过程中，经历一场变革，从手抄到计算机输入式记录。在对博物馆藏品进行数字化采集的过程中，又进入另一场变革。通过高科技设备，精准地采集文物信息。以孔子博物馆为例，典藏部、孔府档案研究中心、孔府旧藏服饰研究中心，三个文物保管部门，负责文物的登记、建册、管理并录入文物信息，核对确认文物信息的准确性。在文物信息录入过程中，虽然有统一的标准要求，但设计文物器型描述、断代等专业问题上，不同的文物收藏专家存在不同的见解。因此，不同的文物保管人员，在进行文物信息录入的过程，也是一个对文物信息不断更新、不断提升的过程。在孔子博物馆的馆藏文物中，孔府档案的藏品体量巨大，对档案内容进行著录、编目，完成档案原始文物数据的登记和记录，馆藏藏品资源的数字化采集，要依托先进的科学技术，如孔子博物馆开展的珍贵文物数字化，向国家局申请专项资金，针对本馆的在级文物，实施文物的数字化采集。数字化采集的资源经过制作以后，上传到藏品管理平台上，用于文物的保管、研究和利用。

　　使用计算机进行藏品信息的录入、管理和使用，较纸质手写文物信息的管理形式，更方便、快捷，有利于文物的分类管理，方便文物的查询。近年来，建设藏品管理信息系统，成为各文博单位的标配，根据藏品管理系统进行文物的查询及管理工作，可以大大提升工作效率。不同博物馆根据工作特点建设符合自己本馆工作开展情况的藏品信息系统，录入文物信息，用于文物的保管、使用、研究和利用。[1]

---

[1] 柳恒.博物馆藏品分类的再探索[J].文化产业，2022(15)：91—93.

二、现有采集模式

以计算机为输入设备的藏品管理信息录入工作,依托馆藏文物的信息资源,根据全国第一次可移动文物普查登记办法,文物信息登记的十四项信息成为文博单位共同认可的藏品登记信息项目,这些信息登记内容囊括了各博物馆之前用笔和纸抄录的内容。

(一)现有模式分类

为做好第一次全国可移动文物普查,国家文物局牵头,对可移动文物进行了类别的分类,并做了统一规定,将可移动文物分为 35 个大类,这个类别划分严谨、合理,适用于全国的博物馆进行本馆的馆藏藏品,国家文物局拨付专项资金,投入大量的人力、物力进行可移动文物普查的信息采集,在全国范围内摸清家底,给每一件文物一个身份证号。国家文物局的可移动文物普查信息登陆平台,给各文博单位建设自己本馆的藏品管理系统提供了模型和参照。

不同类型的博物馆馆藏数量和藏品的品类各不相同,意味着不同博物馆在开展业务工作的时候,也有各自的特征,在对藏品管理系统的录入、登记和使用中,每个馆都有根据自身特色所产生的工作需要,因此,在建设藏品管理系统时,不同馆要依据本馆的特征,有的放矢,建设符合本馆使用习惯的管理软件。

(二)信息采集现状

随着信息技术的发展,电脑已成为文博单位办公必备的工具,使用计算机进行馆藏文物信息的采集和录入,有利于文博从业人员更好地管理、使用文物,对博物馆开展展览、社会教育、文创研发等,也有很好的促进作用。当前,全国各博物馆,在针对可移动文物进行信息录入时,统一使用的标准规范是国家文物局在第一次全国可移动文物普查过程中所制定出来的文物普查登记信息项目,国家文物局对可移动文物进行了合理的分类,通过"一普"工作的开展,敦促全国文博单位摸清家底,将每一件文物登记在册,让每一件文物拥有一个自己的身份证号。目前,在博物馆的总账管理工作中,纸质手抄账本依然是文物最原始的记录凭证。以孔子博物馆为例,孔子博物馆的总账管理工作中,文博前辈流传下来的三套手抄账本是文物总账信息的重要参照和依据。第一次全国可移动文物普查进行的文物信息登记和图片资料均录入到博物馆藏品信息管理平台上。

三、信息采集标准

国家文物局发布的《第一次全国可移动文物普查文物登记规范》,是在普查工作开展的时候制定和推出的,依托国家颁布的众多法令文件,针对文物藏品本体进行普查信息的采集和报送工作。全国第一次可移动文物普查工作,界定了文物的范围,将文物的时间定义为"1949年以前属于人类在历史发展进程中遗留下来的、由人类创造或者与人类活动有关的一切具有历史价值、艺术价值、科学价值的可移动的物质遗存。"[①]文物的登记在册要经过填写《国有单位文物收藏情况调查登记表》和《文物登记卡》两个步骤,其中,文物基本信息包含十四项,文物的管理信息包含十一项。在全国第一次可移动文物普查中,对文物的定名标准、定名要素、定名一般规则等进行了重新解读和界定。除此之外,对文物信息普查的图片,做了新的要求,要求立体文物要有不少于三张的照片,在当时的技术水平下,较好地实现了文物资源的留存。

四、数字化采集手段

博物馆馆藏藏品信息的录入工作,多使用计算机就能完成文物信息和文物照片的录入,随着科学技术的发展,越来越多的文物信息录入形式被广泛运用到博物馆藏品的展示、保管、利用工作中,藏品信息的呈现形式越来越多样化。

在博物馆馆藏藏品资源的数字化信息建设过程中,单纯的文字和图片信息,多只用于文物藏品的初级管理,随着科学技术的进步,受众对博物馆的期待越来越高,通过互联网网站、自媒体平台等途径,获取博物馆馆藏藏品信息的需求越来越大,在博物馆展览陈列讲解中,自助式讲解电子设备,因其使用简单、观众参观体验度好等特点,在各文博单位中进行了普及。随着文物信息数字化采集技术的进步,文物扫描、采集技术更加先进,对藏品文物的信息采集更加精准。

构建三维模型的方法有以下三种。

第一种是利用 Auto CAD、3DMAX、Maya 等软件人工绘制模型。

第二种是运用机器设备,对立体的藏品信息进行采集,也就是通常意义上的三维采集。文物的三维采集仪器,目前市面上通常有两种,一种是需要接触文物才能进行采集的扫描仪,另一种是运用激光、编码光等仪器,通过对文物的非接触性扫描,完成文物不同部分信息的精准采集,通过后期的渲染制作,生成文物的三维立体信息。这种数字化采集工作,客观、全面地呈现了文物本体的样貌。

第三种是通过将藏品文物不同角度进行采集,通过计算机建模的形式,呈现文物的全貌。

不同的文物采集办法各有优缺点。针对不同类别的文物进行信息采集时,可以根据不同的文物情况,选择使用不同的文物采集办法。

在博物馆中,展览陈列是博物馆服务于受众的主要方式。观众通过走入博物馆观看展览,实现信息的获取,近年来,虚拟现实技术在博物馆的运用,受到越来越多文博爱好者的喜爱。以孔子博物馆为例,在常设展中,设置了很多互动装置,增强观众在观看展览过程中的互动感和体验感。在展陈改造中,利用馆藏珍贵文物数字化扫描成果,将奉天诰命盒、商周十贡等文物的数字化成果,在线上呈现,观众走进博物馆,既可以在橱柜中看到文物,也可以通过展陈上的屏幕,采用观看和触摸的形式,360°欣赏文物。除此之外,孔子博物馆常设展览中,通过虚拟现实技术设置了《天不生仲尼》《从宇宙到曲阜》《诸侯争霸》《鲁故城》等四十余项多媒体互动装置。

[①] 何晴.我国可移动文物保护的法律制度研究[D].上海:上海师范大学,2015.

第二节　数字化在展陈中的运用

一、数字化在博物馆展陈中的功能性分类

博物馆作为藏品文物的收藏单位,通过展览的形式向观众展示馆藏藏品,挖掘藏品背后的故事,服务好博物馆受众,这是博物馆存在的意义所在。博物馆的社会教育功能是其职能的重要组成部分。博物的展览陈列经过文博从业者的努力呈现在受众面前。根据受众反馈可以看出,传统的展览陈列形式很难满足当前博物馆受众的观展需求,随着信息技术的发展,以数字化的形式将展览展示设计进行更新,丰富了展陈形式,展陈叙事中也增加了沉浸式展陈体验,不断满足观众对博物馆数字化展览设计的观展需求。"沉浸式"展览与展陈叙事之间有很严密的逻辑关系,采用数字化多媒体手段等诸多丰富展陈形式的辅助措施,呈现展陈效果,运用交互模拟、讲解、社教等多种方式,丰富展览的内涵和外延,让观众体验展览,既能从宏观方面观展,也能从微观方面,了解自己感兴趣的展陈内容。[1] 近年来,观众在观看博物馆的时候,越来越多的需求集中在了解文物背后的故事,这一观展需求甚至逐渐代替了欣赏博物馆馆藏藏品,博物馆观众参观博物馆的目的发生着潜移默化的变化,博物馆的主题展展览,逐渐代替了珍品展。博物馆主题展览的呈现,离不开博物馆展陈叙事,展览展陈的语境以符合逻辑的方式进行呈现,利用静态的展览陈列,表现动态的展陈变化。中国博物馆从业者,逐渐探索着具有中国风格的叙事结构,以中国人喜欢的思维方式和认知逻辑确定展陈叙事的视角,将展览陈列予以叙事化的科学罗列,使展览拥有更多的受众群体,实现展览陈列的高效传播。数字化手段是拓展文物呈现信息、实现展陈叙事化的主要形式。

(一) 数字化展示与查询

随着人工智能、虚拟呈现等技术的进步与发展,采用科技手段丰富展陈叙事形式的方式越来越多,先进科学技术与传统相结合,给受众呈现出来的,往往是高科技与文化的融合,数字化展示在博物馆的运用,可用于向博物馆受众提供文物信息查询和欣赏服务,并运用于博物馆展览陈列中,让数字化展陈能够在文物展示方面,为受众提供趣味性的观展体验。虚拟现实技术在博物馆展陈中的应用,拓宽了展陈的表现内容,丰富了展陈的表现形式。运用可看、可感的视觉技术,对展陈内容进行丰富,让展陈的数字化技术与交互设计的智能化带给观众更好的观展体验。科技的进步促进技术不断发展,数字化技术在展览陈列中的运用,让技术转化为具有审美性的展示服务,不同的展陈受众,在观看展陈的过程中寻找自己的兴趣点。数字化影像技术的运用,让展览陈列的形式更加丰富,拓宽了展陈展示内容的宽度。展陈创作者在创作展览的时候,需要从受众的角度出发,将观众的视角纳入展陈布置及创作的过程中,在展陈创作初始阶段就纳入到考虑范围,并将其作为创作依据之一。在展陈设计的过程

---

[1] 马金龙.提高博物馆藏品数字化管理工作质量的策略[J].艺术品鉴,2022(12):100-102.

中,将技术、信息、文化进行融合,让传统的博物馆展示赋予新的技术和呈现形式,让展陈叙事的内容更加丰富,形式更加生动。

新冠肺炎疫情席卷全球以来,博物馆行业遭受了前所未有的重创,博物馆在新的危机面前,也迎接着新的挑战,展陈数字化成为博物馆展陈陈列的重要形式之一,这种技术的运用,让博物馆举办的临时特色展览得以保存,这种形式打破了文博单位观展群体的固定性和局限性。传统博物馆的展览陈列,受众观众只能到博物馆中才能欣赏到展览的全貌,而通过数字化展陈内容,受众只需要通过互联网,就可以运用电脑、手机、平板等设备如身临其境一般观看线上展览。

(二)体验型互动展示

展览陈列的呈现采用互动装置,加入科技创新的元素,越来越多地出现在展览陈列过程中,展陈创作者通过引进互动装置的方式,增加展陈参观者与展览的互动性,增强展陈参观者在观看展览时候的主观参与性,这些互动装置的引进多从观众的角度出发,增强观众对展览本体的理解,调动观众的五感,让观众能够从互动体验中得到更好的观展体验。传统的博物馆在博物馆本体建设、展陈展示、藏品管理等方面,都在发生着一定的变化。这些变化是顺应时代发展需求的,受众对博物馆的需求内容发生着变化,博物馆已经从单纯的文物保管单位,改变为对社会文化宣传、社会教育等方面,都承担着责任的公共服务性社会机构。"新型博物"应运而生,通过多种科技手段,以丰富的内容和形式,呈现展陈内容,受众通过不同的方式,对展陈呈现的内容进行观赏。"体验性博物馆"被提上日程,进入博物馆的受众,可以在博物馆中充分调动视觉、听觉、触觉的感官,走入博物馆后,可以通过实际操作来实现互动。如何通过数字化构建一种参与和操作化的形式,让公众能够积极参与博物馆信息的解读,是探索博物馆发展的重要目的。

文博单位在进行展览设计时,设计体验性强的博物馆展陈,运用声光电影等不同的形式,吸引受众,文博单位采用先进的科学技术,让展览陈列增加互动体验装置,观众观展的体验性是增强观众认同感和体验感最常用的方式,3D、4D等科技、VR影像呈现等手段都是展陈创作者经常使用的形式,数字多媒体的应用打破了展览陈列的线性叙事,可以通过屏幕,增强展览的历史纵深,深化解读展览陈列对象背后的故事和历史渊源,展览陈列的交流以"人"为中心,采用数字多媒体,充分调动参观者的感官。

互动装置需要通过多种技术共同作用来实现,不同的装置需要运用不同的技术对展示的内容进行创作,受众进入博物馆后,可以根据自己的需求选择性进行互动,通常,体验式互动的开展形式是受众进行按钮触碰来实现,在触碰的同时,受众进行自主性操作,按照自己的喜好进行选择性的观看。随着科学技术的发展,不同的展陈形式被应用于展览陈列中,互动装置的旋转、颤动、磁场变化等形式,增强了受众的现场体验感,打造一些场面宏大的互动体验场景,让受众"沉浸式体验",在固定的范围内成为体验的主体。

通过视频的形式进行记录,通过屏幕的形式进行呈现,是博物馆展陈中经常利用的表现方式,视频展示扩大了既定展览空间的宽度,在博物馆中,对一件文物的展陈呈现,只能通过背景板进行,而通过视频的形式进行创作、加工,就可以呈现文物的生产、使用和存储等过程和场景,让受众可以身临其境地感受一件承载着文化和历史的藏品所经历的客观现实。受众在进入博物馆观展的时候,除了展陈内容呈现出来触目可及的内容之外,还有这些科技感强、体验感高的展陈延展,增强了受众的观展愉悦感,增强博物馆的受众体验感,是博物馆在进行展览陈列和开展社会教育重要的追求目标,运用新型技术,将展览陈列做得好看、好玩,增强展览陈列的现场体验感,加强信息的传达覆盖面。

(三)沉浸式虚拟展示

沉浸式展陈体验的营造,能够不断满足观众对博物馆数字化展览设计的观展需求,"沉浸式"展览与展陈叙事之间有很严密的逻辑关系,采用数字化多媒体手段等诸多丰富展陈形式的辅助措施,呈现展陈效果,运用交互模拟、讲解、社教等多种方式,丰富展览的内涵和外延,让观众体验展览,既能从宏观方面观展,也能从微观方面,了解自己感兴趣的展陈内容。

"沉浸式"的观展体验成为受众观展的热点,科技元素、声光电的应用均丰富展陈内容。"沉浸式体验"是心理学家米哈里·契克森米哈赖在其研究的心理学领域内提出的。侧重为一种感觉,是人们全身心的投入到完成某一目的过程中的体验,在这个过程中,观展人的空间和时间的边界均不再清晰,从而获得一种进入式的体验感。博物馆展览陈列是多样性的综合体,采用不同的形式,对展览陈列的内容进行呈现,以动静结合的形式表现,让观看展览者的观感充分调动,让参观博物馆成为受众观看展览的综合行为活动,满足受众观看展览的受众体会感,从时空、叙事、展陈等多方面进行展陈呈现,让受众在参观展陈的时候有浸入式的观展体验。

实现沉浸式的虚拟展示需要应该几个必要的过程,图像画面在不同的过程中实现成像。第一个步骤是通过对画面本身的提取和采集,形成人们视觉能够看到的画面,第二个步骤是通过计算机的数据处理,让这些数据成为人们视觉能够捕捉到的主题。在虚拟成像的过程中,最重要的是要完成人体对视觉资源的捕捉,客观真实的还原和受众视觉呈现的效果之间,还是有一定的距离,处理好这些问题,就实现了视觉成像。如在电影院中的 3D 电影,在成像的时候,会利用客观环境的情况进行呈现,再运用先进的科学技术,实现成像,实现画面的视觉冲击力,让三维成像将客观实景进行再现。将现实的场景用 3D 的形式进行视觉捕捉,形成虚拟场景,受众观看的时候可以有身临其境的感觉。这种 3D 造景技术的运用,大大丰富了场景的虚拟表现。

随着科学技术的发展,虚拟场景被运用到很多场所中,在有限的空间中,可以让受众观看、体验到不同的场景。这种技术已经被运用于很多科技馆、自然馆、游乐园中,大大扩展了受众现场的体验空间,将一些广阔的场景和空间收纳到三维立体成像中,人们可以在小小的屏幕前面通过辅助设备,进行高速游览。如游乐园中常见的飞跃太空、飞跃中国等项目,受众不用移动,就可以在屏幕前面体验观赏全国、全世界美景的沉浸式观展体验。科学技术通过对客观现实场景的提取,以视频化的形式进行呈现,受众在场景中可以实现 360°的观赏,如同在真实的场景中走过。一些 VR 游戏也运用这种技术,将过山车、滑雪体验等内容,让观众通过视觉、触觉等个体认知的调动来实现观赏和体验。运用到博物馆中,不同文物承载的历史背景、广阔的时空、曼妙的历史时刻,都可以通过这种形式予以呈现。

二、数字化在博物馆展陈中的作用

传统的博物馆展陈,通过馆藏藏品的摆放就能实现,数字化技术的运用,给博物馆的展览陈列带来了很多影响,数字化呈现多从观众的视角,丰富展陈内容,受众通过这个展览陈列想获得哪些知识,展览陈列需要通过数字化的形式进行内容的扩充等,均可实现。[①] 新技术的运用,让博物馆展陈形式越来越多样化,博物馆展陈语言发生了重要的变化,文博工作人员在运用屏幕、3D等辅助手段,对展陈内容进行拓展,令展览陈列的内容进一步丰富。数字化将博物馆的展陈内容进行了扩大,数字化在展览陈列上的运用,主要通过先进的科学技术进行,展览陈列的数字化呈现,需要软件和硬件共同作用才能够实现,博物馆展览陈列的设施设备,是博物馆展陈数字化能够实现的重要基础。沉浸式的观展体验,是当前的博物馆受众对博物馆提出的新的要求。博物馆受众已经不满足于走进博物馆,靠观看展览来获得知识,在观看博物馆的同时,体会到博物馆观展的互动乐趣,自主的去选择自己感兴趣的点进行沉浸式体验。博物馆的数字化呈现,成为展陈吸引观众的重要卖点,线上展示和线下体验,丰富了博物馆受众在参观博物馆、获取文化知识时的途径。

(一)数字化与传统媒体

博物馆最常见的展陈形式,一种是以藏品为主,一种是以数字展示形式为主。这两种展陈内容是相辅相成的,藏品展陈是基础,数字展现是对藏品呈现形式的丰富和有效补充。藏品展示用什么样的展陈形式,取决于展陈设计者对展陈展品的研究,只有展陈设计者对展陈内容充分研究,才能设计出展陈展出藏品相关的补充内容、场景或者故事,对展陈内容进行补充。博物馆的数字化呈现是依托藏品文物进行的再度创作,展陈设计的内容和形式是丰富多彩的。展览设计中遵循的是主体不变的原则。

1. 作为展品的数字化演变

博物馆的文物藏品的展览展示,是通过博物馆的展览陈列实现的。博物馆是公共服务性机构,为大众提供服务,博物馆的文物藏品作为被展览展示的主体,是博物馆向受众提供社会教育的重要载体。博物馆的展览展示的形式有很多种,但这些展陈形式的实行,都需要以博物馆的馆藏藏品为基础,不同的展陈形式能够让走进博物馆的受众有不同的感觉,展陈内容的实现要通过展陈主题、展陈主线、展陈展线、展陈内容深加工等不同的阶段共同作用实现。博物馆展示什么,以怎样的主题、怎样的历史线索来实现展览陈列的串联,这都是文博工作者在设计展览之初就应该明确的内容。博物馆接受观众到馆参观,满足受众的文化需求,以不同主题的展览展示本馆的馆藏藏品,这是最基本的博物馆展览展示形式。随着科技的进步和发展,观众对博物馆的需求越来越高,进入博物馆,不仅要有知识性、趣味性,还要有体验性,让观众如身临其境一般的"沉浸式"体验感是越来越多的展陈设计者所追求的目标。展览的展品不止展现文物本体,还要展现与文物本体相关的场景、人物、历史关键点等,辅助受众理

[①] 胡珺梓. 基于历史博物馆展陈的多媒体互动体验设计研究[D]. 东华大学,2012.

解文物诞生和流传至今的背景。让观众能够更直观地了解文物背后的故事,能够让展览形式更加丰富。

博物馆的展览展示一直在发生着变革,不同的时代,由于科技发展水平的不同,展览展示的重点也各不相同,博物馆的馆藏文物的来源多为考古挖掘和社会征集,对文物本体的研究,不同的博物馆和不同的专家会有不同的见解,通过展陈的形式对文物进行诠释的需求一直存在,不同的时代在呈现馆藏文物的展览展示时,使用的技术是各不相同的。随着科技的进步,屏幕、投影开始被运用到博物馆的展陈设计中,受众走入博物馆进行沉浸式打卡体验,运用手机等移动终端进行拍照记录,把展陈出来的内容装到自己的移动终端,再通过自媒体账号进行分享,这些科学技术的进步,使博物馆的传播力大大提升。针对文物藏品背后的历史进行挖掘,用视频的形式进行呈现,能够增强展览展示的历史现实感,如对圣迹图的现场还原,能够以文物动态的画面呈现,讲述孔子周游列国的故事。这种动态呈现让文物的静态展示有了全新的一种表现形式,受众可以通过动态的效果观察连环画本身的故事,能够拉近参观受众与圣人孔子之间的距离。除了历史相关题材的呈现,在一些自然科学的展览中,展品是怎么生长形成的,也可以通过视频的形式进行直观的呈现。博物馆收藏的非物质文化遗产的藏品,可以将制作过程进行复原,呈现出来的内容和效果,是只展示馆藏藏品所不能够实现的。

显然,展览理念的演变并没有就此止步。计算机技术和全息技术的结合让博物馆参观者看到了非凡的便利:数字馆藏管理。数字馆藏营造好像跟展览没什么关系,只是博物馆的组织而已。然而,当微显示器以文化遗产的"解释版"取代传统的标签和图像时,它不仅拥有文化遗产的详细文字信息,还允许观看者选择视角,旋转虚拟文化遗产. 360°甚至720°环绕观察,并放大局部细节。目前,数字化不仅仅是一个收藏概念,还进入了展览领域。相比于碰不得的文物,这种"文物对话"更受大众欢迎。不过有专家证明,副本也能达到这种效果,性价比更高,可以直接玩。诚然,今天的数字化无法实现实体的接触,但无论多么精细的再现,原始文化遗产的每一个细节都无法完全还原,可以用数字化来填补。此外,数字化使展览在信息传播速度上超越了传统媒体,尤其是超越了实体博物馆的边界,进入了虚拟博物馆。只要一根网线和一台电脑,就能看到高精度的还原,呈现原来的面貌。[①]数字化的应用也给博物馆带来了很大的挑战,当计算机在馆藏管理中仅作为文件管理工具使用时,我们也可以认为物件是三维的,具有空间形态,而数字化只是平面的一种便利图片。但十多年后的今天,计算机已经从真正的文物二维照片跃升为文物的三维图像,甚至扩展到以完全虚拟化的方式呈现实体博物馆中的一切。从信息传播的角度来看,"这种电子文化并没有传递人类的价值观和身份",但它却扩大了信息接收者的人群。在这种情况下,是不是必须进入实体博物馆才能看到有实体形式的展览呢?这个问题直接指出了实体展览和虚拟展览之间存在一定的矛盾,特别是当博物馆自己的实体展览是复制品时。但尽管经过评估,展览在数字化的帮助下克服了物理限制,虚拟展览已成为大势所趋。

因此,从展览内涵和范围的演变可以看出,数字化填补了传统媒体在展览记录和收藏方面的空白,在这些物件的展示中也发挥了独有的作用。

---

① 刘芬. 做好基层博物馆藏品保管工作的策略研究[J]. 中国民族博览,2022(04):199—201.

2. 作为展示手段的数字化演变

传统的博物馆传播与数字化的博物馆传播，这之间是有严格的分界的，科技带动发展，展览展示依托新的媒介、新的技术来实现，这是只展示博物馆馆藏藏品所不能够实现的。以计算机的设计进行展览展示内容的设计和深加工，能够实现展示水平的提升。

曾有研究专家指出，受众的沉浸式体验，着眼点要放在受众对物理空间范围的客观感知上，也就是说，身临其境的受众感觉到什么、看到什么，是通过展览展示的形式呈现给受众的重要内容。从博物馆的发展史中可以看出，博物馆的职能和作用正在发生变化，展览陈列过程中追求的复原陈列，只通过藏品和背景板的展示，是很难实现的，要想呈现展陈主题相关的大场景，要想表现文物藏品的具体内容，需要多个场景共同呈现。现实生活场景的模拟，能够将参观受众带领到参观的环境中，身临其境的感受文物与生活本身之间的关系，利用先进的科学技术，将展柜里不能触摸的文物活化，如孔子博物馆内编钟编磬的互动装置，受众可以通过触摸来实现演奏，能够加深受众对孔子礼乐文化的认知和理解。复原生活场景的展示方式，能够让受众有身临其境的感觉，走入历史、走入画中，感受文物藏品或历史呈现当时的场景。在孔子博物馆的互动装置中，有一处是可以互动留言的装置，参观到展览中部，受众对展览的理解，对自己前途的期待等，都成为留言的具体内容，这个互动装置的受众人群较大，观众很喜欢将自己的文字和感悟留在机器中。一些通过沙盘、投影等形式复原的情景，有助于观众理解文物藏品的历史背景和意义，增强了观众的趣味性体验。这一尝试改变了博物馆最初的展览展示效果，促使博物馆在将原始的以文物展品为展览展示内容做好之外，兼顾深入挖掘文物背后的故事，将文物背后的历史背景、文物流传的脉络、文物的三维模型等进行加工。将文物的呈现空间进行拓展，打破文物展示的时间和空间的禁锢，扩充了博物馆馆藏藏品文物的知识性和趣味性，增强了受众的现场体验感。数字技术的运用，促进了展示扩容需求的实现。

由此可见，博物馆的展陈展示的发展过程，是一个由静及动的过程，单纯的展览馆藏藏品的展示形式，已经无法满足受众的需求，通过视频、三维立体成像、VR 成像等科学技术的补充，能够大大地扩容展览展示的内容。将文字和画面变为立体的、可现场观摩的视频，并辅助科技手段，让受众有身临其境的感觉。数字化呈现的过程中，声音、画面等多种因素都被运用，画面整体可观，受众对整体大场景有一个自己的认知和理解，一些展陈内容，为服务于客观环境的渲染，可能会出现自然因素，如风雨雷电的呈现，声音和画面相互配合，能够给受众带来沉浸式的现场体验感。多种科学技术的共同作用，是实现受众沉浸式观展的重要方式。数字化呈现对文博从业人员的学习能力、运用能力都是很好的考验。

例如，在孔子博物馆的《学而时习之——论语主题展》展览中，裸眼 3D 的形式呈现了北京国子监的画面，这一虚拟画面的呈现，不止客观真实的还原北京国子监的场景，还进行了再度创作，将仙鹤放置在场景之中，让观众除了看到现实场景之外，还看到了国子监的人文氛围，也就是说，虽然全景画让观众看到建筑延伸部分的情况，但它需要依托墙面的特性限制了信息的再延展。[①]真实的国子监现在已经成为一个观众游览的旅游地点，这里面已经没有伫立的仙鹤了，但通过虚拟场景的复原，带给观众以美的体验，这种运用电脑合成技术，让原本枯

---

① 滕卫，张兴. 浅谈山东博物馆藏品管理系统的建设[J]. 文物鉴定与鉴赏，2022(04)：39.

燥的画面生动形象起来的方式,是场景化呈现中经常使用到的办法。展陈的设计者在处理"空间"的过程中,将虚拟和现实相结合,把真实的和虚拟的共同放置在一个环境中,让观看到画面的受众有身临其境的感觉,在展陈设计者的引导下,将博物馆展陈内容所要呈现的内容表现出来。通过孔庙国子监的裸眼3D,现在已经成为一个旅游景点的场景再次回到了过去,历史上的国子监繁盛之时,鹤啼鹿鸣,伴随着莘莘学子的场景仿佛真的存在过。真实的和虚拟的在呈现的画面上不再有明显的界限,博物馆受众走入这个单元的时候,就被这个互动装置吸引、驻足、思考,仿佛自己在经历一场穿越之行,走入了历史,走入了国子监。有很强烈的现场体验感,这种体验感远比只表现国子监的建筑要更真实,这种真实感来源于环境氛围的渲染,是创作的升华,更是艺术的处理。

数字化呈现是对传统展陈的有力补充,线上展览的推出,互动装置无法进行体验,观看到线上展览的观众有人专程到现场体验裸眼3D带来的场景感和体验感。传统的展陈内容与数字化呈现实现联姻,更好地促进展陈思想的表达,做好展陈客观环境的营造,让观众有身临其境的感觉,加深观众对展陈内容的理解的同时,让观众有自己的感悟。

(二)数字化与观众

数字化的运用是展陈形式的重要表现方式,与传统的展示形式不同,这种展示形式更加吸引观众的注意力,能够让受众停住脚步,有互动体验,感受场景带来的氛围感,沉浸式地感受展陈设计者想表达的内容。

1. 人机对话——缩短与观众的距离

在展览陈列中,数字化技术的运用扩充了展览展示的内容,博物馆的展览陈列,是展陈创作者为实现知识的传输而创作的,创作者与受众之间的距离,是通过展陈形式来进行联通的,受众对展陈的反馈,是非常重要的,展览从意向到实际落地之间,要经历一个漫长的过程,传统的展览展示就是通过文物藏品的陈列和展板的排列进行呈现,数字化呈现打破了博物馆文物藏品单一的呈现形式,可以用三维影像的形式进行文物的展示。传统的展柜展示只展示文物的一个面,三维立体展示可以将文物的不同面进行呈现,受众可以通过互动装置,自主的选择想观赏的文物的部位进行放大观看。这种展陈形式,大大拉近了观众与文物的距离,让文物身上的元素可以真实的呈现出来。首先,数字资源经过计算机技术的处理后呈现在受众面前。除此之外,数字博物馆的建设,将博物馆的展陈搬到线上,打破了博物馆的地域性桎梏,让不同地方的人员可以通过互联网欣赏到自己感兴趣的展览。其次,数字展陈是不闭馆、不下线的展览,受众可以通过互联网多次观看展览。这些便利都来源于数字技术的合理运用,计算机不仅是图片及信息的存储者,还成为传输、传播的终端。观众通过触摸屏幕、按钮的方式,抽选相中书本中的照片,可以欣赏从17世纪至今的变化;最后,第二类互动计算机装置为观众提供不同位置的触碰,在屏幕上显现与此相关的17世纪到20世纪的不同定义。这里,线索的概念和架构是基础,人的视觉、触觉感知同概念建构是延伸话题,是人机对话的另类突破。这一过程与传播学的信息传递过程相吻合,即在设计数字化时考虑到观众认知心理一致性。这之后的数字化设计基本遵循着模块化与观众建立连接出发,比如大英博物馆也有类似尝试,如COMPASS(Collections Multimedia Public Access System)计划等。这些尝试经过多年实践检验,证明数字化的线索性和交互性能很好地将观众和信息建立交流通道,并且消除这之间无法获取的尴尬或是感官共鸣的冷淡。

数字化缩短与公众距离的另一个表现集中在权力向博物馆的转移。对于博物馆参观者来说,早期的现代博物馆通常处于较高的位置。尽管参观博物馆的门槛是开放的,但百宝箱式的打闹方式和轻率的评分系统,默认打开了公众对博物馆的认可。19 世纪以后,场景的模拟、场景还原方法的出现、展览空间的布置等,虽然博物馆通过降低姿态向公众展示了它的兴趣,但公众始终只是一个参观者。直到数字化出现,尤其是计算机,简单的按钮或触摸屏,如标牌,让公众感受到博物馆的选择,尽管有限,但这无疑向世界发出了一个信号,即博物馆的展览展示在不断的寻求与观众进行平等对话。[①] 从通过对屏幕上的按钮进行单向操作,到自主选择想看的文物进行观赏,信息技术在不断地进步和发展,技术的变革带来最大的便利,就是有了很多的呈现形式,将博物馆的展示成果永久地存储在线上,不止对展示进行扩充,还对文物藏品本身进行数字化采集和记录,也对展览展示的成果进行记录。

但也有专家发现,在不断变化的媒体下,影像一再拉近观众距离的同时,时间和空间也被压缩到了极致。尤其是在虚拟现实技术下,物理概念和心理概念的距离存在于同一个概念空间中。然而,按照传统美学的心理过程,观者必须在一定距离上形成对图像的认知建构。这与虚拟表征下的认知过程相反。即使我们看到和识别物体的生理过程没有受到很大影响,对某些事物的感知也必须在文化上被大脑改变。那么什么是数字条件下的基于图像空间的幻觉?这些图像受体的内部距离和感知过程是什么?这些与观众的认知心理直接相关的问题,是数字化的虚拟现实技术中迫切需要探讨和研究的问题。

2. 人的媒体化——让观众参与思考

最初,博物馆是以保管收藏文物为主要职能的,随着社会的发展,博物馆的职能发生着变革,从以保管"物"到服务于受众的转变,使博物馆的工作内容发生了巨大的变化。数字化的出现与运用,让博物馆与更多的社会受众实现了连接。数字化技术在展览陈列中的运用,让技术转化为具有审美性的展示服务,不同的展陈受众,会在观看展陈的过程中寻找自己的兴趣点。数字化影像技术的运用,让展览陈列的形式更加丰富,拓宽了展陈展示内容的宽度。展陈创作者在创作展览的时候,需要从受众的角度出发,将观众的视角纳入到展陈布置及创作的过程中创作初始阶段就纳入考虑范围,并将其作为的创作依据之一。在展陈设计的过程中,将技术、信息、文化进行融合,让传统的博物馆展示赋予新的技术和呈现形式,让展陈叙事的内容更加丰富、形式更加生动。机器的运用让每一个人都成为了一个传播媒介,通过不同的客户端发表、转发信息,受众不止是阅读者,还是信息的传播者。"人的媒体化"不断凸显。

博物馆受众在博物馆展览展示的内容传播中发挥着重要作用,博物馆展陈展示出来之后,走入博物馆的人进行展示内容的欣赏,通过自媒体客户端进行分享,每一位传播者都变为新的传播主体,并发表自身对展览陈列的认知,吸引更多的人来观看展览。"人的媒体化"这一概念最初是在艺术概念中出现的,随着科学技术的进步和社会的发展,这一现象更加突出。人们通过观赏展览来寻找自己感兴趣的点,并进行分享,这种传播形式,吸引更多的人对展览

---

① 赵子靖. 著作权法上博物馆藏品影像授权的问题研究[D]. 南京:南京师范大学,2021.

本身进行重构性解读。对展陈内容的认知还要依托自身的积淀,不同受众对展览的关注点各不相同,受众在参观展览的时候,对展陈内容的选择也各不相同。因此,受众在分享心得的过程中,也被无形的媒体化了。[①] 受众不止是展陈场景的旁观者,还是现实场景的客观参与者,虚拟展示的形式不止在博物馆中运用,科技馆、游乐场等场地也有所运用,受众在享受文化盛宴的同时,和肩负着成为这场盛宴再传播者的责任,通过分享的形式,让更多的人看到相关的信息,吸引不同的观众。在虚拟展示中,受众的沉浸式体验的感受是非常重要的,受众的参与性直接决定了受众的体验感。

事实上,让观众参与展示内容的想法只是增强观众互动的延伸,这种技术的运用已经非常普遍。传播理论中有对信息传播的理解和分析。他们认为,一般而言,影响公众对信息的理解有两种方式,一种是结构性影响,另一种是功能性影响。参观者在参观博物馆时,会获得一些信息:不同年龄、不同文化程度、不同认知水平的观众对同一个展览的兴趣不同,也会有不同的解读。这意味着信息的来源需要经历从注意、理解到记忆的完整体验,才能真正进行信息的传播。从数字的角度来看,激发选择性观众注意力的关键是一种活力感或与传统媒体不同的体验。分析人体对信息的获取可以得出,大脑接收信息是需要一定周期的,这个过程中完成的是视觉接收到大脑记忆的过程。博物馆的数字化应用,要充分运用人体对信息的选择,增强展览对受众的吸引力。研究发现,通过提升受众的参与度,吸引受众在展示场景前驻足观赏的时间越长,越容易令观众产生深刻的记忆。因此,博物馆的数字化展陈在设计的时候,要遵循人体对信息获取的客观情况,吸引观众的注意力。[②] 并注意是否能够令观众感兴趣、记得住,针对博物馆展览展示如何让观众印象深刻,采取何种形式,让受众对展陈内容记忆深刻等,是博物馆展陈创作团队共同的目标。

因此,数字化可以整合文本、图片、声响等不同形态,通过客观环境的营造来实现场景的复原。这种独特性使其能够在加载大容量显示信息时,根据观众的个人喜好,满足观众观看选项的观看要求,打破传统媒体在空间体积和访问便利性方面的限制。同时,在动员公众参观体验方面也表现出极大的吸引力。目前,存在一种普遍的现象:公众对数字信息的深度认知还缺乏理论研究,难以只通过数据就对客观场景实现理性认知。因此,多措并举的提升受众的知识积累,让走入博物馆的受众真正学到东西,是博物馆工作人员的落脚点。

三、数字化在博物馆展陈中的运用

博物馆中的数字化运用涉及很多方面,既有对文物本体的数字化采集,实现文物的数字化成像和数字化展示,也有对展览场景的数字化呈现,深化受众对展览主题的理解和认知。炫酷的数字化表现形式,很容易吸引受众的注意力,但博物馆的展陈是"内容为王",形式要为内容服务,数字化技术的运用,在展览陈列中要适度,一方面,数字技术的运用需要投入大量的人力物力,另一方面,过多的数字化呈现,也容易让受众产生疲劳感,喧宾夺主,影响到展览

---

① 曲晓晖.博物馆文物藏品保护与利用探究[J].文物鉴定与鉴赏,2021(06):136.
② 鲍晓文.谈博物馆藏品档案的规范整理和有效使用[J].福建文博,2021(01):87.

展陈本身的意义。因此,在应用数字化技术进行展陈策划时,一定要处理好形式和内容的关系,让形式服务于内容。

(一)资源分析与目标定位

近年来,受新冠肺炎疫情影响,博物馆线下展览展示受众群体骤减,良好的展陈表现形式,是吸引受众参观展览的重要手段。展陈团队在策划展览时,确定了展陈的主题,根据主题设计展览陈列呈现的内容和形式,要从整体性着手,从全局着手,了解展览展示的展览节奏、展线展览的过程,是受众获取知识的过程。不同的受众在参观展览时的关注点各不相同,展陈策划团队在设计展览时,要将这种情况纳入到考虑范围,根据不同的展陈受众,设计展陈的形式,有针对性的吸引目标受众,实现对目标受众的吸引的同时,还要增强展陈对广大受众的吸引力,用数字化的形式做好助攻。如孔子博物馆在开馆之际,举办孔府文物珍品展,将孔府旧藏的珍品文物以特别展览的形式推出,让长久以来没有条件展示的珍贵馆藏品得以呈现。

受众走入博物馆,通常会带着欣赏、学习的目的,大部分受众对文物及文物背后的历史感兴趣,需要通过博物馆的展览进行学习。在博物馆学的形成和发展过程中,不断吸收其他理论,叙事学在博物馆展览陈列中的应用,就是重要的尝试。博物馆的展览通常有两种,一种是博物馆的常设展览,一种是博物馆的临时展览。博物馆的常设展览,是在博物馆建设之初,根据博物馆的意义和定位,对博物馆藏品进行综合研究后进行的展陈布置,常设展通常承载博物馆的主要社会价值和意义。

根据以上思路,通过整体和部分的考虑,不同的展陈内容会吸引不同的受众,根据受众的情况,在展陈设计之初,将观众的诉求考虑在内,将有助于展陈主题的确认。

(二)组织信息内容——坚持传播的有效性

博物馆策划展览陈列通常需要经过三个阶段:前期策划、展览展陈设计和展览施工落地,每个过程都对展览陈列的叙事性发挥着重要的影响。展览策划过程将展览需要呈现的主题思想、具体内容、展览内容、展览艺术表现形式通过文字、图片、多媒体等形式进行呈现,利用好展览展陈空间,讲好展览陈列的故事。宣传工作从项目启动之初,就应该被纳入其中,重要的展览应进行提前预热宣传。

随着自媒体平台的发展,博物馆展陈信息及其他资讯,会通过多种平台同步推出。不同平台的受众群体各不相同。网站、微博、微信、抖音、今日头条等自媒体平台,被各博物馆所选择。博物馆在不同平台客户端发布资讯的方式,能够扩大博物馆的社会影响力,将博物馆的信息公布出去。按照宣传形式划分,多分为文字图片宣传和视频宣传两种形式。例如微博客户端,很多博物馆在新浪微博客户端发布资讯,用于本馆的宣传和信息发布,多采用文字、图片相结合或文字、视频相结合的形式。

展陈是博物馆叙事的语言,博物馆通过展陈传达馆藏藏品所承载的历史,展览陈列的过程,塑造一个过去和现在连接的情景,博物馆叙事通常通过时间和空间两种形式,由策展人根据想要表达的展陈内容进行陈列重组,实现对客观世界的复制,博物馆展陈叙事将碎片化的事物进行连接,承载体不止是客观的馆藏藏品,还有当下的客观世界,受众进入博物馆观看展览的时候,所获得的是一种独特的、不同于其他生活体验的感受。因此,博物馆在进行展陈宣传时,要采取简单的、通俗易懂的宣传形式,将展陈的主要展品、展陈特色、举办展览的意义告知受众。

(三)确定展示手段——遵循适宜性原则

展览陈列中使用数字化的展现形式是多样的,数字化展陈的呈现,很多需要再度的艺术加工,数字化内容包含展陈设计者对展览内容的学术研究和现实延伸,在选择数字化的呈现方式时,要遵循适度的原则,让数字化的呈现手法为展览陈列所要表达的内容锦上添花。展览陈列展示的内容,通过数字化的形式实现时间、空间的延伸,展陈内容要准确,展陈形式要合理,真正实现数字化展陈对博物馆展览陈列的助力。

博物馆通过展览陈列实现最基本的教育功能,进入博物馆的受众在接受一场非强迫性的知识洗礼,受众可以根据自己的喜好和需求选择展览参观的流程或领域,无论是传统展陈还是在线上展览,受众可以通过不同的形式参观展览。传统的展览配以数字化的展示手段,能够为展览展示添彩,数字化的呈现形式能够拓宽展示现场的空间和时间,经过360°全景采集再现的数字化博物馆,能够如实记录展陈的内容和形式。受众行走在博物馆的展陈中,感受来自于展陈本身带来的感染力;受众通过线上的形式参观展陈,以虚拟展线的形式进入展厅参观,这些科技手段赋能的展览陈列方式和内容,都为博物馆受众带来了参观便利和全新的感悟。分析受众对博物馆参观体验可以看出,沉浸式的体验让受众难忘,3D裸眼技术、VR全息影像等技术制造的影像能够让观众有身临其境的感觉,这些场景的制作中的再度创作,往往能给受众带来惊艳感,能够很好地拉近观众与展览内容本身的距离,令观众印象深刻。

第三节 数字传播的需求与使用

一、博物馆对于数字传播的需求

传统的博物馆举办展览,多采取守株待兔的形式,等待受众主动走入博物馆观看展览。随着数字化建设的普及,博物馆通过数字传播的形式宣传、推介博物馆,吸引更多的受众走进博物馆参观。各文博单位对门户网站的建设也很重视,门户网站是博物馆开展各项工作、发布工作资讯、新闻的重要场所。文博单位对门户网站、自媒体平台的合理运用,有利于提升博物馆的宣传影响力。

(一)博物馆信息的传播过程

博物馆资讯的传播途径,决定了博物馆资讯的传播过程涉及多个学科范畴。

1. 信息——对信息的基本认识

受众了解博物馆,通常是因为博物馆藏品的吸引力,除了藏品信息的录入、管理和使用涉及到信息的保管和使用之外,博物馆还发挥着社会职能,同样需要信息宣传。博物馆开展不同业务,服务于社会受众,给受众提供的信息,就是博物馆的服务性信息。博物馆信息既包括文物藏品信息,也包含博物馆其他业务工作的宣传信息,这些都是博物馆发挥其社会职能的重要体现。

2. 受众——博物馆观众认知的基本规律

博物馆的藏品是博物馆进行传播的核心,文物本体很难实现和观众的直接交流,要想让博物馆内的藏品展示其内涵和历史价值,展览陈列是博物馆使用最直接的形式。展览陈列的设计者通过对文物本体的研究和解读,不断丰富文物本身内涵所承载的历史价值和人文价值,通过对馆藏文物资源的调配,运用策展思路,创作文物展陈作品,以期实现对博物馆受众的吸引,让受众对博物馆展览陈列的物品产生兴趣。博物馆的信息传播程度和对受众的覆盖面,就是博物馆信息传播的主要工作目标。

(二)媒介——数字展示对博物馆信息的发掘和加工

运用不同的表现手法实现展览陈列的叙事性创新,是博物馆探索传统展陈方式的一大突破。这一展陈表达形式的出发点是博物馆的展览陈列不再仅仅是物品的展览呈现,而是通过展陈的形式,讲述文物背后的故事。[①]叙事学在博物馆展陈中的运用是灵活的,在叙事学体系中,叙事性分为很多种,叙事学在文艺作品中的应用,往往使用不同的媒介,如语言、画面等。展览陈列的创作过程中,叙事文本是展览陈列的主线,展览陈列通过怎样的时间线、情节点让不同的文物藏品产生连接,通过展陈空间及展品组成实体,构成了展览陈列的媒介传播特性。

以数字化的形式将展览展示设计进行更新,丰富了展陈形式,展陈叙事中增加了沉浸式展陈体验,不断满足观众对博物馆数字化展览设计的观展需求,"沉浸式"展览与展陈叙事之间有很严密的逻辑关系,采用数字化多媒体手段等诸多丰富展陈形式的辅助措施,呈现展陈效果,运用交互模拟、讲解、社教等多种方式,丰富展览的内涵和外延,让观众体验展览。

第一,数字展示可以拓宽单一的文物展示和场景展示的内涵。展柜里的文物,呈现的只能是文物的一个面,运用数字化的展示手法,可以360°观赏文物。除此之外,还可以通过数字化的形式,对文物进行解读、阐释。

第二,数字展示可以呈现文物背后的历史事件等客观背景,将文物的基本信息进行展示,呈现文物的生产、制作、流传、流转、收藏等不同阶段的重要历史信息,这些信息对博物馆馆藏藏品的信息是一种补充,也有利于文物本体的展览,呈现文物背后的故事,挖掘文物的内在价值。

第三,对于一个博物馆而言,馆藏藏品是一个个相对独立的个体,他们有各自的历史背景,蕴含的意义也各不相同,选择合适的主题,整合展示资源进行展览展示,是博物馆开展展陈工作的重要手段。如孔子博物馆,上行展线展示的是孔子的思想,将孔子之前、孔子时代、孔子的思想等作为常设展的主要部分,配套展览文物,也都是与主题相契合的文物,增强观众对孔子的认识。

---

① 齐琳. 博物馆藏品的规范化管理[J]. 文物鉴定与鉴赏,2021(05):143.

(三)博物馆信息传播有赖于数字宣传

数字技术的出现和成熟令文化传播所依靠的媒介和所采用的方式产生了变化。新媒体时代的到来,给博物馆的宣传工作提出了新的课题。2020年1月份,"为了丰富广大人民群众在疫情防控期间的精神文化生活,国家文物局在'博物馆网上展览平台'紧急扩增一批在线展览内容,通过新媒体和虚拟现实表现手段,满足各界受众足不出户在线观展的需求。"新冠肺炎疫情期间,全国各大博物馆大力使用新媒体客户端进行文化传播,采取微博、微信、今日头条等自媒体客户端进行文字宣传,利用抖音、快手、央视频等媒体客户端进行短视频传播,线上直播等传播方式被各博物馆广泛使用,一定程度上拓展了博物馆的宣传途径。

"数字时代的来临引起文化传播的变迁。首先是文化传播媒介形态的变化,其次是文化传播方式及文化传承方式的变化。既有的传统文化借助数字传播技术得以延续的同时,原生的数字文化也正日益占据社会文化的核心地位,并成为文化传播的主流,进而引起'文化反哺'现象及文化代际传承模式的更新,这对人类文化传播的影响是深远的。"[①]孔子博物馆的馆藏文物历史由来已久,多为孔府旧藏和曲阜当地考古出土,文物文化内涵丰富,孔子博物馆以宣传、展陈等形式进行孔子文化的宣传与传播。"孔子文化是历史的积淀,是中华民族传统文化的结晶,是华夏文明的标志。孔子文化的精华是什么,是'礼乐文明',是"为人以善,为政以德"的道德体系。"

2020年,疫情期间,孔子博物馆为做好各项宣传工作,开通11个自媒体账户,通过互联网平台、采用数字化传播的手段,进行孔子文化的传播,以自媒体形式传播发声,实现了多种传播形式组合传播的新传播态势。孔子文化是儒家文化的重要组成部分,孔子博物馆是弘扬以儒家思想为代表的中华优秀传统文化而建设的大型现代化博物馆,传播和弘扬孔子文化,是孔子博物馆的重要职责。随着传播方式和传播媒介的变更,依托数字化形式进行文化传播,成为孔子博物馆宣传工作的重要呈现形式,自媒体宣传成为重要的宣传形式,孔子博物馆通过微信、微博、抖音、哔哩哔哩、今日头条等途径,开展孔子博物馆的日常宣传工作,传播孔子文化。新冠肺炎疫情期间,自媒体直播、H5表情包等系列新媒体传播手段的尝试,通过对孔子文化的数字化传播与实践进行梳理和研究,研究孔子文化在不同的传播形式中的传播规律,概括当前传播技术和传播方式对孔子文化传播的影响,通过孔子博物馆宣传工作中的日常实践,结合孔子文化数字化传播的内容和形式,以数据出发,分析所取得的社会效益,进而探索数字化传播孔子文化的规律和经验。

二、博物馆对于数字传播的使用

(一)数字博物馆功能设计及传播策略创新的必要性

1."互联网+"以强调用户体验为核心

依托互联网而实现的诸多技术融合,即"互联网+",借助互联网为载体,将不同的技术体

[①] 高蕾.传统手工艺的危机及文化转型研究[D].西安:西安美术学院,2018.

进行融合,共同发力,如数字化技术、网络技术等,共同作用于产业发展。

受社会发展的影响,越来越多的民众拥有智能手机,成为文化传播的参与者,这种客观现实让博物馆的传播有了新的发展和机遇。走入博物馆获取知识,成为很多人闲暇时候的选择。"博物馆热"出现①,越来越多的受众走入博物馆,受新冠肺炎疫情影响,博物馆参观人数虽有所下降,但博物馆受众人群不降反增。综艺节目的火热让博物馆成为人们度假、休闲的首选之所,国家对博物馆大力财政支持,让越来越多的好的展览得以推出。

在"互联网+"的背景下,数字博物馆承担着减少实体博物馆多年来存在的馆藏与保护、参观需求和资源矛盾的重要任务。如何快速建设数字博物馆,如何让数字博物馆更全面、更便捷地履行实体博物馆传播文化传承的社会功能,是互联网+博物馆产业融合的重中之重之一。

与此同时,互联网行业进入下半场,"内容为王"转向以用户体验为核心。从 1990 年到 2022 年,中国互联网产业经历了从新到全面的高速增长期,中国网民规模呈现爆发式增长趋势。不难发现,这一时期中国互联网的发展,更多地依赖于其庞大的人口基数带来的人口红利。后疫情时代,博物馆面临机遇与挑战,不断掌握和应用先进科学技术,实现数字展览、数字博物馆的线上化成为必然。近年来,互联网产业的快速发展提供了有力支撑。用户数量的快速增长和吸引新用户的低成本令人惊讶。据 2017 年发布的《中国移动互联网安全与发展状况报告(2017 年)》显示,"2016 年,中国移动互联网活跃用户规模达 12.47 亿,较 2015 年增长 59.9%;23.3 亿台,与 2015 年相比增长了 106%。其中,智能手机平台上用户最多的社交平台是微信,拥有 10.03 亿用户。"②

随着智能移动设备的迅速普及,到 2022 年,中国整个互联网市场将呈现出与以往不同的变化。智能手机销量将停止增长,网民增长趋势将放缓,红利人群将逐渐消失并受到限制。流量成为产品竞争的焦点,"互联网进入下半场"成为行业共识。互联网行业的下半场也是大众传播的新起点。自 1980 年数字技术广泛应用于信息传播以来,由此产生的网络部署以极快的速度进入人们的生活,人类也进入了真正意义上的大众传播时代。在大众传播时代,信息传播的速度和广泛的受众范围是人类传播史上的一个重大转折点。

随着数字技术的不断更新,大众传播不断呈现出更多的新特点,尤其是在互联网行业发展的上半年,在互联网大众参与的背景下,互联网传播受众的数量和新媒体急剧增加。"内容为王"应运而生,并以最具创意的内容成为那个时代的标志,引起了用户的关注。在新媒体的背景下,技术和传播环境的变化给媒体、舆论和受众带来了变化。"内容为王"是信息服务业重视公众参与的重要体现。然而,随着大众传播时代的加速,受众不再只是扮演接收信息的角色,每个受众都成为了创造者。寻求内容真谛的方式是基于对受众权利的充分关注。在人口红利正在消失的互联网竞争下半场,用户参与度越来越受到重视,用户在传播过程中的深度参与是面食传播新拐点下的必然要求。作为大众传播的一种手段,数字博物馆必须适应大众传播时代的新需求。在传播方面,不仅保证内容丰富、有趣、有教育意义,而且创新传播策

---

① 刘书正.中国博物馆藏品规模与结构研究[J].中国博物馆,2021(02):70.
② 张丽.数字化时代中国博物馆教育发展研究[D].华中师范大学,2015.

略满足用户在用户体验上的交互需求,加深了受众的参与感。

2. 当下数字博物馆发展中的多重矛盾

博物馆藏品来源与观众的客观需要之间是存在矛盾的。数字博物馆的建设过程中,运用科学技术将文物信息进行采集的过程,除了在展览展示上的应用,也方便了文物信息的存储和利用。从这个角度来看,数字博物馆在展示内容上应该更加多元化,馆藏文物的数量不是决定博物馆展览展示内容的决定性因素。然而,目前数字博物馆的发展并没有做到这一点。

数字博物馆一经推出,很多博物馆都进行了大量的尝试,但由于人力、物力、财力的限制,博物馆馆藏藏品的数字化进程比较缓慢,文物采集的市场价格相对较高,即使博物馆想从事本馆文物藏品的数字化采集,但苦于经费欠缺,截止目前,很多博物馆的门户网站上,都有数字藏品栏目,但线上展示的文物数量都非常少,与本馆的馆藏文物数量相差很多。

博物馆开展文物数字呈现的桎梏有两个方面,一个为博物馆的财力、物力、人力,另一个为博物馆存储平台建设。数字资源展示需要博物馆有自己的数字平台,实现本馆馆藏藏品的数字化呈现,但很多博物馆都不具备这一条件。

在线上数字博物馆领域,做的最好的就是故宫博物院,故宫博物院的门户网站,设置了数字多宝阁、数字文物库、藏品总目几个部分,面向社会开放,受众可以通过游览官方网站获取感兴趣的文物信息。除此之外,故宫博物院还开设近期展览、专馆、原状陈列等栏目,让无法到现场的观众通过互联网的形式进行参观,实现线上观展、线上体验。这些网上虚拟展馆的实现,大大提升了故宫博物院的文化受众,因疫情原因无法到达现场的观众、对故宫文物感兴趣的文物爱好者、对文化热爱的学习者,都可以通过官方门户网站获取自己需要的信息。这种展现形式是受众所喜爱和推崇的。

数字博物馆的建设,不应该只局限于博物馆的馆藏藏品,还应该通过先进的科学技术,运用 VR 等手段,将博物馆的馆舍、文物进行数字化呈现,除此之外,还要通过多种手段,如声音、图像等形式进行藏品和展览展示。数字博物馆是对实体博物馆展览资源的丰富和信息处理,为用户提供更全面的展览资源,让用户摆脱空间和时间的限制,因此数字博物馆的建设有其必要性。

建设数字博物馆的主要目的是吸引博物馆的常客。如前所述,目前的数字博物馆建设在内容层面不符合数字博物馆定义的"丰富"要求,在功能层面,目前的数字博物馆也"不达标"。无法提供信息和展示更完整、更丰富的馆藏。目前数字博物馆的功能布局仍以线下博物馆业务功能为主,如观展活动、线上预约、购票等。

数字博物馆制度性依附及用户公共视觉性建设的矛盾。除了产业升级和大众传播方式的转型,数字博物馆传播策略的创新,也是中国公共视觉性建设的要求。"所谓公共视觉性,是视觉文化发展中宏观的政治经济层面、中观层面的视觉文化机构以及微观层面的日常生活彼此互动的结果,它代表某个群体或某些群体在特定语境下的视觉经验及认知模式,呈现为公共空间中群体共享的某些类型的视觉性。"公共视觉性是西方学者桑内特对传统的"言说公共性"公共传播路径的反抗,他认为后现代文化的发展,早已转向了以视觉为中心,转向了以影像为核心的"感性主义形态"。

这种技术被运用到新媒体传播的过程中,吸引了很多社会关注度的同时,也造成了一些改变,传统的传播形式正在发生着改变,媒体公信力更加权威,个人自媒体账号的发展,让很多资讯是通过个体自媒体账号发布出来的,每个人都能够成为传播主体,受众的注意力会因为传播媒介的多样性而有更多的自主选择性,抖音、微博等门户的运用,让信息的获取不再单一。作为博物馆,数字博物馆的出现是网络上博物馆发展的一次新的机遇,全体博物馆在互联网平台上被画了一道崭新的起跑线,虽然,很多资金雄厚、人才储备丰厚的博物馆还是在抢先一步,但更多的博物馆在互联网平台上,享受着同样的机遇。数字博物馆作为大众传播媒介之一,本身的传播、教化功能也是在视觉交流前提下进行的,与其他大众传播媒介特别是体制内媒介一样,需要顺应这种视觉性建设的要求。但是,数字博物馆的公共视觉性建设转化,很难通过受众的自发传播而实现。

近年来,国家文物局在博物馆定级评估标准中,官方网站的建设成为一个必然要求。无论是官方网站还是第三方平台,这完全是关于博物馆的宣传领域。前者是官方网站,后者是第三方资源聚合平台,本质上依赖实体博物馆的制度化,都延续博物馆的社会文化传承和教育功能,都需要实体资源。博物馆提供的内容统一传播和管理,确保其合法性和权威性。[①]依托这一体系,为数字博物馆提供了制度保障,数字博物馆需要依托实体博物馆的实物馆藏作为一切信息传播的源泉,从而保证数字博物馆的真实性和可信度。博物馆信息从这个意义上说,建设数字博物馆的初衷是为了缓解实体博物馆用户需求增加带来的能源负荷和空间压力,以更好地实现信息的数字化。

显然,更方便用户获取信息,而更锐利的藏品存储图像是其带来的又一优势。这种制度依赖也支持了数字博物馆的合法性,因为数字博物馆是通过对实体博物馆的依附而产生的,延续了实体博物馆的专业地位,使其更具说服力和威权。然而,对这些系统的依赖也在一定程度上限制了数字博物馆的发展和传播。因此,建设数字博物馆是促进博物馆发展的有效途径。博物馆将更加"开放",以期继承传统博物馆用户"无可争辩"的权威。

目前,在我国数字博物馆建设中,视觉表现的应用主要体现在虚拟数字展厅和图文视频的线上展示。然而,在这两种方法中,数字显示仅限于图像级别,并确定用户的步行路径。鉴于用户很少有机会参与策划展览的内容,它仍然是一种自上而下的被动交流方式,大多数用户仍然保持知识表示系统的封闭性。在用户层面,在用户交互体验方面,数字博物馆几乎完全模仿了博物馆交互的物理方式。即用户只能按照程序员提供的可视化路线来获得想要的知识路径,这无疑限制了用户自主学习和理解的能力。"它们加强而不是改变博物馆与公众之间的传统关系。"这主要体现在数字博物馆的3D虚拟数字展厅建设上。在这个链接中,定义了用户的接入点、导航方式和内容,用户只能选择登录或不登录、不能登录。无法提出建设性意见,更不用说个性化体验了。这显然与大众传播背景下的传播过程中对深度用户交互的需求相矛盾。

所以,在进行数字博物馆建设的过程中,从观众的需求出发,考虑观众想获得怎样的资源及信息,是博物馆顺应大众需求的主要出发点,博物馆开放的数字资源,要在博物馆条例允许的范围之内,惠及受众,需要对博物馆资源进行利用的研发、研究,需要与博物馆进行联系,并

---

① 刘书正.中国博物馆藏品规模与结构研究[J].中国博物馆,2021(02):70.

取得博物馆的认可。

可展示的数字资源较少。受资金限制,很多博物馆没有经费开展数字化工作,文物数字化采集和文物藏品数字化承载之间的壁垒也一直没有打通,博物馆的馆藏藏品无法满足受众的需求,当前,我国博物馆的数字化建设是相对滞后的。

可呈现的内容较少,很多博物馆开展了数字博物馆的建设,展览形式以文物的二维平面照片和介绍为主,很少展示三维立体的文物资源,且在博物馆文化宣传与传播方面,多个自媒体客户端的同质化传播,让博物馆微博文物宣传并不能吸引太多的受众。

(二)数字博物馆功能设计及传播策略创新的可能性

1."互联网+中华文明"三年行动计划,提供政策导向

近年来,随着"互联网+"的口号和信息技术的飞速发展,文化传播方式发生了很大变化。国家文物局高度重视科技创新支撑作用,紧紧把握时代脉搏,积极探索建设智慧博物馆,开展智慧博物馆建设试点,提高应用率的新技术。物联网、云计算、大数据、移动通信等新一代信息技术在文化遗产与科技深度融合方面取得了长足进步。

"互联网+行动"的策划和执行,为新互联网时代背景下的传统文化传播提供了有力支撑。在该行动计划的支持下,相关政府部门、非营利组织和互联网企业参与"互联网+文明"和技术建设,逐步形成跨平台、多机构合作、内容传播的局面.第四届世界会展中心在浙江乌镇举办,以"互联网+中华文明"相关展览为特色。其中,相关企业与文化遗产博物馆行业跨界合作,多角度、多维度展示文化遗产,深入挖掘其背后的文化遗产。运用先进技术采集文物,建立博物馆藏品数据资源管理数据库;运用新技术将展览数字化,拓展展览时间和空间,彰显文化遗产带来的文明伟大,将新科技应用转化为文化遗产展品展示。

国家文物局利用腾讯等众多强大门户功能,率先构建了中国文化多维度大众传播矩阵(微信、腾讯新闻等)。借助平台优势和百度用户(尤其是百度百科)的传统,在知识传播领域,打造数字博物馆,打破线下实体博物馆的空间和时间限制。结合网易在线教育平台优势,打造在线教育平台,促进中国文化在青少年中传播。

2. 数字化技术不断突破,提供技术支持

数字博物馆是艺术品和展览的场所,也是提供丰富互动体验的大众传播中心。如今,灯光、声音、图像和视频等各种支持都融入了博物馆,重视体验。在传统博物馆中,用户主要是作为艺术翻译者,因为他们的互动性有限,不能充分参与展览项目。相比之下,随着用户在数字博物馆中使用更多互动媒体,数字博物馆的情况正在发生变化。用户可以通过多感官交互探索多媒体内容,并从实物展示物品和虚拟对象中获得丰富的交互体验。为了不断改善体验,对博物馆互动提出了新的要求。这些要求包括实时上下文信息、对艺术品的准确远程访问、沉浸式交互场景(例如360°视图)以及对象之间的无缝转换、虚拟现实等。在国外,数字博物馆的组织已经使用了很多技术,包括基于 PDA 的数字博物馆、网络集成的在线博物馆和便携式投影仪支持的博物馆。还有许多其他技术可以提供这种实现。支持头戴式显示器(HDM,如 OculusVR 眼镜)和360°视野使虚拟博物馆更加便携和身临其境,带来更流畅的互动体验。目前,许多西方国家的人们已经习惯于支持基于 HMD 的虚拟现实博物馆,它支

持运动等各种感官交互。作为研究人员的 Kiourt 等人解释说,一些数字博物馆使用物理世界的隐喻,视觉信息由不同空间对象的表面连接和组织,人们通过对象的用户界面寻找信息并与之交互,相互作用。在过去的二十年里,西班牙博物馆对数字技术的使用迅速增长,博物馆看到了许多可能性:数字博物馆的创建、更有效的交流、艺术教育的新可能性、对残疾人的特殊照顾等等。

随着科学技术的进步和社会的发展,数字技术在博物馆建设中的应用越来越多,为博物馆展览等相关工作的开展提供了新的技术支撑。

虚拟现实技术是指利用互联网和 3D 技术,帮助游客在线参观博物馆,深入了解博物馆展品状态。对故宫的建筑结构和室内藏品的文化遗产细节进行全 3D 扫描,并将故宫的所有建筑信息和文化遗产信息存储在数据库中,让人们对故宫有更深入的了解。文化遗产在发展过程中更广泛地激发了公众对文化遗产的兴趣。可以说,AR 技术在数字博物馆中的应用是顺理成章的事情。通过这项技术,无法完整观看的展品将在数字维度"复活"和还原,让观众有身临其境的感觉,从而丰富他们的体验。

微博和微信客户端的发展速度非常快。"国家一级博物馆运营评级指标体系"的上线,将微博社交媒体加入博物馆公关评级体系,为用户和博物馆提供了新的交流互动平台。迄今为止,中国具有代表性的博物馆微博北京故宫博物院微博拥有 1030 万粉丝,并且还在以可见的速度增长。每条微博的互动量都在 2000 多条,非常活跃。[1]

藏品信息的三维扫描技术已经被广泛运用到博物馆藏品资源的采集过程中,通过对藏品信息的精准采集,实现对藏品文物数字化管理,让采集成果惠及修复、保护、研究、利用。

这些数字化技术在数字博物馆中的广泛应用,为数字博物馆未来的发展提供了新的可能,为数字博物馆传播策略的创新奠定了技术基础。

3. 国民知识型消费的市场需求旺盛,博物馆社会化营销提供用户基础

新冠肺炎疫情对全球文博行业产生了巨大的冲击,2020 年 5 月 18 日,为国际博物馆日,联合国教科文组织与国际博物馆协会发布的两份研究报告,指出:"由于新冠肺炎疫情,全球 85,000 多座博物馆已在不同时间段关闭,占总数的近 90%。"为迎接博物馆的挑战,线上展陈的形式一度风靡。2022 年,随着疫情防控的合理开展,全国各地博物馆受众参观数量出现了。

互联网作为当今时代最具发展活力的领域,已经全面融入人们生活的方方面面。博物馆数字化建设对于文博行业的发展、文化遗产的保护、中华传统文化的传承发展都具有重大意义。推进博物馆信息化建设,开发弘扬优秀民族文化的产品和服务,是推动博物馆文物保护事业科学发展、保障人民群众文化权益的必由之路。

在公众视觉层面进行研究,博物馆对历史人物的结构和解构,重新诠释了封建帝王,大力发展了周边文化产业。以故宫博物院为例,淘宝以乾隆为主题推出了一系列新项目,备受网友关注和喜爱。不少年轻观众通过微信和微博实现了与故宫官微互动,并产生了很多传播力大、覆盖面广的话题榜,打破了故宫严肃的文物收藏保管单位的形象。虽然这些努力仍然不能满足受众的所有需求,但这些已经做出的尝试,是里程碑式的,尤其对数字博物馆的建设,

---

[1] 方智.自媒体时代博物馆微信的运营研究[J].智库时代,2019(44):229+231.

提供了很好的经验,对数字博物馆的宣传起到了很好的榜样作用。

近年来,从中央到地方都在持续加强文物保护与活化利用工作,大力推动智慧博物馆建设,陆续发布了众多政策及法律法规,确保文物工作落到实处。通过将传统文化和科学技术相结合,让人们更多地了解中华文化的历史价值和文化精髓,增强人们对传统文化的发扬和继承。

当前自媒体时代,博物馆主体进行宣传,主要是依托自媒体账号和传统媒体宣传来吸引博物馆受众。自媒体账号积攒的固定关注群,博物馆的关注度比较高,是博物馆持续的粉丝群,博物馆的宣传平台是开放的,博物馆社会宣传有公众参与性和可持续性。博物馆在传播策略上的调整和创新其实已经做了很多尝试,为数字博物馆的传播策略提供了借鉴。这一时期,很多博物馆积极与其他媒介合作,相继推出《中国成语大会》《中国汉字听写大会》《中国诗词大会》《国家宝藏》《我在故宫修文物》《如果国宝会说话》等综艺节目,以一种新的姿态与观众见面。在最新的《如果国宝会说话》中,节目制作模式不断依时而变,既坚持节目的文化品格,又符合受众对综艺类节目的期待,制作了一批适应短视频传播规律的优质视频,吸引了广大传统文化爱好者的关注。

第四节　文创研发的采用与促进

随着博物馆热的出现,博物馆的馆藏文物设计制作的产品吸引了部分受众,如故宫博物院、河南博物馆、苏州博物馆等,根据馆藏文物等资源,并根据市场需求,设计出了很多受众喜欢的文创产品。随着博物馆数字化建设的开展,馆藏文物数字化采集工作,给文创研发创造了新的条件,文物信息的精准获取,为文创产品的研发创造了客观条件。藏品的数字化采集工作令文物的元素、图案等的提取、应用更加便利,是文物文创产品研发多样性的重要保障。数字藏品的推出在互联网引发热潮,给博物馆带来了前所未有的机遇和挑战。加强博物馆数字藏品文创的管理,真正实现让数字技术能够赋能文创,真正实现惠及大众。

一、数字技术在文创研发中的作用

(一)数字技术被运用到文创研发中的背景

博物馆藏品文物的数字化采集工作,将藏品文物的详细信息进行了采集,这些数字资源,是研究、利用藏品的重要依据。博物馆的文创研发工作,依据博物馆内的馆藏藏品,数字资源的成功采集可以被运用到文创研发中,如从文物中采集下来的文物纹饰、图样等,这些素材的使用,能够增加文创产品的文化品格,将文物之美以一种全新的形式还原到文创产品中。

文创产品的研发,依据馆藏藏品以及对文物细节的运用,能够将器物上的细节之美呈现出来。在古代,器物上的纹饰往往有很多美好的寓意,将博物馆藏品器物上的纹饰应用到文创产品中,就是将藏品本身的文化元素予以创造性转化、创新性发展。

馆藏藏品的数字化建设运用到博物馆文创研发中,多从如下几个方面展开:其一,文创研发依托文物藏品本身的功能及样式,馆藏藏品是博物馆文创研发的主体;其二,文创研发依托馆藏藏品文物的文化元素,这些文创产品的创作和生产,驻足于藏品文物纹饰的吉祥寓意;其三,藏品文物的数字藏品本身作为文创产品,这种文创产品一经推出便风靡一时,受到广大消费者的追捧。收藏、保管数字藏品能成为很多文博爱好者的爱好之一。

1. 数字时代的特征

随着信息技术的普及,传统博物馆发生了变化,博物馆的藏品资源、展览展示、社教课程等通过互联网的形式进行线上传播,这种传播形式,让博物馆的资源影响力更大、覆盖面更广。博物馆应发挥社会教育作用,开展博物馆进校园、进社区等活动。以孔子博物馆为例,孔子博物馆与山东教育电视台合作,开展一对一定制多点共享的线上研学新模式。在直播讲解员的带领下,孩子们如同身临其境,欣赏孔子博物馆的风物景色和展览陈列,领悟先师的智慧和思想,了解国宝文物的"前世今生","解码"博物馆里的历史掌故,用心感受传统文化的独特魅力,让传统文化的种子在孩子们的心底生根发芽。数字化是传播方式,拉近了博物馆与互联网受众的距离。

2. 数字时代下传统文化面临的危机

随着互联网的普及,信息传播载体也在发生着变化,信息从口口相传到竹简绢帛到纸质传播,再到以电子屏幕为载体的网络传播,伴随着全球化出现在我们身边,信息短平快的传播特点,使传统文化的传播和普及受到了一定的限制。

其一,随着工业化生产和互联网的普及,越来越多的非物质文化遗产的传承出现断层,很多手工匠人的高超技艺没有传承人。一些很精湛的非物质文化遗产手工艺人,他们的技艺和生产出来的产品,是文化的承载,也是文明的传承,博物馆作为公益性的服务机构,为非遗传承添砖加瓦,是博物馆的使命之一。以孔子博物馆为例,孔子博物馆结合自己的馆藏,引进孔府点心非物质文化传承人,以古法手工的形式制作孔府点心。

其二,非物质文化遗产的受众面越来越小,很多手工技术在博物馆的馆藏藏品中都能寻找到依据。博物馆承载着弘扬非物质文化遗产的责任。以孔子博物馆为例,孔子博物馆举办孔府过大年展览时,举办非遗展专题,将曲阜本地跟过年年俗相关的非物质文化遗产传承人邀请到博物馆过大年展厅中,现场制作、现场展示,为扩大展览的影响力,还通过新华社线上直播平台,进行中英文讲解,扩大博物馆的线上受众群体,让不能到现场观赏展览的受众通过观看直播的形式参与到线上互动的环节中。

其三,博物馆的宣传和传统文化的传播,要适应网络传播的特点,把握互联网的传播态势,在互联网平台上弘扬和发展中国优秀传统文化。

3. 数字时代下传统文化面临的发展机遇

数字时代的发展,给博物馆带来了新的机遇,不同级别、不同地域的博物馆,在互联网中的传播是平等的。博物馆根据自己的馆藏藏品,举办展览、研发社教课程、进行文创研发,扩大线上传播的受众覆盖面。传统文化的传播方式已经不仅仅是教与学,而是通过互联网、科技互动等多种形式进行传播。数字时代改变了人们的生活,同时也影响着博物馆的传播和传统文化的发扬,要立足文化优势和互联网传播态势,通过短视频、专题片、文创研发等,探索进行中华文化的互联网传播。

(二)数字潮流引领文化变革

随着信息技术的飞速发展和广泛应用,人们越来越习惯于数字化为生产和生活提供的便利。对于博物馆而言,在建馆和建设过程中,也必须接受数字化思维,加强数字化建设,以适应社会发展趋势,推动博物馆发展。数字技术的先进性可以长期保护文化遗产,但在实践中,保护技术再高明,也无法防止文化遗产随着时间的推移而遭到破坏。文化遗产的数字化可以减缓这一进程,但很难阻止。我国是一个有着悠久历史和美丽文明的国家。文化遗产见证了我们国家多年的辉煌历史,也是我们文明的积淀。保护文化遗产是我们每个人的责任。目前我国正在积极开发文化遗产保护技术并已开始使用,但随着时间的推移,一些文化遗产因各种外部因素而遭到破坏。利用数字技术对文化遗产进行3D数字化处理,可以快速准确地收集整理相关历史信息并永久保存,方便日后检索。文化遗产本身不仅是宝贵的财富,其所蕴含的历史文化信息也是宝贵的资源。

博物馆是公共服务机构,公众是博物馆的首要服务对象。但部分游客因交通不便、时间不够,无法前往博物馆参观各种文物,部分古建筑遗迹不便在博物馆展出。信息技术的发展在一定程度上帮助人类打破了空间和时间的桎梏,人们可以在千里之外利用互联网进行实时交流,游客可以更自由地欣赏文化遗产,不受时间和距离的限制。

传统的博物馆信息登记是以纸和笔来完成,这样的工作模式文物登记资源利用率较低,且不利于数据的保管。随着电脑的普及和科学技术的发展,运用计算机来实现文物登记信息的记录和存储,成为博物馆的一致选择,通过计算机登记的数据,可以用于博物馆日常的运用和研究,电脑录入资源,能够大大方便文博人员的日常信息利用及相关工作的展开,对文物资源的长久存储起到了积极性的作用。国家文物局通过第一次可移动文物普查,确定了文物信息登记的具体内容项目,通过对博物馆门户网站的运用,可以使更多的人通过互联网线上看到文物,让人们足不出户就能通过网络技术体验文物的魅力。在创建网站时,可以通过声音和视频的方式将文化遗产特征分层展示。在网络建设中,要重视公众反馈,努力提高公众对博物馆的认可度。

文博单位开展博物馆的数字化建设工作,要面对很多困境和桎梏。藏品信息的登记、录入要通过人工进行,博物馆从业人员的水平参差不齐,即使有固定的模板,不同的文博从业人员对同一件器物的登记和录入的内容会有所不同。针对这一情形,采用库房管理人员A、B制,由一位人员作为主要管理人,另一位作为辅助管理人,博物馆库房管理人员不断进行藏品信息录入的学习,通过对录入规范和其他博物馆藏品录入内容的学习,不断提升自己的藏品管理水平,将馆藏藏品录入内容进行动态管理,更新录入不完备的地方。博物馆的数字化建设工作主要通过两个步骤来实现。第一个步骤,也就是第一次全国可移动文物普查过程中,各博物馆做的工作,即将馆藏文物藏品的基本文物信息、文物图片进行采集。第二个步骤是将采集的数据录入,上传藏品管理平台。藏品数据库的建设,方便了文物工作者对文物的保管、保护和研究。博物馆数字化建设的开展,是在信息化普及的基础上进行的,是博物馆与时俱进的必然选择。除了简单的藏品文物信息录入,采用先进的科学技术,对藏品文物的信息进行数字化采集，制作三维图像，用于博物馆藏品文物的信息留存、辅助进行科技保护工作等。博物馆的数字化建设工作，要统筹管理，做好顶层设计，从宏观的层面策划好数字化建设工作开展的过程，全面做好本馆的数字化建设工作。

（三）中国传统文化的再生

在互联网传播的新时代，博物馆面临新的挑战和机遇，中华优秀传统文化，是当代中国最深厚的文化软实力。博物馆数字资源的线上传播方便受众获取文物信息，文物是文明的见证，是文化的载体，在藏品文物进行展览展示、文创研发、社教课程设计时，要充分注重藏品文物的文化意义研究，通过多种形式，弘扬优秀传统文化，在藏品管理的过程中，采用数字化、系统化的管理，为博物馆开展展览陈列、文创研发等工作，提供资料支撑。博物馆藏品资源的数字化，让传统文化的弘扬和发展有了着力点，中华优秀传统文化，沉淀着中华民族最深沉的精神追求，代表着中华民族独特的精神标识，促进了中国传统文化与中国现当代社会紧密结合，博物馆承担着一定的社会职责，博物馆开展的社会教育、进行的文创研发，都是对中国传统文化的弘扬和发展。做好全国各博物馆的数字化建设，有利于大力弘扬传统文化。运用数字资源，各博物馆可以在自媒体平台、网络平台等，针对馆藏文物开展多种形式的线上宣传，建设线上数字博物馆，让文化惠及全体人民，方便喜爱博物馆、对博物馆馆藏藏品感兴趣的个人和群体研究博物馆、研究藏品文物。

根据收藏情况和博物馆自身藏品的特点，建立适当规模的数据库。依托文物馆藏信息，开展与文物馆藏保护、研究和利用相关的工作，非常方便一心多用建造与博物馆。文化遗产收藏相关的数字化建设项目具有复杂性和系统化的特点。博物馆馆藏部门，即文化遗产的直接管理者，必须明确数字化建设的具体内容，遵循内容差异化的原则，合理分类，确保有适当的顺序。博物馆馆藏文化遗产的数字化建设必须分两个阶段进行：一是收集与文化遗产馆藏相关的数据，二是对获取的数据进行处理和应用。文化遗产数据采集主要包括文字、数字和实物图像，可以帮助人们在短时间内全面了解文物的特征，有利于文物的进一步结构化和分类。对文化遗产数据和信息进行分类后入库，便于日后共享和交流，有助于制定更加科学、合理、可操作的文化遗产保护方案。

博物馆要不断提高服务质量，扩大服务范围。移动博物馆基于手机或其他智能设备，帮助用户通过移动通信网络获取博物馆服务，并保证用户可以在移动终端上下载馆藏资源，便于携带和随时浏览。同时，通过不同的客户端订阅功能，依托移动客户端，为用户提供科学、合理、个性化的服务。关于文化遗产收藏的信息有多种类型，包括记录文化遗产收藏特征和历史的视频数据和档案数据。在文化遗产收藏信息管理中，还应优先考虑熟悉文化遗产、了解文化遗产收藏和保存情况、实施有效文化遗产管理的专业技术人员。

2. 创造传统文化新活力——互动数字手工艺博物馆

从远古先民的第一件工作工具的创造，到新石器时代的玉器、牙骨、织布和陶器，到商周时期的青铜器和玉器，再到春秋使用的陶器、漆器和丝织品战国和秦汉青瓷时期，从晋到初唐，以及唐、宋、元的发展，用石器制作的建筑剖面和工艺美术成为更加完善的范式和领域。明朝不同时期的工艺美术产生了象征不同人类文明的文物。

为了以先进的数字技术向公众展示中国传统文化，首先要做好博物馆文物的出版工作。信息技术可以提供多种语言的导航服务，博物馆参观者可以选择自己的语言进行讲解。通过数字导航技术的合理应用，游客可以实现快速准确的定位，有效降低人工讲解成本，为游客提供更好的导航服务体验。博物馆可以在导航和解说设备中安装监控系统，防止文物损毁，加强文物管理。

中国传统文化受到世界各国人民的喜爱，许多外国人对中国传统文化有着浓厚的兴趣。我们周围不起眼的东西可以成为你的最爱。对于无数具有神秘和民俗特色的手工艺品来说，向全世界展示是最重要的。然而，数字处理的材料和人力投入并不理想。在数字文化资源的加工、保存、应用和传播中引入云计算技术，构建具有中国特色的"文化云"，有利于推动文化资源数字化步伐，降低资源成本数字的。加大对重要数字文化遗产的普及、推广和保护力度。

构建交互式数字工艺美术博物馆采用云平台的形式，操作系统为运行应用程序和访问存储提供技术支持。平台的功能扩展要具有灵活性。数字云平台的出现，让无论是云管理还是云应用，以及云扩展，都有了很好的基础，目前广泛应用于IT行业、服务行业等，在博物馆的业内使用率还比较低。传统文化需要传承和保护，大量的博物馆馆藏藏品需要展示、利用和研究。要用现代高新技术手段博物馆数字化展示的云平台，带动博物馆数字化产业的发展。

第三章 数字技术在博物馆中的运用

第一节 博物馆数字化建设的内容

一、资源建设

在博物馆中做好藏品文物数字资源的采集和藏品信息的建设工作,是提升博物馆工作效率,做好博物馆藏品文物管理的必备条件。博物馆在进行数据资源建设的时候,要遵循国家文物局关于藏品资源信息登记的要求和条件,在建设本馆的藏品管理系统时,要充分考虑本馆的优势和特点。

数字博物馆的资源建设主要包括博物馆实物藏品的数字化和数字化形态的藏品收集与整理。实物藏品是唯一可以标识的,数字化形态的藏品总是和某个特定的实物藏品相关联。而且,与特定的实物藏品相关联的数字化形态藏品通常不止一个。

文博单位对馆藏藏品文物的信息登记,要遵循国家文物局在全国第一次可移动文物普查中,对馆藏藏品的登记录入信息的要求。每个博物馆在记录文物信息的时候,都有自己的习惯,博物馆从业的前辈们用纸和笔记录了文物的信息。[①]文物保管工作,自建国以来一直没有形成统一的文物登记录入标准,即使有成文的要求,各馆对本馆文物的定名以及文物信息的录入,也缺乏监管机制。随着第一次全国可移动文物普查工作的开展,国家文物局建设了一个可移动文物普查信息登陆平台,在平台上,对博物馆藏品文物的登记信息项目和内容做了明确的规定。各国有、非国有文博单位,需要按照要求,采集可移动文物的详细信息,并进行平台登记。可移动文物普查的开展,从文物定名、时代断代等共计十四项内容,对可移动文物的信息登记做了统一格式、统一内容的要求,将藏品的信息进行了详细的采集和录入。

藏品和与其相关联的数字化资源组成的仅仅是孤立的藏品展示。如何利用信息技术建立藏品与藏品之间、藏品与知识单元之间的联系,组成以藏品为主线的知识网络,在跨领域的知识结构中利用藏品作为知识融合的桥梁和工具,既是资源建设的内容,同时也是数字博物馆需要攻克的关键技术之一。[②]

二、系统平台建设

数字博物馆作为一种新型博物馆类型,担负着对馆藏资源进行数字化保存、管理、共享与

[①] 李孔蓉.博物馆藏品数字资源的应用与管理分析[J].文物鉴定与鉴赏,2020(07):120−121.
[②] 徐光霁.博物馆数字化建设与文物管理探讨[J].中国科技信息,2021,(17):108−109.

动态展示的功能,实现对分散的数字典藏资源进行集中式和分布式相结合的资源管理模式,提供资源集中展示和集成服务的关键技术,保障资源的共享使用,需要一个开放性、灵活性和可扩展性的数字博物馆系统平台支撑这些基本功能,并提供浏览、检索和其他信息服务,并能够随时接纳新的资源存储和信息服务。对内,系统平台中的各个功能模块能够随进随出,对外,又能够和其他系统进行交互,保证数字博物馆系统运行的安全性、交互性和可扩展性。

  文博单位藏品管理系统的建设从两个方面进行,即硬件和软件。硬件建设包括服务器、各种输入输出设备及网络基础设施等,这是博物馆藏品管理进行的基础性设备建设。支撑软件平台覆盖了藏品资源的录入、管理、存储到展现的整个过程,是数字博物馆对外发布展品、实现各种信息服务的支撑平台。以孔子博物馆为例,为做好博物馆藏品的管理工作,开发了藏品管理系统和数字资源管理系统。软件平台是数字博物馆统一的资源整合和门户展现,应该提供用户的统一身份认证和权限管理,实现单点登录,针对不同数字博物馆的资源进行统一搜索、统一展现,提供可扩展的信息服务。因此从功能上应该包括藏品资源管理功能、藏品信息查询功能、信息检索服务、藏品数字化资源版权保护机制及面向网格环境的信息服务能力。

(一)数字藏品资源管理功能

  我们把数字博物馆中数字化并可管理的标本与藏品载体看作是数字对象。除了传统博物馆的开放运营外,线上数字博物馆,是不打烊的博物馆,它涉及对数字对象(Digital Object)的存储(Storage)、发现(Discovery)、检索(Retrieval)和保存(Preservation)等一系列功能。要实现不同领域藏品信息的整合和共享,实现互操作,就必须建立符合各学科特色的数字化藏品描述规范和信息交换标准。按照统一的资源描述规范来建设数字化资源,在此基础上实现对数字对象的存储、管理及公共的信息服务。资源管理功能包括藏品资源的导入导出及快速定位机制,这三个处理机制,满足了一个数字博物馆中藏品资源的主要管理能力。为支持上述处理机制,数字博物馆系统平台中还应包括藏品描述和数字化资源的存储管理功能,包括整个系统的数据库设计及数字化媒体资源的存放等。

  目前,在网络资源的定位机制处理技术上,有一些国际通用的标准和领域规范,可参照CNRI的Handle机制,对藏品资源进行统一标识、统一定位,以解决藏品管理辖属、存放位置变化所带来的动态定位问题。

(二)资源查询功能

  数字博物馆中,藏品是资源管理的基本单位,围绕藏品有大量的规范化属性描述,以及相关的数字化藏品媒体,这些信息,需要有规范的接口,提供查询处理,即关于藏品元数据的查询访问能力。目前,网络资源的元数据存取处理机制中,OAI机制得到了广泛的认同。在数字博物馆共享平台中,可参照OAI的处理方式,对所管辖的藏品资源提供标准访问能力,包括藏品列表、各种领域不同的藏品元数据格式获取等。

(三)综合信息检索处理

  数字博物馆的资源查询功能,如果仅就藏品编号的元数据查询,这种检索能力显然是难以满足用户基本的信息需求的,因此,还必须提供一个基于全文检索的信息查询功能。该功能可以对藏品的所有描述信息进行准确的查询,一般情况下,还可以集成其他藏品相关资源(如描述网页等)的查询,并且采用通用的 Web Service 的方式提供检索接口,使用非常方便。

基于这些规范的检索接口,在系统整体框架的应用层,可以集成一些有特殊功能的检索服务,如把数字博物馆的检索功能和其他大型的资源库检索功能相互集成,形成功能强大的信息检索服务,如数字图书馆、网络搜索引擎及教育资源库等。检索功能对于拓展用户的知识面有非常大的促进作用。

(四)藏品版权控制机制

博物馆进行数字化建设之后,对藏品数字资源的管理,是博物馆的重要工作任务。随着博物馆文创产品社会关注度越来越高,使用博物馆藏品资源进行文创研发的商家也越来越多,博物馆要做好本馆藏品资源的 IP 授权,做好高清数字化资源的管理。例如,对藏品添加图像水印以申请版权信息,并提供基于 Web 的藏品访问控制机制。数字藏品的提供者可以利用共享平台提供的存取权限控制机制,对其拥有的藏品进行展示权限的设置。而用户希望浏览受保护的资源时,就需要利用访问控制机制进行浏览申请。

理想的数字博物馆系统平台,从内部看,其体系结构应该能够较好地完成对藏品数字对象的加工、处理、存储及检索等一系列的功能;从外部看,要能够更好地满足终端用户对藏品信息获取的需求。博物馆的数字化资源平台统一由信息中心统筹管理,典藏部的文物专家负责藏品资源库文物信息的登记录入,在构建数字资源库的过程中,应综合多个方面考虑,朝着可持续发展的目标前景,在确保资源稳定性、实用性的基础上,要注重可持续的研发和改进,令藏品管理系统不断成长,不断完善,成长为一个内容合理、与时俱进的藏品数字管理系统。研究发现,优秀的数字资源系统会具备如下特点:[1]

1. 互操作性

博物馆在进行藏品数据采集后,最重要的工作,是做好数据资源的保管和保护工作,数字资源因其承载载体的不同有其寿命,博物馆藏品的数字资源存放在不同的载体,要注意载体的物理寿命,当前,很多博物馆以互联网云盘的形式,存储数字藏品资源,这种做法对藏品文物的数字云平台服务器的安全性能要求非常高,要确保藏品资源的安全性,也要确保藏品管理系统的合理性和使用的便利性。首先,在搭建数字博物馆系统平台时,应综合考虑到各个环节的差异,按照共同协议的要求执行,则可达到相互交互的目的,基于系统平台为终端用户提供接口,产生联合检索以及服务的作用;其次,文博单位建立的数字博物馆,提供给广大受众的服务内容也因各博物馆的业务工作不同而各不相同。

2. 扩展性

博物馆的藏品管理系统要建设成为一个可以成长的藏品管理系统,可以根据对藏品信息内容的不断充实,调整藏品管理系统中文物藏品数字资源的登记项目,方便文博从业人员的

---

[1] 赵倩.非物质文化遗产数字博物馆研究[D].青岛:青岛大学,2009.

使用和更好地服务于受众。

3. 规范性

藏品管理系统的信息获取情况授权要有一个统一的规范性，这种规范性，既是要求管理系统内关于藏品的登记，要有一套文博工作人员所认可的藏品文物内容，也要有给文博工作人员的合理授权，藏品管理系统针对文物资源的登记，要合理、合规，规范性的藏品信息登记，有利于开展各项文博工作。

4. 层次化

藏品管理系统在使用过程中，不同的使用对象有不同的授权，使藏品管理系统从功能、用户等方面进行区分，使用专业的技术，可以有效区分系统的各个功能与服务模块。采用层次化的方式，对技术进行抽象化处理，在体系结构上可以产生通用性的效果。

三、资源描述规范建设

在数字馆建设中，关于数字藏品资源的处理与描述尤为重要，作为其中的核心部分，起到了不可缺少的重要作用。许多学者以此作为切入点，展开了深入的探讨与研究，得出大量具有代表性的研究成果。从资源描述规范方面来看，必须要保证描述方式可以提供完整有效的藏品信息资源，博物馆资源描述表现出广泛分布的特点，具有良好的可扩展性与互操作性，是实现各项操作的基础条件。与此同时，数字藏品资源描述还发挥着重要作用，主要负责向外提供标准数据访问与融合的接口等。

从数字化资源方面来看，主要由以下几个部分组成，即藏品的描述、音视频、图片、文献、动画以及三维模型等。利用数字化技术进行处理后，可以采用不同的形式保存下来，例如文本、图形、图像、音频以及活动图像等，将查询、管理以及发布等功能相结合，在网络平台上传播各类资源，尽可能地提高资源的利用率，最大程度地发挥出应用价值。通过设置规范合理的资源描述规范，有利于对各项资源采取规范化处理，对资源对象的组织结构进行合理定义，促使存在的各类问题得到有效解决。

现阶段，关于数字博物馆的藏品描述规范并未得到统一，不同专家学者提出的意见参差不齐，面对这种情况，必须要与数字博物馆藏品资源的基本特征相结合，构建出适用于多个领域发展的描述框架，提供灵活利用率，适应各个领域的应用需求，为相关研究工作以及资源描述等提供参考依据。

四、关键技术开发

在当今时代，随着社会的不断进步，信息技术高速发展，在这一背景条件下，也诞生了数字博物馆，作为时代发展的产物，极大程度地推动了社会的进步，具有重要的价值意义。对于实体博物馆珍藏的藏品，利用该平台进行数字化处理后，将其储存到网络系统中，有效扩大了博物馆的功能价值，为社会公众提供的服务更加全面，与此同时，也可以将各门学科的资源相融合，做到信息资源共享，提供全面的信息服务。所以，搭建数字博物馆并非容易之事，数字化资源建设作为其中的一项基本功能,最重要的就是为用户提供信息服务。若想实现各项信息服务功能,就必须要以关键技术为依托,具有代表性的可总结为以下几点:第一是数字博物馆动态布展技术,可以提供多元化的藏品资源展示形式;第二是数字博物馆资源检索技术,可以为跨领域多馆协同办公提供支持;第三种是资源的唯一标识技术,可以提供多系统多来源藏品唯一标识;第四是资源快速定位技术,能够提供藏品资源永久定位服务;第五是资源元数据互操作技术,可以提供藏品信息资源元数据交换服务;第六是数字博物馆网格技术,可以使信息孤岛的问题得到解决等。

综上所述,利用这些技术可以构建综合化的信息智能服务体系,达到跨领域资源整合的目的,充分发挥出数字博物馆的应用价值,起到百科全书的作用,对于传统博物馆来说,不但可以起到补充的意义,也为科研工作以及全民素质教育等创造了资源条件。

第二节 数字技术对博物馆建设的促进作用

随着博物馆的不断发展,当前已经构成了一定的发展规模,在文化界的重要性不可忽略,在收藏与研究的同时,开始积极践行自身的社会责任,利用现代化技术手段丰富资源内容与表现形式。对于文化现象来说,博物馆作为其中不可缺少的重要代表之一,在新时代的背景下,充分发挥出了文化的作用价值,对于文化的传承与发展起到重要作用。由于科技的飞速发展,博物馆也要做到与时俱进,基于信息技术与数字技术为依托,探索新的发展形态,适应时代的发展趋势,朝着可持续发展的目标前进。在此过程中,也要积极探索新的技术手段,引入先进的科技力量,利用先进技术将传统文化展示出来,更好地向公众传递文化中蕴含的思想与内涵。

当前,博物馆正处于转型发展的重要时期,为了打造新时代的良好形象,逐渐开始引用一些社会发展推动者、文化引领者等身份,而若想实现这一目标,最有效的方法就是发挥出数字技术的作用。[1]

一、博物馆的传统印象

在我们的日常生活中,博物馆是十分重要的一类文化场所。

长时间以来,人们对于博物馆的印象就是不可高攀的,只是为研究人员提供的场所,普通大众很少有机会进入到其中,没有任何生机活力,充满了古板与严肃氛围。与此同时,采用传统的方法展示传统文化内容,缺少新意,不能适应社会的发展趋势,总体上处于一种保守落后的状态。在这种环境下,公众可以观看到优秀的传统文化,却无法领略环境的创新,已经无法适应时代的发展脚步,所以,必须要采用创新的技术手段,增进与受众之间的距离,可以吸引

---

[1] 齐越,沈旭昆.博物馆数字资源的管理与展示[M].上海:上海科学技术出版社,2008.

到更多人的关注。

二、博物馆建设进入数字时代

随着社会的高速发展,自从迎来了信息化时代之后,人们的生活模式发生了翻天覆地的变化,互联网与科技融入到了我们生活的方方面面,也为博物馆的服务与发展创造了有利条件,这也是博物馆未来发展的大势所趋。

(一)社会发展迎来新的形势

随着社会经济的快速发展,人民的幸福指数与经济收入大幅度提高,在此基础上,物质需求得到满足的同时,也产生了更多的精神文化需求,由此一来则可表明,人民对于社会文化具有更多新的想法。

在文化大发展的背景下,为博物馆创造了许多发展机遇,极大程度地促进了文博事业的蓬勃发展。在文化阵地领域,博物馆作为其中的重要组成部分,一直游走在最前沿的位置,为传统文化的保护与传承做出了巨大贡献,与此同时,也积极践行自身的社会责任,为推动社会的进步与发展贡献一份力量。

因此,博物馆在面临发展机遇的同时,也迎来了更多的困难与挑战,面对这种情况,必须要及时转变传统的思想观念,勇于创新,积极探索新的发展道路。

(二)网络、信息技术的普及带来新的发展平台

现阶段,随着科技的快速发展,也改变了人们的生活方式,自从进入到信息时代之后,为人们的日常生活与工作创造了许多便利条件。再加上智能手机与互联网的广泛普及与应用,人们获取资源信息也更加方便。在我们的日常生活中,文化作为一种信息载体,无时无刻不影响着我们的生活,信息大爆炸时代的到来,为信息交流与文化传播搭建了高效便捷的平台,极大程度地满足了人们的基本需求,正在朝着良好的趋势发展。

(三)传承传统文化需要新的技术手段

我国有着悠久的历史文化,数千年来传承了无数经典,流传了大量优秀的传统文化,然而在保护传统文化的道路上却充满了艰难坎坷。我国历经数千年的变迁,积累沉淀了无数灿烂珍宝,优秀传统文化是民族兴衰的历史见证,更是国家未来繁荣昌盛的强大基础。为了可以完成中国梦的发展目标,切实地发展成文化强国,必须要对文化的传承与保护尤为关注,加大宣传力度,呼吁更多人参与到其中,为文化的经久不衰贡献一份力量。伴随着科技的不断发展,在社会高速发展的道路上,必定会与保护传统文化发生矛盾冲突,在当今时代,人们的物质生活越来越满足,因此也对保护传统文化产生了强烈的兴趣,如果仍采用传统的保护方法,早已无法适应时代的发展需求,必须要做到与时俱进,结合时代的发展趋势选择适当的保护手段,方可更有利于文化的传承,因此也具有一定的时代意义。

三、北京古代建筑博物馆的数字化

通过对北京古代建筑博物馆进行研究后发现,在数字化技术的发展历程中,正在致力于建设充满生机活力的建筑文化。该机构坐落于北京明清皇家坛庙先农坛古建筑群内,作为一家专题性博物馆,主要对我国古代建筑史、古建技术、古建文化等进行研究与保存,并将这些历史的传承展示在世人面前。最近几年以来,馆内引入了大量先进的技术手段,推动了博物馆的建设与发展。

在三维激光扫描技术的作用下,可以用来采集古建筑的具体数据与结构,将数字影像还原出来,真实记录古建筑的现存情况,并采用适当的方法将其展现出来。针对先农坛古建筑群落而言,为了更好地传承与保护这些文化,遵循其木结构的要求,探索了新的技术领域,这也是践行社会责任的重要表现,对于保护传统文化具有重要的现实意义。

基于互联网平台为依托,搭建虚拟化的博物馆,在信息时代的背景下,利用互联网技术满足人类的应用需求,与此同时,也可以减少浏览博物馆的次数,只需要做到足不出户,就可以在网站平台上观赏博物馆的藏品。这种方法打破了空间与时间的束缚,利用先进的技术手段提高人们的生活质量,并且也推动了社会的进步与发展。

用户在参观博物馆时,为了可以产生更强烈的参与感,应采用微博互动以及创办网站等方式,搭建虚拟化的博物馆,即使用户远在千里之外,也可以利用网站平台领域传统文化的美好风光。在建设数字化博物馆的过程中,网站是最先使用的一种技术手段,历经长时间的探索与实践,收获了十分显著的成果,随着社会的发展,博物馆建设数字化技术也逐渐趋于完善,在当今时代,微博的用户量十分庞大,可以迅速将社会上的最新动态反应出来,将信息传递给大家。该机构也开通了微博账号,主要用来发布一些信息通知,加强与用户之间的互动,及时汲取大家的想法与意见,除此之外,也有利于接受公众的监督,可以最大程度地发挥出博物馆的资源优势。

在博物馆内,将一些优秀的传统建筑文化展示出来,极具专业性,虽然表现出浓郁的历史氛围,看上去扎实可靠,但却无法让人感受到其中传递的生机活力,因此,必须要借助于数字化技术的力量,完善博物馆的设计理念,赋予其更多新鲜活力,吸引更多人的关注。

在基本陈列展览方面,博物馆使用了许多数字技术,促使整体的展览形式更加丰富。在古建筑中,由于展现与空间十分有限,为了扩展内容,应用了较多的电子屏幕广告机,给人以视觉上的冲击。为了可以将古建筑文化的内涵呈现出来,也向大家展示了一些科普性短片,可以起到辅助说明的作用。

为了增强与观众之间的互动性,也增设了许多触摸屏的设计,通过开展一些互动游戏,吸引观众亲身参与至其中,不仅巩固了大家对于文化知识的影响,而且还具有更多的趣味性。

四、数字技术的应用

在博物馆的改革道路上,数字技术的应用是必然的,也是未来发展的大势所趋。也就是说，在建设博物馆时，必须要做到与时俱进，适应时代的发展趋势，才可以更好地将古老文化传承与保护下去，借助于新的技术方法则是时代进步的象征手段。在各类文化中，博物馆文化具有重要的代表性意义，甚至推动了社会的进步与发展，共同构成了完善的社会文化发展体系，在社会上有着重大影响力，将数字技术与传统文化相结合，可以赋予博物馆更多生机与活力，共同推进文化领域的传承与发展。

第三节 数字技术在博物馆运营中的应用

现阶段，随着科技的快速发展，数字化技术的应用也愈发广泛，在我们的日常生活中随处可见，为我们的工作与生活带来了许多便利。针对历史博物馆而言，其性质即为专业性博物馆，指的是为了对重大历史事件进行记录，旨在保护与传承文物藏品、历史人物的场所，满足人类的文化需求，与数字化相结合，有利于促进博物馆的高效发展，可以吸引更多人了解历史文化，共同参与到文化的传承行列中。[1]

一、数字化博物馆的发展内涵

历史博物馆在发展过程中，应拓展更多的宣传方式，例如电视广告、政府公益宣传、手机短信以及网络宣传等，转变人们对于博物馆的固有印象，形成新的理解，为群众创造更多条件，让他们亲身参与到其中。在此基础上，也要保证展览方式更加丰富多彩，激发出群众的参与度，在参观游览期间可以掌握更多与历史文化有关的知识。面对这种情况，就必须要提高对信息化发展的重视，将计算机技术、信息技术以及网络技术等融入到其中，采用数字化的形式向受众展示更加丰富的信息内容，也可以将其称之为数字化博物馆。在构建这类博物馆时，是基于数字网络空间为依托，补充与丰富物质博物馆的内涵，主要具有网络化、智能化等特征。当前，关于数字化技术的应用并不成熟，正处于探索阶段，未来仍有许多需要改进之处。在此过程中，利用该技术改变了之前的运营模式，极大程度地拓展了业务功能，可以使用户的更多应用需求得到满足。针对数字化博物馆而言，其实质即为在运营博物馆的过程中，以数字化技术与信息技术为载体，对计算机平台进行广泛应用，高效便捷地保护与利用文物资源的形式。

二、数字化技术在历史博物馆中的应用

(一)积极应用虚拟技术，发挥网站的共享功能

在当代社会，由于科技的飞速进步，极大程度地促进了数字化技术的发展，与此同时，在

---

[1] 北京市科学技术协会信息中心，北京数字科普协会. 创意科技助力数字博物馆[M]. 北京:中国传媒大学出版社，2012.

诸多领域也开始大量应用虚拟现实技术,并发挥出了巨大的作用价值,该技术诞生于上世纪末,其中涵盖了多个信息技术分支,包括传感技术、计算机图形学等。自从诞生了该技术之后,极大程度地促进了计算机技术的发展,将该技术应用到历史博物馆中,具有十分广泛的发展前景,可以有效弥补数字化技术的不足,为观众带来更加新奇的体验,可以亲身参与到其中,产生更多真实感。在我们的日常生活中,任何事情均可以采用虚拟网络的方式展现出来。以三维地理信息技术为例,可以为用户提供娱乐信息以及旅游服务等服务,历史博物馆则可参考这种方法,搭建可视化平台,用户在游览过程中,仅需要点击相关内容,就可以在互联网上虚拟观赏,获得身临其境的体验,同时也可以学会更多的历史文化知识,丰富自身的文化内涵。

(二)充分利用感官感受,呈现真实新环境

在博物馆展览活动中,可以发挥出数字展示技术的作用,以计算机技术为依托,搭建出更加生动的虚拟环境,虚实相结合,将更加逼真的场景呈现到观众面前。随着多媒体技术的不断进步,对于历史博物馆来说,也为其改革创新创造了更多条件,各式各样的多媒体设备层出不穷,包括多媒体互动投影、触摸式装置系统等,为游客增加了更多观赏的真实感。以重庆红岩革命历史博物馆为例,很难采用展板陈列的方式将所有革命烈士的英雄事迹展示出来,若是采用电子书的方式,游客则可根据自己的需求进行查找,对相关人物信息有了更加深入的了解。通过采用这种方式,不但可以使展厅的陈列效果得到优化,还可以吸引游客主动参与到这一氛围中。随着多媒体技术的广泛应用,改变了传统的展览方式,游客在观看的时候增加了更多主动性,可以按照个人需求获取相应的知识,而不是被动地接受。[1]

(三)提升讲解员的专业素质,开展数字化展示

在博物馆中,讲解员的重要性不可忽略,在游客与博物馆之间,正是因为有管理员的存在,才可以拉近彼此之间的关系,游客在参观博物馆的时候会直接接触到讲解员,在讲解员的细心讲解下,可以加深游客对文化内涵的了解,让游客领略到博物馆的文化魅力。对于讲解员来说,其自身的素质水平如何,与提供的服务质量是息息相关的,所以,博物馆要加强对讲解员的培训,提高他们的业务能力,对于服务良好的工作人员可以给予一些奖励,让大家可以互相汲取经验,取长补短,正确认识到自身的不足之处,及时改正自己的缺点,从而为游客提供更加优质的服务。

讲解员也要发挥出数字化技术的作用,对展示内容有着系统深入的了解,掌握扎实的运作方式,这样一来,在讲解过程中才可以无所畏惧,面对游客提出的疑问妥善回答,帮助游客答疑解惑,增加游客的体验感,从而感受到科技发展的魅力所在。

---

[1] 张一帆.数字化技术在高校博物馆中的应用[J].电子技术与软件工程,2016(20):19-20.

第四章 博物馆藏品数字化采集管理与技术应用

第一节 藏品管理系统的建设

在系统设计环节的任务以思考系统的具体实现为主,以上阶段分析的结果情况为基础,在系统功能模块中设计层次结构,同时完成数据库设计工作。立足于前章的相关内容,细致分析了本系统的内部流程,及存在于系列模块之间的交互关系;在设计推进期间,严格遵守了界面力求简单的原则,确保所设计的系统有较强的扩展性及不俗的安全性,最终打造形成了在实用性方面具有明显优势的藏品管理系统,且确保了足够的实用性。[①]

一、系统设计原则

因为博物馆馆藏系统从性质上看隶属于软件系统,所以在设计环节应该考虑该类系统设计需要注意遵循的各种原则,同时还需要兼顾博物馆馆藏本身的特殊性,具体而言就是应该考虑藏品存储的具体要求,及在数量和种类等方面的显著特征。在各种博物馆内的相关资料中,涵盖的媒体信息比较多,例如文字、音频、图片以及视频等。因此需要部分独特的原则为改设计过程提供更有针对性的指导。具体而言,主要包括以下四种原则。

(一)实用性

因为本系统的使用主体较多,所以应该确保界面整体格局简洁大方,同时还需要展示出文博场馆的行业特征,以为后期的维护工作提供方便,进而确保为博物馆相关工作推进的需要提供有效支撑。

(二)先进性

在设计本系统期间,在功能模块方面应该确保包括藏品管理的各个方面,同时还确保预留未来升级的空间。具体而言,在应用各种软硬件技术的时候,应该力求先进,并根据未来升级的考虑预留专门的接口,以为在未来增加更多模块或升级既有模块提供条件。

(三)安全性

因为本系统所记录的内容涵括了特定博物馆内的全部藏品,而这些藏品实际上堪称博场馆的工作重点。所以,该系统的安全问题至关重要,甚至可以说是博物馆正常运行的决定性因素。对此,一是应该适当控制各岗位员工的进入权限,确保系统访问模块的有效运行。二

[①] 杜越.智慧博物馆建设中的藏品管理研究[D].上海:上海大学,2021.

是应该做好保护数据库的专门物理介质的安全管理工作,避免出现由于各种外力造成的损失风险问题。三是应该确保内中的系列模块均能正常运转,避免出现无法连接的孤岛现象。应该重点强化重视关键数据的可靠性问题,应该思考应用各种加强软件及冗余技术,以为系统稳健运行提供更好的保障。

(四)开放性和规范性

在信息格式方面,应该确保符合政府及行业协会确定的各种规范标准,特别是在数据接口方面更需要符合标准,以为后期的维护及升级提供方便。

二、系统体系结构设计

在遵循相关原则的同时,基于确保足够便捷度的考虑,在设计本系统期间选择了具有一定普及度的 MVC 模式,包含以下三层。

在应用层中,可以为用户提供一个接口,用来实现信息交互以及藏品资源的访问,同时也具备了包括检索在内的其他管理功能,不同部门、岗位及层级的工作人员及其他使用主体均可应用这些功能完成相关管理工作。这一层比较到位地发掘了 Eclipse 插件技术的作用潜力,如果在特定扩展点基础上推进扩展,并增添 XML 协议,即可推进相关工作要求的表现层处理。

二是业务逻辑层,该层围绕藏品信息学打造了比较系统的整合处理机制,能够对藏品标识进行管理,精准查找到各类资源。可按照功能要求的动态变动,便捷地增减各种功能模块,确保系统有足够的灵活性及充分的扩展性,进而可更为充分地满足软件工程内生的包括低耦合在内的各种要求。具体而言,不同层之间需要始终保持非常密切的联系,而且相应接口可为其联系提供充分的保障。

三是数据服务层,该层的功能定位在于各种藏品信息的存储,其中包括各种通过扫描形成的描述性信息,以及数字化媒体资源,采用文件的形式储存数据。

三、系统功能模块设计

在细致分析博物馆管理工作的基础上,科学细分具体的管理事项,以前章的分析结果为基础,推进具体设计工作,把整个系统细分成以下列示的七个模块。在编写模块的过程中,主要依靠 Java 语言,通过 Eclipse 插件的方式进行提供,同时配备以 MySQL5.5。

藏品查询模块:在过去主要以手工来检索,不仅低效,而且错漏风险高;在应用计算机的情况下,效率及精确度均得到大幅度提升。系统应该注意跟踪并分析各种使用主体的操作轨迹,甄选出其中使用频率较高的各种关键词及维度,利用这些维度或关键词有的放矢地开发专门的查询模块,以为使用主体推进相关工作提供更为便捷的条件。

藏品显示模块:借助配套的显示屏等相关设备,根据需要将和藏品相关的图文、音频等信息进行展示,以为管理工作提供各种有效辅助。

报表生成模块:跟踪并存储各种使用主体的诸多操作信息,形成细致、系统而详实的文件,并可根据具体要求生成报表文件,提升管理质效。

数据存储模块:就藏品的大小、轻重、新旧、残破与否等维度,形成全面而丰富的描述性信息,进行系统而完整的存储,以为日常查询提供支撑。

用户管理模块:该系统的使用主体不仅包括不同岗位的博物馆工作人员,还包括其他各种访客用户。对于不同的主体,应该放开不同的权限,设置不同的账户及密码,落实推进差异化管理工作。

访问权限管理:在访问权限设计方面,应该力求多样化及灵活性,同时兼顾开放性及稳定性。应该根据各种使用主体均设置不同的权限,在权限设置方面的思路应该力求细化,分别配套有专门的管理模块,以发掘本系统的作用潜力。[①]

四、主要类图设计

在优化各种软件结构期间,普遍采用功能分层图方法,这种方法可非常精准地展示不同功能模块彼此之间存在的具体关联及交互情况,对于过去的软件系统设计而言普遍有着比较充分的适合度,不过并不适用于目前规模较大的软件设计项目。现在,在思考设计各种软件的时候,多采用面向对象的方法,可更为卓越地进行对象及其行为的模拟工作,其中所应用的类图可精准描述系列项目内部的结构情况。

本系统的用户主要包括三类:一是负责系统运维的管理人员,二是有特殊权限的博物馆领导层,三是其他工作人员。

在该系统中,Person 是全部用户类的父类,这一类对所有用户的信息及其操作均进行了封装。其内部属性以账号、密码及使用者的基本信息为主,而操作则主要包括以"用户"为中心的各种行为,比如修改信息、为新入职员工新增用户、删除已退休或离职员工的用户信息,等等。以该类为基础,可依次生成包括 EmployeeAdministrtor 在内的各种子类。

(一)员工类

在应用本系统期间,凡和员工有存在关联的数据完成存储后便说明员工类的完成和通过。期属性以存储及增添员工在注册及登录过程中留下的基本信息为主,比如姓名、岗位、性别,等等。

在处理员工登录活动期间,涉及到了其他相关类,依次为界面类,默认界面一般被设计为 Show Info Interface。在员工登陆时,根据系统设计需要给出两种属性的信息,一是预设的用户名(Username),二是具有一定私密度的密码(password)。

(二)藏品资源类

在分析本系统框架及业务流程的基础上,可将所涉及到的管理及对应的操作细分为以下

---

① 卓皓.基于工作流引擎的科研审批流程的设计与实现[J].中国教育技术装备,2011(33):111—113.

几种类型。

  一类是基于使用者进行搜索等操作需要而提供的,借助该类使用主体可以发现地、年代、类属等为关键词,执行他们需要的查询操作。

  一类是系统为了对藏品信息查看的,类中提供属性和方法,并将藏品信息进行下载保存。

  一类是系统为了对藏品信息上传提供的,以实现信息资源的上传操作。

五、数据库设计

  由于科技的快速发展,逐渐开始利用数字化技术储存藏品信息,其中不仅包含了文本信息,除此之外,在拍摄藏品图片时也可以选择不同的角度,或者表现为视频、音频的形式。在系统中可以规范管理这些信息内容,更容易展现到用户眼前。该系统具有先进的组织方式、检索与存储技术,有效提升了资源利用率。

  博物馆属于文博行业,该行业的特性决定了系统管理对象多为各种图文、视频等,在展示环节对分辨率及音质等均有明显偏高的要求。而且,在文物日趋丰富的情况下,所管理的数据势必日益增多,在全面性及安全性等方面的要求较高。在思考系统设计期间,在顾虑常规数据库需要的各种功能的同时,还应该考虑这些因素,在此基础上提出多方面特殊要求。具体而言,一是应该要求存储信息方式的多样性,能兼容各种视频及音频文件,并能为灵活增删提供有效而便捷的支撑。二是应该提高对其中数据重要性的重视程度,对所有的数据镜像等确保做到一致性管理。三是应该注意对不同形式及重要性的信息实行分层次存储的思路,并确保可非常便捷推进查询等各种操作。

(一)概念结构的设计

  在系统开发期间,特别是在设计概念架构期间,普遍使用 E－R 图。在馆藏系统进行数据分析的过程中,普遍采用由下而上的方法,根据数据库设计的常规思路推进。在分析系统操作流程的基础上,明确不同数据实体间在业务层面的具体逻辑,以该逻辑为基础构建不同实体的内在管理。在本系统中,所涉及到的实体以用户及藏品为主,同时包括博物馆的内设部门及外部的其他用户主体等。

  对于博物馆中的藏品而言,该系统的实体属性以所属年代或时代、外表形状及颜色、发掘情况、所属类别等为主。

  使用藏品实体者对于该系统的数据库而言,实际上同样是非常重要的的实体之一。该类实体的属性以使用主体的身份、岗位编号、注册账号、身份证号及其他个人基本信息为主。基于记录这些属性信息的考虑,数据库为自动生成他们的个人信息表。

  藏品资源类依靠数据访问接口,可为各种查询及浏览提供充分支撑。借助该类可对各种藏品的数据进行灵活操作,在修正特定数据的过程中可有效避免涉及到其他同类或类似数据,进而可为所存储信息的安全提供保障。

  在完成功能模块划分工作,并确定模块结构定型后,即可根据所涉及到的各种实体,构建多向交叉的相互关系。

(二)逻辑结构设计

在信息系统中,数据库是至关重要的核心部分。结构设计是否合理,这是需要考虑的重要问题。在对本系统所涉及的所有数据及内在关联进行综合分析的基础上,强化对各种设计规范及重要原则遵循的同时,根据系统运行的需要,有的放矢地构建了包括用户信息(Users)及用户日志(User Log)等在内的六张表。

基于精准管理各种藏品的需要,博物馆在岗人员在藏品入库的时候,应该为其分配独一无二的身份标识,在应用系统推进藏品管理工作期间,借助该标识关联各种信息,为各种操作提供支撑。

以上述分析所成的实体关联图为基础,依次构建相应的各种数据库表,继而在企业管理器的帮助下,可通过人机交互方式为数据库表的实现及完成提供充分支撑。

(三)主要存储过程及视图

至于数据库内部的部分使用频率及复杂度均较高的操作,可频繁应用系统所提供的存储过程进行辅助。利用 SQL 语句完成特定操作,注意为存储过程进行特殊命名,在调用该类名称的接触式推动数据库操作程序,具体情况和编程函数相似,在参数方面并没有硬性要求。在系统内兼顾部分操作的具体需要,为之设计并推动了部分存储过程的实现。

在馆藏管理系统中,一般需要对信息采取以下几种操作,包括添加、更新、删除等,为了提高数据信息的可行性,可以开发"删除藏品信息"的触发器。

第二节　馆藏数字化采集的实施与实践

孔子博物馆的馆藏文物中,孔府旧藏服饰共有 8,000 余件,是孔子博物馆的特色文物,在进行数字化采集和扫描中,可以参考其他博物馆的服饰采集办法,根据自己的馆藏特色开展数据采集工作。清宫戏衣的数字化采集工作给孔子博物馆的服饰采集工作提供了很好的依据和参照。

一、故宫馆藏清宫戏衣的资源整合综述

(一)故宫馆藏清宫戏衣史料梳理

在收集相关史料资源时,基本均表现为以下几种形式:包括故宫馆藏的图像记载、史料记载、专家论述以及实物展示。众所周知,我国有着悠久的历史文化,历经数千年的探索与发展,形成了博大精深的文化底蕴,在中国古代文化中,清朝时期的文化影响后世颇深,而清宫戏衣作为其中的重要组成部分,却很少得到关注。究其原因,可理解为两个方面:首先,以故宫博物院为例,不仅拥有十分庞大的馆藏数量,而且资料种类繁多,之前采用的是传统的陈列展出模式,由于时间与空间有限,无法被更多人熟知;其次,通过对相关史料记载进行调查后

了解到,阐述的许多内容均是从单一学术视角展开的,缺少与之相对应的图文内容。近些年来,随着科技的不断进步,数字化技术呈现为快速发展趋势,被广泛应用于各个领域,自从搭建了故宫博物院数据库之后,收录了大量的清宫戏衣图像,同时也出版了许多相关著作与画册,让这类戏曲文化充分呈现在世人面前,得到更多人的关注。本研究在梳理相关文献时,以朝代为切入点,对不同的戏衣剧种进行分类处理,检索史料文献的关键词有以下几类,包括材质、色彩结构、制作方法以及服装结构等,归纳整理相关的文献资源,具体如下所述:卫崧发表的《清宫戏衣上的吉祥图案》这篇文章中,详细介绍了这类文化的冠服制度以及图案种类,对于清宫戏衣的理解为,在图像寓意上属于一类具有特殊意义的语言符号,向我们传递了大量的文化内涵,同时也象征着传统文化的传承。张淑贤在其发表的《清宫戏衣材料织造及其来源浅析——兼谈戏衣衬里上的几方印铭》这一文章中,采用举例分析的方式,对该类服饰的材料织造进行分析,包括相应的配色、构图以及织法,为我们罗列了盖在衣服上面的墨印铭记,根据铭记的不同,能够了解到戏班的演出地点、名称等资料。许玉亭在研究过程中主要围绕以下几个方面展开,包括服饰的纹样、款式以及面料等,探索了不同文化背景以及各个时期的联系,随着时代的变迁与发展,服饰的面料以及纹样均产生了相应的变化。在朱家潽编撰的《清代的戏曲服饰史料》文章中,将清宫戏衣与普通服饰进行对比,为相关领域的研究提供了新视角,具有重要的参考意义。这些研究资料给数据采集的前期准备工作提供了参考和依据。

通过归纳整理当前的研究成果可以得出,与此相关的研究基本上均是由故宫博物院的工作人员展开的,无论是实物信息还是基础资料,掌握的信息都是最全面的,对清宫戏衣从多个方面进行解读,包括戏曲文化、考古等,取得了许多研究成果,均为其他相关研究工作的开展提供了参考依据,但从整体上来看,提供的这些信息并不完善,对于外界学者来说,却因为受到地域、版权等因素的限制,不能对清宫戏衣有着近距离的探索,因此也阻碍了许多研究工作的深入推进。[①]

在整理相关史料资源时,为专家学者的资源分类与整合、研究工作提供了新视角,举例说明,关于清宫戏衣的穿戴制度,不同戏衣与剧种之间的关系,戏衣纹样的分类标准等。以上研究成果从不同方面着手,为数字资源整合提供了指导依据,从某种程度上来看,其实质即为对当前学术成果的高效整合。然而,这一流程非常复杂繁琐,需要投入大量的时间与精力,同时也面临了严峻的资源分散问题。怎样可以利用数字化技术将数据资源精准呈现在数据库中,已经成为了当前需要解决的重要问题。

(二)清宫戏衣的数字资源梳理

在二十世纪末,故宫博物院就已经初步实现了影像数据库,其中储存的影像数据多达五万余张,在2000年时,正式推出了建设"数字故宫"的计划,与此同时,也开通了故宫博物院国际互联网站。其中涵盖的藏品数据库十分庞大,从资料搜索模块来看,仅需要输入关键词之后,就可以采集到相关藏品的资料信息。为各项资源分类与整合工作的开展奠定了基础。在

---

① 刁常宇.有器之用馆藏文物数字化采集与质量评价[M].杭州:浙江大学出版社,2021.

戏曲文物馆藏中,戏衣服饰作为其中的重要组成部分,数据库收录的清宫戏衣信息高达上万件,不仅款式精美、制作精益,而且有着庞大的数量,自然也吸引了更多专家学者的目光。虽然故宫博物院拥有的数字资源数量庞大,但是可以在数据库检索的藏品则并不多,仅可以对音乐戏曲分类与朝代信息进行检索,难以为其他用户提供更全面的信息。

二、清宫戏衣数字资源整合分类中存在的问题

针对博物馆馆藏文物而言,无论是经济价值还是学术价值均是不可估量的,通过整理相关资料资源后发现,虽然许多专家学者从多个角度展开了研究,但在当今社会,随着数字化技术的高速发展,专家取得的研究成果尚未与数字化技术进行有效对接。即使掌握了大量的史料研究数据,却无法取得预期的检索效果。特别是在服饰类文化遗产方面,随着社会的进步与发展,织绣的面料与色彩也受到了影响,褪色、老化等问题十分严重,极大程度地提高了整合难度。换句话来说,如何全面整合数字资源,"永久保存"古老的文化资源,为今后的开发与传承奠定基础,已经成为当前需要解决的重要问题。面对这种情况,可以采用重新分类或数字资源整合的方式,有利于使这类问题取得突破性进展。

迄今为止,相关领域的研究可以总结为以下几点,首先是两个分支,其次是三个研究点,其中第一分支指的是以文本为基础所展开的一系列整合分类研究;第二分支指的是以服饰图像为基础展开的整合分类研究。研究点分为以下几类:其一为以文字描述为基础的图像检索,这种方法是最基本的一种,根据图片与文字描述的内容,将关键词输入到数据库中进行检索,所得出的结果更加精确,这也是一种比较常用的检索分类方式;其二为检索服饰图像的信息,举例说明,在一个图像当中蕴含着较多的信息内容,常见的有面料、纹样以及色彩等,通过检索不同的信息特征可以获取更多资源,当前推出的检索软件逐渐趋于完善;其三则是将这两种方法相结合,探索更多的检索途径,在整合数字资源之后,可以扩大资源的传播途径与应用领域。

因此,在探索这类问题时主要围绕以上几种方法探索存在的各类问题,从整体上来看,所面临的问题可总结为以下几点,具体内容如下所述。

第一,即为文本分类检索以及存在的局限性,当前只有两种分类检索标准,首先是以服饰名称关键词为主,其次是以朝代名称为主,这种分类标准是根据服饰的外部特征进行判断的,用户具有较大的操作难度。同时两种方法也不能将清宫戏衣传达的语义资料以及实质信息完整地传达出来。

第二,即为图像本身的检索方式,这种方式并未体现在数据库网站上。一般表现为图像的形式,而关于图像的色彩、面料以及纹样等信息,基本上均是以纸质书籍的形式呈现给大家。比如说,在2009年时,陈申发表的《中国京剧戏衣图谱》等作品中,只是分类提取了图像的图案、纹理等信息,却并未详细标注具体的内容特性,总的来说表现出极其强烈的客观性。在后期的相关研究中,这些作品为数字资源分类以及整合等提供了指导依据。

三、清宫戏衣现有数字资源整合

通过对博物馆数字资源分类以及整合方法进行研究后发现，主要可以分成以下几个环节：第一种方式是基于数字资源实现的整合，这种方法是最基础的；第二种是基于数字信息实现的整合；第三种即为基于数字资源的知识整合，这类方法具有最高难度，由于涵盖的内容全面，也得到了大众的广泛认可，可以详细、规范地描述资源内容。在该领域的数字资源整合中，正是采用了第三种方式，与此相关的概念界定如下所述。

(一)相关概念界定

1. 博物馆数字资源

所谓博物馆数字资源，指的是随着科技的快速发展，博物馆充分借助于现代化的数字化保护基础与数字采集设备，重点保存博物馆的原始数字资源，一般以馆藏文物为主体，为后期的资源分类与整合提供基础依据，将其视为资源素材，采取一系列的再加工处理后，则可得出相应的衍生数字资源，因此可以将其称为博物馆数字资源。

2. 博物馆数字资源整合

针对博物馆数字资源整合而言，指的是利用科技手段完善与优化现存馆藏资源，自从数字化时代到来之后，诞生了越来越多的数字资源，导致数据库也面临了更多问题，例如分类交叉重复、分类不明确以及资源分散等，使用者在获取信息资源时，严重降低了工作效率，为了解决这些问题，必须要分类整合馆藏的数字资源。各类资源之间具有较差的关联性，仍需引入更加先进的分类与检索技术，合理规范相关工作，因此，整合方法的选择是至关重要的，决定着今后各项工作的开展。

博物馆的馆藏主要有四种分类方式和数字资源整合，其一是整合分类检索导航的数字资源，该方法主要将数据库中的数字资源进行以标题、属性以及关键词为主要的整合分类，这种方法能极大程度上保证使用者获取所需信息的高效性，不过缺点也同样致命，尚未对搜索门户进行智能统一检索，导致用户在实际的操作过程上极其困难麻烦。其二是对跨库资源整合，再对数字资源进行检索，其关键在于众多数据库共同提供数字资源，而检索则是通过一个数据库平台来进行，该方法优势在于能够在极短的时间检索出所需的信息，十分高效，这也造成了一些不方便，首先是对于检索过程中需要跳转不同的数据库，这极大程度地增加了使用的门槛。其三是针对于超链接进行对数字资源的整合作用，该方式主要由是知识链接来对相关知识进行整合，再由知识的连通，从而产生有机整体。其四则是以知识本体来对数字资源进行整合，是高级的整合以及分类方式。

本次研究主要以清宫戏衣的数字资源整合及分类方式为主要研究对象，分析其所选的是以知识本体作为整合的方式，通过进行整合故宫馆藏清宫戏衣的数字资源，其本质是对图像、文本以及实物这三方面进行的语言研究，也就是语义信息整合，再将其他固有属性的语义信息除外，比如说包含的一些戏曲文化、服饰和色彩间的关联以及一些服饰上的不同寓意的纹样。再以概念间的关系为基础，建立其中的关联性，将知识体系作为其主要载体，进行多个差异属性之间的整合,然后重新对数字资源进行组合分类,从而得到更为完善的方法进行分类,再组成崭新的资源库,同时重新分类整合清宫戏衣的数字资源,在数字资源库中,及时消除将会产生的资源异构问题,通过采用这种方式,则可采用不同的方法传播数字资源,从用户角度来讲,在获取信息资源时,可以有效提升获取质量与速度,从而使用户的应用需求得到满足。

3. 本体

"关于本体的定义,最初源自于哲学领域,规范性介绍研究对象的标准体系一",这是迄今为止数字资源整合及分类当中的比较高级的分类方式。在研究过程中,所面向的对象即为清宫戏衣,以此作为本体,通过采用这种方式,可以得出更加规范化的说明。

随着相关研究工作的不断开展,通过不懈的努力,收获颇丰,定义方式也愈发完善,有着多种的形式,大致其实相同,从总体上来看,主要总结为以下几个方面。第一为概念方面,在分类过程中,作为其中的重要组成部分,起到不可缺少的作用,对于分类整合来说,也是重要的基础环节,可以将所视对象直观描述出来,总体上表现出良好的概括性,以及较佳的专业性。第二为关系方面,主要描述的是各类资源之间存在的关系,由以下几种关系组成,分别是呼应、共存以及包含,三者之间相互影响,存在密切的联系。第三为属性方面,可以细分为两种类型,包括简单与复合两种属性,在分类整合过程中,这也是需要遵循的基本标准,可以更完善地描述资源的概念。第四为公理方面,也可以将其理解为知识推理的过程,在采用这种方法时,对于专业水平提出了较高的要求,通过采用推理的形式,可以构成相应的规则体系。第五为函数部分,指的是采用计算机设计的方式,从而发展出的一种专业算法。第六为分类,无法深入细分最小对象。

在借助本体推进数字资源分类的具体方式方面,现在海内外有大量具有一定参考价值的案例。整合分类是以源于本体的种类为目标,以各种具有差异的标准为依据推进整合的行为。在推进本课题研究期间,拟围绕故宫博物馆馆藏清宫戏衣这个本体内容基础上应用有效分类方式,依托目前数字资源中的已有文献及成熟理论,对已有概念之间的具体关系进行细致说明,归纳所涉及概念的显著特征,籍此对该本体进行精准、灵活而规范的属性说明,以在整合相关资源的基础上科学推进重新分类工作。

(二)清宫戏衣数字资源整合

定义相关概念后,进行清宫戏衣史料和数字资源的整理工作,以此来对其整合分类当前可能出现的问题进行分析,具体内容如下所述。

1. 基于清宫戏衣行头分类

在进行分类时,遵循的参考依据即为本体语言,针对戏衣行头而言,则可采用标准分类的方式,作为分类方式中最为基础的分类方式,有着极强的直观性。就现今而言,戏衣有着多种划分方式,而学界当前较为认同的是将清宫戏衣分为六大类,按照行头款式进行,可分为:蟒、帔、靠、褶、衣服以及一些辅助物品。以清宫戏衣实物为对象,经研究后得出,其实物包括以上集中类型,这也是数据库比较典型的一种检索分类方法,也就是说,将关键词输入到数据库中,对各项信息进行分类处理。

2. 基于清宫戏衣面料分类

作为本体语言中的属性分类,面料分类描述的是概念特征,针对清宫戏衣而言,可以将面料划分为多种类型,其中可包含绫、罗、绸、缎、纱、丝,用作不同的戏剧和时节。而按照用途可将面料分为三类,第一类是"上用",第二类是"内用",第三类是"官用"。截至当前而言,很多学者在该领域开展了详细的研究,学者张淑贤就对清宫戏衣的材料织造进行了十分详细的介绍,从制作工艺、选料等众多方面有着周到的说明。

3. 基于清宫戏衣图案纹样分类

清宫戏衣制作讲究,服饰上会装饰一些传统吉祥图案,图案不仅精美,还蕴含很多寓意,作为特殊语言符号,文化背景深厚,有着悠久的历史文化。在戏服上,刻画了许多精美的图案纹样,在传递当时社会审美意识的同时,也体现出了古代社会严格的冠服制度,除此之外,也可以向大家传递不同的文化寓意,感受其中传达的美感。而按照本体分类中的关系分类,经过严密的历史资料将其分为四大类,即龙形、凤凰、福寿以及富贵的图案。

(1)龙形图案

作为祥瑞象征的龙,是中国传统文化的神兽,是万物的王者,借此演化为皇帝的代表,而龙形图案通常作为蟒、靠以及箭衣之类的行头,一般是剧里帝王将相之类拥有较高地位的人物。其图案还可下分三种,第一种是团龙,具有形态端庄的特点,又可下分为八团龙、十团龙以及十二团龙三小类。第二种是行龙,一般表现矫健灵动,一般作为二龙戏珠的形象。第三种则是正龙,图案为龙首正像,有着气势磅礴的刻画。

(2)凤凰图案

而飞禽以凤凰为长,是女性角色的专属图案,分为团凤和双凤两种。前者应用在高贵地位的皇室上,一般作为皇后和嫔妃的服装,气质典雅,庄重华丽。后者则是两只凤凰腾空而飞,一般应用于女靠以及女帔领部。

(3)福寿图案

作为出场频率极高的福寿图案,通常情况下,内容主要表示的是圆形篆书寿字,并且与刺绣蝙蝠相结合,一般是在鳞甲中部位置应用的,蝠与福谐音。而"五福捧寿"则是绣五只蝙蝠,中间饰圆形篆书的团寿字,在帔官衣之类服装图案上进行装饰。根据史书《尚书洪范》所记载的内容可知:"一曰寿,二曰福,三曰康宁,四曰攸好德,五曰考终命。"

(4)富贵图案

牡丹图案象征着富贵,也是我国十分重要的一种图案,古代学者周敦颐就在文章中说明了牡丹的寓意,所以富贵图案则是牡丹作为主要的图案。其可分为十二团、十团以及八团,一般在戏衣的两袖以及肩部绣饰。而缠枝牡丹则有着富贵万代的美好寓意,还意味着富贵不断,从而引申成富贵万代,其构图主要表现为散点纹样的形式,常用于女靠或女帔上,可以产生装饰的作用。对于折枝牡丹来说,纹样表现为对称式的状态,虽然看上去充满生机活力,但却给人以庄重的感觉,清秀明亮,蕴含着丰富的文化内涵。

在本章节中,主要介绍了该类服饰的图像纹样,重点探讨了图像蕴含的文化价值,从多个方面进行分析,基于用户需求为依据,提取相应的纹样矢量图像,在第四章节将进行详细讲述清宫戏衣以用户需求为基准的图像纹样数字资源进行整合分类。

4. 基于清宫戏演出地点分类

在表演清宫戏时,通常有较多的演出地点,比较具有代表性的有以下几种,其中可包含"长春"、"重华宫大戏"以及"热河"等。而一般情况下,在演出时内外学演员会在所穿着戏衣上印上地点印铭,体现出具体的表演地点,这种方法是以"关系"作为划分标准的,这无疑为我们展示了服饰演出地点和戏曲剧目以及戏衣所印铭的内容的信息关联。举例说明,在月白妆花纱彩云金龙纹女蟒这一作品中,内里墨印"长春",其所表达的坐落于北京故宫深处的长春宫,宫内搭建了戏台。这些有吉祥寓意的地名,是古人智慧的结晶。通过研究衣服上的标识,能够推测出衣服都用于哪些场所。

5. 基于节令分类

通过对清宫戏衣进行研究后发现,在进行分类时,通常会以节令为基准,明确具体的分类形式,在应用大内戏服的时候,一般以节令为基准。在一些重大节令中,例如元旦、冬至、除夕以及上元等节日,均会表演相应的戏剧节目,演出内容与节日背景相符合,比较具有代表性的节目包括《早春朝会》以及《八仙庆寿》等。对于不同的演出曲目,史书均有详细记载。

6. 基于戏班名称分类

通过查阅相关史料则可得出,清宫戏衣在进行数字资源整合时,以戏班名称作为分类标准,与其他服饰文化是截然不同的,存在许多的差异性。按照戏服种类的不同,可以将其分成两种类型,一种是宫廷戏班,另一种是民间戏班。前者主要表现为以下几种形式,分别是"南府头学""景中学"以及"景山大班"为主,后者细分为"同春""仁合""永吉"以及"吉祥"。对于不同的戏班来说,也具有不同的服饰面料与图案纹样,制作工艺依照不同的戏班也存在着一些区别。

7. 基于颜色分类

清宫戏衣按照颜色进行分类,可将其分为两大类。其一是古代戏衣的用色规定。该分类方式来源史料记载,通过学者的分析研究,从而整理出的最接近真实的颜色,而清宫戏衣在用色上同样规定严格,一般而言,人物的性格年龄与颜色都具有一定的关联性,制作规范且讲究,比如说"十蟒十靠",对于戏曲服装来说,是由两个部分构成,第一部分是"上五色",第二部分是"下五色"。在着装时需要以人物的年龄、性格和品德进行设计,诸如图文四品官衣,该戏服以红色为主体,其他一些局部则采用黄、青、蓝。通常情况下,红色是庄严高贵人物的代表颜色(红缎缀纳绣云雁纹方补男官衣),绿色则代表德行高尚的人,黄色是皇帝的专属颜色,为了描绘青年,则采用白色来扮演青年,而性格豪爽品行刚正之人一般采用黑色,除上述外的颜色一般作为平常服装的角色。其二的分类标准即为现代工业纺织品与传统颜色的色卡,可以充分考虑到用户的基本需求,自由完成定制服务,传统颜色的分类标准包括以下几种,分别是汉字、色块以及数值,现代分类标准分类两种,第一个是国际标准,按照 pantone 色卡的要求进行分类,第二个是国家标准,主要按照 cncs 色卡的标准进行分类。

8. 基于清宫戏衣的印铭或墨书分类

通过对清宫戏衣进行研究后得出,一般会在衬里加盖印铭以及墨书文字。从内容方面来看,可以分成以下几种类型:首先,即为演出地点。比较具有代表性的就是"长春",长春宫坐落于北京城的故宫深处,在宫内搭建了这一戏台。戏班在演出过程中,能够采用加盖戏服铭印的方式,将看具体的演出地点标记出来。其次,即为戏曲名目。比较典型的连台大戏包括"目连""昭代"等。做好标记处理,能够防止产生差错问题。再次,即为宫廷戏班的名称,例如"景山大班"等,这些名称都是清宫内学的,一般由太监组成。最后,即为民间戏班,这些人在入宫演出的时候必须穿着御赐的戏服,将印铭加盖在服饰上。

在对已有的研究学术成果以及史料的整理分析中,不难看出作为文化瑰宝的清宫戏衣囊括了戏曲、篆刻、织绣以及色彩等许多领域。利用先进技术进行归纳整理,明确不同概念之间存在的相关性,形成全面完善的整合分类方式,提高资源利用效率。

四、清宫戏衣图像色彩整合分类提取标准制定

(一)服饰类数字资源整合参考依据

故宫在文物扫描的过程中,为实现数据的整合和信息的完整,针对清宫戏衣,数字资源的研究方面使用的方式方法有 CDWA、DC、EAD、FGDC、GILS、TEI、VRA,以此作为数字资源整合的基础,符合当前阶段对于文物研究需求、确保使用者规范和整合比率的统一。[①]

运用数字化手段对故宫文物产品的研究中,我们可以得出 CDWA 国际保准下依据使用者的要求和研究需要可以起到很好的效果,本文的研究具有重要参考价值,CDWA 在文物分类上具有很好地效果,也是国际目前较为成熟的分类标准。CDWA 在分类上涵盖 34 个属性,依据不同的分类形式确定为目录级别、属性分类等。考虑珐艺术品特点进行类别分类为:文化背景、表征含义、作品的艺术价值等。使用的材质、重量和属性等是描述艺术品主要的依据。在对清宫戏衣艺术品的物理形态和艺术特征展开研究的过程中,需要明确标准,实现对艺术作品的科学分类,并结合艺术特征对其所具有的元素进行提取,以此作为研究的依据,实现分类的目的。

数字资源分类需要在充分掌握各项基本内容的基础上进行,传统的艺术分类特征在服饰文化上显然不够,目前我国在服饰文化上的分类方式如下,也是目前国内比较认可的分类方式。

北京服装学院结合服饰文化的特征以及文物具备的形态对其分类标准进行研究,首先对服饰所处的文化背景进行数字化分析,结合国内的发展情况依据国际数字资源分类标准对其进行资源整合,实现对各项元素的分析以及数字化研究的目的,在 2013 年制定出一整套服饰文化方案,这成为我国民族服饰文化数字资源整合的重要依据。在此基础上我国学者还从服饰纺织品面料的角度对其进行分类,当前定义的元素有 22 类,对于本文的研究对象清宫戏衣的数字资源整合分类具有重要的参考价值,这些被分类的服饰在文化特征和定义上具备显著的特征,分类标准完善具有很好地参考价值,不同的文化背后所蕴含的文化特征差异不同,因此在分类的过程中需要具体的看待,采集元素完善分类标准。

---

① 赖洪波.结合数据库开展的资源整合研究[D].大连:大连理工大学,2006.

因此对于故宫馆藏清宫戏衣的数字资源整合分类的过程中,应该积极学习国外成熟优秀的分类方式,依据较为成熟的分类体系完成对故宫清宫戏衣的分类,依据文物具备的服饰特征总结特征元素,例如,有的涉及戏曲文化、演出的地点等作为研究的对象,在此依据下创建分类元素。有的是结合现有清宫服饰所掌握的资料作为分类的标准,举例清件的收藏品利用对史料搜索,研究人员的建议,收藏品自身情况,服饰涉及到的文化底蕴,还有面料自身情况及面料的材质。还可以从元素的拓展上对文物展开分析,前文已经对清宫戏衣的整体特征展开研究,实现对民族文化的总结和元素特征的提取,具有很好的特色和文化底蕴,也可以听取专家学者的意见掌握相关的史料,创建科学系统的描述性规范。

(二)清宫戏衣数字资源整合的特性分析

在大量资料文献收集整理的过程中得知,国内大量的专家学者对于清宫戏衣的研究较为分散,所以针对文化资源元素的研究中需要建立在学术成果的基础上。结合现有 DC、CDWA、VRA 核心、服饰特征等实现对国际研究标准的创建,借鉴国内相关的理论研究成果,和数字化研究实验平台分类标准将服饰本体的内容作为主要的分类对象,创建完善描述性分类标准,在此基础上实现对清宫戏衣的语义分析,其核心就是对单元素的整合。针对清宫服饰的分类有:服饰出现的朝代、服饰款式造型、服装材质和面料、服装图案、服装颜色的搭配以及服装文化内涵等方面。结合清代的文化特征以及所处的文化背景,文件的种类存在的差别也不一样,常见的类别主要有图片和矢量图形等,开始阶段设置 23 个分类元素,后续的研究结合分类需求进行添加。

第三节 数字资源的采集处理与审核

数字博物馆最重要的就是数字资源,也是其得以长期生存的根本。在对博物馆进行数字建设的过程中,首先需要掌握博物馆的数字特征和分类方式,实现对各项资源的整合和元素的科学分类。文本是博物馆在数字信息采集过程中最主要的方面,也是博物馆数字建设数字资源的来源,也就是将文本利用信息技术转化为图像、视频或三维模型等实现信息化的传递。因为采集信息的对象不同、获取的方式不同,采集人员的采集工具和方法不同。因此在研究的过程中需要结合研究对象的特征选择不同的研究方式,实现对采集人员工作效率的提高。为规范流程,实现标准化、科学化的研究。对于数字资源,特别是针对文物数字化研究的过程中、组织检索、管理实现对资源的贡献和标准的规范化,离不开元数据的支持。在对博物馆数字化体系的建设中,已有较为成熟的元数据作为研究的依据。因此,在对元数据标准创建研究的过程中,需要掌握各自的特征以及适用范围,对于博物馆在元数据标准的创建以及数字化体系的建设起到很好的作用。此外针对整体数字的管理,依据数字管理体系创建研究标准。[1]

---

[1] 黄尤精.论图书馆数字资源采集与保存[J].中国管理信息化,2018,21(07):136—137.

一、数字博物馆资源的基本概念

数字资源也叫做电子资源,是在计算机系统下被识别为"0"和"1"的代码形式,也就是二进制代码,将文字、图像、音频、视频和动画等信息存储在非纸质载体上,一般以电信号的形式进行传输,并能够被计算机识别并显示出来,具有很好的信息保存效果,数字资源在很多领域得到应用,对当前科技的发展和数据库的创建起到很好的作用,是在计算机技术、通信技术以及多媒体技术支持下实现的资源整合,具备多领域融合的效果。数字资源随着网络技术的发展在很多领域得以应用,成为人们日常生活中重要的工具。台式电脑、笔记本、手机和 iPad 等是其主要的信息存储场所,也是数字资源重要价值的体现。数字博物馆中的数字资源就是围绕博物馆中的藏品以及分类文物所蕴含的特征的集中展示,将文物的特征和藏品艺术价值以数字化的形式展示出来。这些数字资源不仅是博物馆文化艺术品的展示,也是中华优秀文化的重要传播基地,更是博物馆实体内容的传播手段。

二、数字博物馆资源的特点

数字博物馆资源具有广义数字资源的特点。

(一)类型多样化

数字资源信息类型众多,从陶瓷、书画、青铜器、玉器、织物,到墓葬品、壁画雕刻等。并且在文物的保护和艺术价值的传播上具有重要价值。依据形式类型可以将其划分为动态和静态两类,也有影音、视频、动画等多媒体信息传播。不同的信息交互叠加在一起,实现博物馆文物保护的同时也起到很好的文化教育作用。

(二)信息共享化

博物馆数字资源可以重复不限次地使用,在文物的保护和教育功能上发挥重要的作用,数字资源便于保存和传播,具有很好的研究价值,是实现博物馆长期发展的重要基础。此外,数字资源在网络技术支持下可以传播到任意角落,不同的地区、国家和城市可以实时在线同步接受信息。

(三)存储介质化

博物馆数字资源的数量级非常大,需要良好的介质载体作为信息承载工具,常用的有计算机承载介质 KB 的 ROM 芯片,大的有 TB 的磁盘阵列系统,存储的信息取决于具体存储介质的基本存储量。

(四)处理计算机化

博物馆数字资源各类功能的体现各项目标的完成都需要在计算机的支持下实现,需要借助数字管理软件实现相关功能,完成数据的分析、报表的编制以及技术的升级等。计算机是整合各类信息资源实现功能完善的主要阵地。

(五)传输网络化

除光盘、U盘、移动硬盘等移动设备对少量数字资源进行存储,庞大的信息数据离不开网络技术的支持。在互联网的帮助下可以实现信息资源的整合,实时传递和分享各类信息,实现对技术升级和数据库的创建,受到网速的影响数据信息会存在延时的情况。

上述是数字博物馆的优势,但是其不足之处在于安全性不高,这是由数字资源在保存和传播的过程中具备的特征决定的,也是网络环境下不可避免的。由于数字资源在生产加工的过程中离不开数字技术的支持,对于计算机网络和硬件、软件有着较高的要求,需要创建满足硬件运营的环境,实现对信息的处理呈现在用户面前,一旦网络出现问题就会无法传递和分享数字信息。此外,数字资源在存储的过程中也会遭受病毒的攻击,需要建立网络防御系统,时刻保障数字资源的安全性避免数字信息被修改、造成数字信息的完整性缺失。就是在网络系统的保护下,博物馆还是会遭受黑客的攻击,所以还需要创建反黑客攻击系统,甚至还需要对数字资源数据库进行备份,防止意外情况的出现造成数字资源不能及时找回并修复。

三、数字博物馆资源的分类

数字博物馆中资源数量庞大:其主要的分类方式可以总结为以下几点。

(一)按照资源的内容划分

1. 本体数字资源

本体数字资源就是直接从藏品中获取,例如围绕文物拍摄的照片、视频以及文字特征描述等,数字化手段是提取文物特征以及对文物进行资源归类的重要手段,在感官的基础上实现对文物特征的提取,特别是满足视觉冲击的效果,完成了不同特点的融合同时也达到了资源归类的目的

2. 描述数字资源

描述数字资源是对藏品本身特征的描述,是主要针对藏品的年代、名称、材质、出土时间、文化背景、艺术价值等方面的叙述,是在专家意见指导下完成各项数据的分析,资源的整合,并对其主要艺术价值进行系统性描述的过程。

3. 解读数字资源

解读数字资源就是对藏品的深入研究,实现对藏品艺术价值的分析,是在文物专家学者意见基础上开展的各项研究,实现对藏品艺术价值、文化背景、历史文化等方面的拓展和理论的丰富,从一个点、事件作为突破口完成对文物的分析,元素特征的提取。

(二)根据资源的加工程度划分

1. 一次数字资源

一次数字资源就是对藏品资源的直接反映,不需要加工和艺术处理直接还原藏品的艺术特征,借助数字化工具实现系统性科学性的分析。此外,在藏品化学方面的检测,提取藏品的

特征进行分析。

2. 二次数字资源

二次数字资源是在一次资源反映基础上的再加工,如对原始藏品图像内容的修复,文物模型的创建、视频信息的整合、压缩等,这些都需要不同的部门协作配合实现对资源的有效保存和特征正确提取。此外,二次数字资源也需要参考资料文献,分析当时的文化背景等。

3. 多次数字资源

多次数字资源就是超过两次以上的数字资源反映,为更深层次的提取相关特征元素开展的资源整合活动,如藏品的信息统计更新以及报告的编制,还有年度研究报告、陈列信息等。

(三)根据资源的媒体形式划分

1. 文本型数字资源

文本型数字资源常用的载体有字母、数字、符号和汉字等,实现信息资源的整合,数字资源在其中发挥着重要的作用,尤其是在复杂信息的传递和展示方面,数字资源具有直观准确的特征,成为当前数字管理人员常用的数字化建设方式。文本型数字资源可以实现在不同平台和维度上的信息传递。文本型数字资源不仅可以使用汉字、字符和数字对藏品的属性特征进行表述,例如藏品的时间、编号、编制年限等,另一方面还可以对资料文献等信息进行扫描,利用光学技术对重要的数据信息进行提取。常见的文本型数字资源文件种类有 TXT、DOC、WPS、PDF 等。

2. 图像型数字资源

图像型数字资源是对图像进行数字化处理,也是客观事物的直观展示,对于数字信息的承载发挥着较大的作用,是现实物体使用图像这样的抽象的方式进行展示的过程。数字图像就是借助扫描仪、摄像机等对图像信息进行提取,对藏品的主要特征进行捕捉实现特征的提取和元素的整合,如 Photoshop、Corel Draw 等。数字资源的分类方式有位图和矢量图。位图也叫作像素图,是在像素基础上对主要特征的提取,不同的像素代表的颜色的含义不同,占据文件的大部分空间。位图可以很好的展示图像的信息,尤其是在颜色和光亮上特征的反应,实现对各项系统的科学分析,常被使用在特征信息的提取上。矢量图就是在直线和曲线基础上实现的特征分析,将图像的元素利用点、线、矩形、多边形、圆和弧线等形式陈列,借助数学公式对其进行研究。矢量图必须在软件的帮助下实现功能,不需要占据较大的空间。矢量图就是对图像的处理,对藏品的造型、构造等特征展开分析,常被使用在内部交流和数据研究工作上。位图和矢量图可以相互转换,位图主要的格式有 JPG、GIF、PNG、BMP 等,矢量图主要的格式有 SWF、SVG、WMF、EMF、EPS 等。

3. 音频型数字资源

音频型数字资源是就是对音频资料的数字化处理,需要在数字化技术的帮助下实现对声音特征的提取和处理,声音涉及语音、音乐、自然声响等。数字化就是在提取声音特征基础上对其内容特征进行模拟还原,采样次数多,数据库的容量大,音质好、特征鲜明。音频的质量主要受到录音效果的影响与音质等无关。数字信号转化为模拟信号可以实现声音高质量的还原。数字音频和一般磁带、广播、电视中的声音有着本质的差异。数字化音频在信息存储和传播上具备较大的优势，对于各项特征的提取可以很好地实现信息的保存和音质的还原。数字音频经常被使用在大自然声音的记录中。数字音频的文件不仅有主音频文件还含有控制文件。常见的文件格式有 WAV、MP3、WMA、OGG、RM/RA 等。音频文件一般在开头都会记录各项信息，便于使用者了解和掌握音频的类型和具备的特征。

4. 视频型数字资源

视频型数字资源是在数字技术下实现对视频信息的保存，是将模拟之后的信号转化为视频信号。一方面，可针对视频采集卡的各项信息进行整合记录，将获取的数据信息使用压缩技术进行模拟分析。另一方面，可以直接使用数字设备对信号进行模拟整合转化为数字信号。数码摄像机就是常见的数字信号采集装置。数字视频包含的内容多。便于长期保存可以无限次进行复制，光盘和网络是其常见的传播方式。数字视频经常被使用在视觉和听觉上的信息记录，如民间舞蹈、传统戏剧等。常见的数字视频格式有 MPEG、AVI、WMV、RMVB、MOV、RA/RM/RAM、MP4、FLV 等。

5. 动画型数字资源

动画型数字资源是指数字化的动画形式，是对相对位置、方向和角度特征的反应，使用软件技术使图像"动"起来常见的有二维和三维两种形式。前者是依据图像的阴影、照明和透视效果实现信息的再次加工，三维动画在模拟事物上更加逼真，可以真实地反应客观事物，展现事情的发展历程，如人物、动画、建筑、植物等。动画制作中的三维动画需要复杂技术手段搭建动画创作模型；涉及对象外观和特征的提取。结合实际的研究对象对其特征和客观元素进行整合，数字化技术就是结合当时的背景以及设计者想要呈现的效果进行模拟展示，可以对微观和宏观世界进行科学的模拟展示。典型的动画文件格式有 SWF、GIF、MAX、FLA 等，在 Macintosh 和 Windows 平台上 Adobe 公司的 Flash 受到广大设计者的喜爱。

第五章　博物馆数字化建设的美学研究

第一节　展陈的数字化叙事

按照常规的博物馆平常数字陈设设备，完成了数字展陈设备的常规化数据分类，同时完成了数字展陈特点和数据转换及数据更替的变化。在此基础上，按照用户不同的需求和受众目标，深层次进行了博物馆数字展陈的构架建立和框架研究。

一、博物馆数字展陈的主要形式

赫伯特·A·西蒙(Herbert A. Simon)针对人工物与特定环境下的复杂系统展开深入的研究，将"界面"视为人工画面，是对人工自身内部组织的描述，结合人工外部因素展开分析。数字展陈可以看作是博物馆智慧化建设过程中典型的"人工物"代表，出现以后就具有系统性特点。应用形式不一样体现出来的数据和信息水平也不尽相同，能够概括成子系统也可以作为系统的形式存在，内部环境可以作为系统存在，外部环境也可以作为系统存在。现在文物数据采集和3D虚拟仿真等一系列工作的开展都是以博物馆数字展陈设备能够正常使用为基础，处于该时期不仅仅需求大量的人力，同时时间上也必须提供保证，利用高水平技术人员完成操作，如0.03毫米的采集精度来自于湖北省博物馆，达到了3D打印的效果。因为具备了科学的的数字化文物信息前提，不管是数据采集工作还是达到以仿真要求的视觉图像及末期语音都要在数字展陈设备中完成并实现应用，它的形式不仅仅涵盖了屏幕显示同时还涉及到触摸屏及虚拟现实等，上述内容的表现模式都是以独立系统形式出现的，组合在一起后完成了博物馆中数字展陈的展现。[①]

（一）屏幕显示系统

博物馆内的屏幕显示系统不仅仅包括各大场馆屏幕系统、同时还包括了休息区和门厅等室内的不同种类不同尺寸的液晶显示屏，这些显示屏的主要信息服务是进行博物馆文化宣传，同时进行博物馆动态视频播放，当前的显示屏也没有得到统一。当时间进入到3D、4D影院的项目建设时，博物馆也承受着时代的潮流，进行了相关的数据展示及观看测试。该液晶显示屏与博物馆实际存在的场景结合在一起，主题是以馆藏文物展示为重点，也有部分内容出现在数字化影院展厅里，播放的影院可以根据设定的模式进行播放，这里面，不需要额外收费的2D，而需要收费的项目则是3D和4D，达到了宣传目的的同时也得到了观众的一致

---

① 刘新阳.展览的艺术博物馆陈列操作与思考[M].武汉:武汉出版社,2016.

认可。

(二)触摸屏系统

触摸屏系统的特点是达到了触摸屏交互功能的要求,也就是屏幕可以相互交换画面,这里面涉及到形式不仅仅有查询机,同时还有触屏墙面等,也涵盖了三种不同的类别,其一是立式,其二是挂式,其三是镶嵌式,使用的场所既有休息区,也有走廊还有各大展馆内。展示出来的内容以下几种:第一项展示的内容是文物展品的文字;第二项展示的内容是语音查询;第三项展示的内容是动态视频介绍,为受众提供的内容有场馆教育和互动体验。参观的人员处于博物馆环境内能够通过触摸屏设备的使用,达到搜集所需数据的目的。也可以开展对应的文化教育和娱乐项目。

触摸屏系统表现出来的特点是完成了参观人员和展示信息服务之间的互动需求,参观人员处于特定环境下使视觉数据发生了改变,还可以感知到现实空间和虚拟空间,处于操作过程中得出的视觉数据效果都很关键。

(三)语音导览系统

语音导览系统对于博物馆设备应用来讲资历相对较老,利用语音导览设备,参观人员进行博物馆参观的时候就可以同时掌握收藏品的文化底蕴和产生年代。当数据交流进入到快速发展时期后,利用因特网或博物馆提供的 WIFI 设备,参观人员通过网络设备的租借,达到了边观看边收听的效果,实现了视觉和听觉效果的同步。

对于整个博物馆来讲最重要的内容来自于声音,通过声音博物馆可以为参观人员提供更多的沉浸式"现场感"和"投入感",由传统的录音机式的语音导览设施一直到不同功能的语言模式的耳麦,还有目前的手机及相应的平板视听、语音导览设备和语音导览系统都实现了更新和替换。由现场考察结果及网络数据调查结果来讲的话,现在应用效果好且使用频率较高的则是语音导览设备,在国内大部分的博物馆都将租借语音导览系统为附加服务,也包括单纯语音的"导览盒子",及视听融为一体的情况,也存在一些博物馆安排了智能人作为引导者为参观人员提供服务,在现实参观过程中携带设备还是主要以参观为主。

2019 年,"智慧导览"观众导览系统问世于上海博物馆,使用的设备是平板电脑为主的智能化讲解服务系统,是对现代化信息技术手段的拓展,以高效、现代化、人性化特点,利用展品实时定位、参观人员实时定位及和参观人员行为识别等。能够达到参观人员及时接受文物的语音讲解,信息的后续收集及沉浸式感受等内容,处于博物馆参观环境下提供的互动性更强,参观体验更加丰富,能够通过文物与故事内容相结合进行进一步展现。智慧导览突破性的信息服务依据的是参观人员各个阶段的年龄、性别、语言等特征,结合群众的需求以及自身所掌握的各项特征展开分析研究,制定符合观众要求的观展路线。上海博物馆提供租借的"智慧导览"设备是一个平板电脑,每台设备都包括了耳机与手持带,内容主要是依据上海博物馆中平常进行展览的文物进行量身制作。截至到 2019 年 12 月初,共有 80 余件典藏藏品完成了上线,这些藏品不仅仅有青铜馆、同时也涉及到了雕塑馆还有钱币馆等多个类别。利用不同的讲解方式带给参加人员更多的参观体现,既涵盖了语音讲解也涉及到了视频介绍同时还包括了手绘故事和动画解析等内容,使参加人员能够直接完成历史的解读和深层次了解。①

(四)数字投影系统

博物馆内的数字投影系统作用不仅仅可以体现在博物馆馆藏文物的不同程度的讲解,同时也体现在文化图像的讲解和视频的播放等内容,有一些博物馆通过投影设备完成了地面导览或者墙面展览服务,包括的形态有静态投影形态和动态投影形态等,调研的角度来看,占主导地位的通常是动态投影视频播放。而投影系统直接涉及到了多种不同的形式,也有常见的全息投影(360度成像)、还有观众认可的三维数字投影沙盘、观众喜欢的环幕投影及 4D 影院等。现在博物馆考虑到的因素不仅仅是成本因素同时还有管理因素,因此对于博物馆应用来讲使用频率较高的有两种形式,一种形式是 180 度投影,另一种形式则是全息投影。还有一些博物馆完成了物理介质与展陈设备的深层次结合,例如山东孔子博物馆推出来的实体沙盘与数字投影深层次融合,达到了令参观人员叹为观止的效果。

数字投影系统实质上是通过对博物馆在展览文物过程中提取的各项特征因素的总结,将展品对象所处的文化年代、背景时期等内容充分展现出来,完成了数字展陈形式无法实现的展览目标,带给参观人员海量的视觉感知效果和听觉感知效果,博物馆的参观效果也达到了预期目的,数字展陈设备及环境数据信息的更替也完成了。投影系统的交互技术的形式分为两类,一类是接触式,另一类则是非接触式,与智能化感应设备及识别技术融入在一起的话,既能够达到单人互动的目的,同时也可以实现不同数量参观人员之间的互动,效果也非常明显。投影系统表现出来的特点主要有三个:其一是较快的安装速度;其二是方便的拆装及便捷的运输;其三是适用于不同的时期。

(五)虚拟现实系统

博物馆的虚拟现实其实可以看作是现实虚拟环境深层次结合 Virtual Reality,简称 VR,Augmented Reality,简称 AR,Mixed Reality,简称 MR 等,是最近一段时期问世的图形领域中智能化设备。虚拟现实系统主要是通过电脑程序完成对应的操作算法,构建出一个达到三维空间的虚拟实物要求,也可以是模拟环境,带给参观人员与众不同的听觉与视觉感知,带给用户身临其境的感受,同时可以直观地看到虚拟世界中的事物。因为设备投入较大,具有较高的技术要求,所以对于博物馆来讲未能更好的普及,只能作为补充性展示带给参观人员良好的体验感受。与常见的影像介绍与视频展示一样,虚拟现实系统提供出来的展示效果也能够从不同程度带给参观人员更多的趣味性和参与性,对于参观人员来讲会留下深刻的认知,心理层面得到满足最大化。现在虚拟现实技术在国内博物馆应用频率较高,以于参观人员来讲既有视觉感受也有听觉感受,还有更好的触觉感受,对文物展品的感知得到了升化,利用人与物两者的感知可以达到参观人员的最佳的心灵沟通效果。

虚拟现实系统未能得到普遍性应用,究其根本原则是延迟性,网络速度也带来了限制,结

---

① 乔子嘉.数字展陈交互性研究与应用[D].北京:北京印刷学院,2019.

果是图像未能得到实时更新,使参观人员的体验感达不到预期,也实现不了视觉与听觉的同步感知,形成了"延迟"的问题。处于 4G 及 WIFI 的环境下,常规的话都是以无线网连接需求得到满足,延时规定有两类:一类是 20Mpps,另一类则是 50 毫秒,得出的结果是流媒体内容的提供,因为所属地计算机不断深化,接着通过设备全景视频完成下载后再投入使用,出现的结果是图像与文字本地叠加,使用的领域也较小,大部分是模拟和指导、游戏等,事实上 2D 动态图像可以看作是三维呈现。5G 时代的虚拟现实系统与云计算结合在一起共同应用,达到了图像上传的目的,延时时间下降至 2—10 毫秒,相对参观人员的视觉感知结果来讲,可以说是最大的福音。实时渲染与完成下载模式,形成最佳的即时游戏体验,不仅提供了使用者的密度同时也提升了用户的实时性操作。相对于 4G 来讲 5G 的延迟下降了 10 倍,流量的容量提升了 100 倍的同时网络效率也同时提升了 100 倍,虚拟现实在 4G 当前最大的问题在这些技术面前都得到了科学合理的处理,这对于下一步使用虚拟现实设备与应用平台来讲都是很有好处的。并且虚拟现实系统建设历程经历几个阶段后,会通过 5G 网络的日新月异带来更多的发展空间。

针对实体博物馆的纯实物展陈来讲的话,虚拟现实系统的特点主要包括有:第一个特点是信息全面、第二个特点是自主操作、第三个特点是实时互动、第四个特点是超现实传达,这些特点对于博物馆来讲可以使参观人员的关注度得到提升,可以让参观人员利用非现实的的文物展品模型与角色场景等完成与博物馆的内在联系。虚拟现实设备带给参观人员的不仅仅是视觉感受,同时还有强烈的听觉感知,人们对外界的感知包括有很多,视觉上的感知,听觉上的感知,嗅觉上的感知以及触觉上的感知等等。事实上国际性的文物展品展示的时候有两种形式,可以是玻璃罩展示也可以是展柜展示,展品与参观人员无形中多了距离因素,参观人员心理就会出现一种距离缺失的美感,参观人员的视觉感知和听觉感知都不能接受仿真文物的复制品。除了这些内容以外,博物馆的虚拟现实与参观人员之间的互动交流是利用触摸式显示屏实现的,参观人员利用互联网环境下的数字文物线上观看带给参观人员最大化虚拟现实体验感觉。处于这样环境下的体验无需考虑到设备,只是利用 APP 或者扫一扫就可以直接让参观人员感受到文物的触感,下一步,未来多元化的发展趋势,将会利用材料的质感及虚拟的触感,为参观人员带来更逼真的感官体验。

(六)直播社交系统

5G 时代为大部分博物馆提供了更多的宣传渠道和社会交汇,它的主要特点就是使得和直观,参观人员通过收藏夹和文物分享达到文物与人的共鸣,此类行为与米尔佐夫提出的"物恋化的凝视"有着深层次的联系。处于 5G 背景下的短视频进行社交时其传播速度非常快,以移动互联网为平台载体,使越来越多的年轻人融入博物馆文化的宣传和传播。处于网络背景下,视频下载速度由过去的 180 秒下降至 6 秒钟,对于直播界来讲简直是无法用语言能够描写出来的超级红利。

通过政府公布的物联网统计数据报告中我们能够看到,一直到 2019 年 6 月份,我国手机受众有很多固定使用的 App,而将使用时间最长的 App 摒弃以后,网络视频的时长则稳居第二位,占比 13.4%,短视频则轻松坐到了第三位,占比 11.5%,2016—2019 年的直播人数占比提升为 20%。一直到 2019 六月份,最具影响力的社交网络中使用用户人数单月都高出 100 亿。智能手机进入到千家万户以后也促进了网络社交的进一步活跃,有 60% 以上的活跃用户进行网络访问时使用的都是智能手机,不管是字节跳动,还是快手等网络知名企业在互利网时代通过短视频红利取得了前所未有的发展,而腾讯、阿里巴巴、百度等巨头也随着潮流进入到短视频浪潮里。由此可见,直播社交系统对于博物馆的信息传播或者是数据分享来讲具有无法替代的潜力。

社交网络直播系统的经久不衰能够发现一个问题,那就是分享的内容认同度一定要高,直播视频的特点有两点,其一无须提前录制,其二直播内容不用存储,能够直接完成传输同时也可以进行录制,而处于网络另一端的人员能够实时观看到这些内容。同样的一对多,与传统的传播方式对比,直播社交系统表现出来的特点,不仅仅是实时性强同时还有超强的交互性,观众在直播过程中由刚开始的一对多直接演变成后来的"多对多"的社交通信模式。主播和观众处于这样的平台下能够得到更多的互动体验,对于主播来讲也可以进行录制的时候完成全景在视频直播。所以,对于博物馆来讲无论是财力还是人力都不需要过多的投入,只需要准备部分专用拍摄方面的设备,以 5G 网络为平台,完全可以实现超大范围内的信息传播,无论是对博物馆来讲还是对观众而言,可以说是非常好的信息收集及传递渠道。特别是处于互联网平台上的网红打卡,人们出于猎奇心理都非常热衷于的"新兴一代"参观形式,那么处于这样的传播背景下表现出来的传播特点不仅仅是传播率高同时还有超强的传播覆盖面,因此我们可以说博物馆与"5G+服务"的深层次结合也是不二的绝佳选择。

二、博物馆中数字展陈的特点

当科学技术与互联网都深层次地融入到博物馆,不管博物馆具有的规模有多大,馆藏有多丰富,都必须通过数字展陈直接与观众面对面。数字展陈的方式是利用技术和影像处理达到信息传递,处于这样的模式下信息量得到了提升,从而在拓展了固定陈列状态的同时也进一步拓展了静止展览陈列的状态,观众可以有选择性的进行信息交流,在交流过程中,参观者的参观感受得到了提升,同时博物馆文物展览效果也得到了认可。数字展陈既能够通过多种方式的选定完成博物馆展览效果的烘托,也可以通过现代设备带给参观者更高效率的互动交流。也是因为博物馆使用集成应用,才使得博物馆的展览环境和数字展陈设备的特点更加突出。

(一)集成性

在整个博物馆中数字展陈设备的无法替代的优点,就是它的集成性。对于博物馆来讲不管是数字展陈设备的分布或者对外展示的文物都必须有一个主题,而这个主题利用集成系统或展现出静态或展现出动态,这样就达到了图像与文字数据整合的目的,参观者也有了信息传递的路径,达到了博物馆文化宣传和社会活动的最佳效果。

我们看一下国际上的博物馆和国内博物馆,这里面的数字展陈设备和空间表现出来的状态既有单个的也有单组的,既有静态呈现的,也有动态呈现的。遗址博物馆与普通博物馆最大的区别是,所展现出来的展览内容非常庞大,无法通过展览陈列进行展出。但是集成性数字展陈方式表现出来的优点则能完成遗址类的展陈文物的气势烘托同时细节还不被遗漏。Computer Hitory Museum 位于美国硅谷,它的收藏在国际上都是首屈一指的,不管是发展贡献还是影响力来讲。2011 年,Computer Hitory Museum 第一次开馆进行展示,用户能够实现与展品的互动,由此看来,展品代表的身份不仅仅是文物同时也是展示媒介。集成性表现出来的内容既有媒介,同时也有展品自身,对于博物馆展陈未来发展来讲是必经之路,目前应用的数字设备未来也会以文物的形式存在于世间。

(二)感知性

受众的感知是博物馆数字展览时所考虑的主要内容。相机、传感器、物联网和射频识别应用程序为感知博物馆数字展品信息提供了信息基础。目前,博物馆数字展览的感知主要包括触觉、听觉、视觉等,而嗅觉和味觉是次要感官,目前博物馆数字展览还没有用到。在博物馆最黑暗的环境中,非常适合用声光影投影来营造声光环境。光和声还可以将博物馆空间的物理特征和虚拟感知快速传达给公众。

每个博物馆里的观众都是一个独立的个体,博物馆数字展品提供的数字信息是通过一个迭代的过程获得的。感知交互在不同领域有不同的内涵,可以解释为"以数据为中心的视角(计算机和人机交互);以运动为中心的表达视角(工业和产品设计);以空间为中心的视角。建筑。)"。公众可以通过视觉、听觉、触觉等多种感官直接获取博物馆空间内的展览信息和环境信息,其中视觉摄取占整体摄取信息的 90%。现代博物馆使用视觉和听觉相结合的概率非常高,几乎同时使用。对数字显示器的触觉感知较少。原因是数字展览提供的大部分信息都是虚拟的,包括图像和声音。触摸是不可能看到虚拟信息的。当然,也有很多数字展览结合实体展览。展览还可以让公众有机会同时体验视觉、听觉和触觉感知。

(三)交互性

在当今互联网时代,受科技创新的影响,博物馆逐渐向数字化方向发展,通用功能逐渐向移动端转移,服务功能也在"多时代"。传统的博物馆以藏品和印刷展板为主要展示形式,为参观者提供了一种相对被动的参观形式,只是按照预定的旅游路线,借助手册去观赏。博物馆采用数字展示设备带来的最大变化是博物馆可以为公众提供互动渠道。不仅可以享受多感官的观赏体验,还可以通过触摸屏设备和体感设备在数字显示器中与数字信息进行交互。馆藏的文化遗产特征。此外,观众还可以要求我随时随地通过自己的移动互联网设备获取信息,或上传自己的博物馆体验、图片和文字,进行博物馆文化的实时传播。在南京地质博物馆新馆内,有互动的实车驾驶装置和虚拟影像。通过旋转实际方向模型,观众可以在相反的视野中"转移"地球的纪元和洲际变化。正转是纪元的正向运动,从 2 亿年前的三叠纪,到 150 年前的侏罗纪,地球各个不同纪元的陆地和海洋的运动和变化在屏幕上都清晰可见。百万年前。从 5000 万年前的古近纪到现代人所共知的地球分布,互动感受地球地质活动给地球带来的变化,感受自然与人类活动对地球环境的相互影响。

(四)可供性

博物馆最重要的功能之一是作为文化传承的桥梁,作为文化场所,不仅连接过去和现在,而且加强博物馆本身与观众之间的关系。新博物馆学发展的核心是更广泛受众的"可访问性"这一重要问题,这赋予了机构外的受众选择信息呈现方式的权力。数字展览的可用性基于博物馆的"可达性"和博物馆文化遗产的高度数字化进程,是博物馆数字展览功能的重要特征。吉布森提出,可供性代表了环境和角色(动物或人类)之间某种活动的可能性。"但是,可供性不是客观或主观属性,或两者兼而有之。它不能通过主观和客观的分类方法来划分属性,这也反映了有缺陷的二分法。它可能是一个行为事实,也可能是一个环境对象,要么在心理层面,要么在物理层面,要么两者都没有。它有一个双向的方向,同时指向环境和观察者。基于吉布森建立的直接感知理论,发现可供性具有三个基本特征:第一是包含在行为技能的从属地位;第二,与一定的行为角色技能有较大关系;第三,基于感知能力;由附属角色拥有,不会因角色目标和需求的变化而改变。无障碍是从另一个方面解释的,即辛向阳提出的"平台"和"赋能"两个概念。博物馆内的数字展览是博物馆与公众之间的媒体平台,它不仅包括物理环境和设备,还包括虚拟信息的传递和交换。

博物馆的数字展品明显体现了这三个特点。第一点,是作为博物馆展品的一种形式,数字展品以附加道具的形式出现在博物馆展厅,设计安装了数字展品的设备。更多知识呈现和数字助理展示功能。对于对数字设备和环境不太感兴趣的文化遗产爱好者和研究人员来说,数字显示设备没有可用的信息,数字显示设备只有在使用时才可用。第二点,博物馆的数字展览设备是客观存在的,无论公众在参观过程中能否看到设备的可用性,数字展览设备的可用性仍然存在。随着交互设计的应用越来越透明,数字展览的实施嵌入到博物馆创造的场景中,公众在参观过程中可以下意识地享受博物馆数字展览提供的互动参观方式。在国内外许多以动物为主题的博物馆或展览空间中,通过传感器触发交互的动物模型在观众靠近、摇晃四肢甚至向前走时都会发出咆哮、啁啾等声音。观众在体验之前一无所知,接近动物模型参观的行为仍然会引发动物模型与观众本身的互动。第三点,数字展览设备的主观对象是参观博物馆的观众。观众在参观前和参观期间的目标和需求总是随着参观过程而变化,数字展览是客观存在的。物理状态和提供的数字信息和交互内容不会立即改变。无论观众是用手指交互还是将手机放在设备上,数字显示设备本身的可用性都不会改变。

第二节 交互叙事在数字化背景下的运用

作为一个城市乃至国家的标志性建筑,博物馆不仅是城市发展历程中的重要见证者,同时也是城市丰富文化内涵的主要载体。其通过独特的叙事模式与空间,将过去的一切讲述传达给了现代的人们。人们进入博物馆,对其满怀期待,也许可以得到知识的补充,也许可以享受一场视觉盛宴,也许能够实现思维模式的转变。Stephen Weil 是美国著名的博物馆学学者,其认为"博物馆的价值体现在其做了什么,而非其拥有什么"。目前,博物馆研究人员与从业人员正积极投入各项研究,期许对其强大而丰富的文化内涵进行深入挖掘并向众人展示,利用交互展陈形式与数字化技术,推进其教育功能的实现。

一、博物馆与数字化

二十世纪末,我国针对博物馆展开了数字化实践。河南博物馆于1998年8月率先于业内进行了专属互联网网站的构建,居民可基于网页实现展品观看。至此,其他博物馆先后建立了自己的门户网站,借助互联网技术,实现了展品的数字化展陈。1999年,北京文物局对藏品管理体系展开了进一步研发,本土多家博物馆也可采用这一系统。不同等级文物行政管理部门推动了区域博物馆数字化的可持续发展,致使博物馆数字化得到全面应用。2001年,国家文物局开始着手调查我国数据库综合管理系统,由此实现了博物馆的数字化操作。任新宇,[①]

二、博物馆展陈方式的数字化运用

自社会进入新的阶段,互联网、直播应用随处可见,博物馆也开始注重数字化技术的应用,显然这是与科技和时代发展潮流相适应的体现。博物馆结合新技术、打造全新的虚拟博物馆,结合现代社会高科技技术,打造掌上博物馆、或是全新的智慧、虚拟博物馆等不同概念,既有助于数字化发展进度的推进,也有助于提升藏品的"活性",形成新颖形象,吸引了大众的关注,对其进行历史阐述,以便更好的感知过去,以此加强教育质量建设、提升服务水平。

交互是指人们之间进行的互动,但博物馆的陈列,较为关注展品与观众形成的交互。

现如今的博物馆采用的交互技术如下:一是影视;二是投影;三是恢复场景,使观众在以往参观静物展品的基础上能够体会到更加多元丰富的信息传递。通常,传统博物馆以展品柜形式对文物展品进行展示,但这种陈列过于单一,很难产生较强的感官冲击力,甚至会让观众形成审美疲劳。对文物展品传递的历史信息,大多取决于观众的自身参观意识,无法对大部分观众的积极性与求知欲进行有效、充分的调动,致使大量参观人员不愿进行对博物馆的二次参观。比较来看,数字化在博物馆陈列中的应用,对观者的参观体验展开了充分考虑,借助各种技术手段,让观者的参观积极性得到了提升,并对观者的情感表达与参观体验给予了充分关注。

(一)AR、VR技术

AR是现如今全新的刺激形式,或是良好的感官体验,其利用科技技术,将无法在现实生活中感触的信息逐步强化并模拟,致使人的主观感知发生变化,为其构造全新的感官体验。

而VR,则属于全新的电脑仿真技术,是完全虚拟的状态,大多基于动态三维立体仿真场景的构造,让用户和虚拟景物进行交流互动,产生沉浸式观览体验。现阶段,大部分博物馆都在展厅采用了VR与AR技术,使其吸引力得到了较大提升,减缓了观者的参观疲劳,使其形成良好的参观体验。此外,2017年,中国园林博物院进行了沉浸式数字体验展,主题是"看见

---

① 银文.面向博物馆数字化展陈的交互式信息传播[J].艺海,2021,(09):74-76.

'圆明园'"。为使大众对圆明园加深了解,该馆直接使用了VR与AR技术,通过现实和虚拟的结合,以多视角对圆明园的磅礴气势进行了复原展示,让观者得到了沉浸式体验,对展品营造的文化氛围进行了切真全面的感知。VR、AR技术在未来会受到更多的欢迎,博物馆对其的结合应用也会得到普及,甚至还可将其应用到场景塑造、虚拟讲解、角色扮演与古今对话等互动环节中去。先进高新技术的不断发展与介入,有助于博物馆事业发展空间的不断扩大,而在时代的助推下,博物馆教育也可实现更具吸引力的叙事语境的开发与创造。

(二)三维全景技术

三维全景技术是相对成熟化的现实仿真新媒体手段,其采用专门的三维全景技术,以图片展示、文字注释、音频解说等多元形式实现系统展示。现阶段,许多博物馆已向观者进行了以微信公众号或客户端为基础开发的成熟三维全景技术的展示,让观者感受到了新颖的视觉观感体验。例如,故宫博物馆完成了线上所有故宫全景打造,结合藏品进行了细致的讲述;成都博物馆不只是进行线上解说,还设立了VR漫游与语音导览,同时还创办了讲座直播与深度解读并提供直播回放。对于藏品的展示,和博物馆传统橱窗展陈模式相比,三维全景技术具备如下优势:首先,路线清晰、技术成本不高,尤其是规则形状相对特殊的文物,利用数据处理,便能将其打造成器物的三维立体全景图形;其次,形式新颖,欣赏文物时全面又方便,观者感兴趣,能够让其好奇心得到满足,能够全方位、多视角进行观察,同时也可对文物细节进行仔细研究品读,有助于让观者对藏品进行更充分地了解;最后,基于对文物知识产权的充分保护,结合文物一系列的三维数据,可参考不同地区文物符号,以此完成后续特色文创产品的设计,以此来推进文化与旅游的相互融合。

(三)网络云展览

如今,大量博物馆都将展陈形式拓宽至数字网络领域,依托网络进行多元化展览,观者在家也能实现"云游览",无需劳累奔波,使博物馆开始对社会大众延伸。数字化展陈模式使观众获得了全新的视觉体验,图片、文字相结合,使观众对虚拟环境获得了全新的体验。与此同时,云观展有助于数字博物馆进行云教育的开发,可增加国人的学习渠道。

新冠肺炎疫情致使博物馆的线上阵列拥有全新的发展机遇。例如,三星堆博物馆基于此打造了线上云观展,其将完成改造的综合馆内外全局向观者进行推送,观者仅需完成线上签到便可收听综合馆所有体裁的讲解,参观馆内的VR展览。不仅能够对三星堆博物馆编制的"一眼千年"引导篇章进行观看,以设计师与策展者视角对完成改造的综合馆的新展陈思维进行深刻解读。同时,观者能够以云展览参与者的身份,参加三星堆博物馆国宝合影、金面人头像"贴金"、综合馆云展厅幕后大揭开等活动,以沉浸式参与云展览。普通云观众既是线上云展览的受众群体,也是其内容创作者。三星堆博物馆以此种云展览方式,赋予观众演员的身份,以便三星堆古人在以往不同领域的辉煌形成清晰的认识,此外,对古蜀文明历史发展过程中的地位加深了解,尤其是属于中华文明的核心构成,对我国中华文明的发展意义重大。

(四)数字化灯光技术

光是进行视觉传达的一个主要媒介。光照作用可以给观者提供更好的视觉体验:光照能够营造出一个全新的空间,并让空间所处的环境和状态发生改变,不仅可让空间实现视觉升华,还可让其遭受一定破坏。任何博物馆的展陈灯光布局与设计都和展览的布局有着密切联系,二者需融为一体,通过各种艺术手段来设计展陈形式,让相互交融的展陈可创造出不同的环境空间,以此推进博物馆实现使用功能,不仅可让观者的心理需求得到满足,也可兼顾美观效果。

设计互动式灯光有助于展陈效果的提升并让文物的呈现方式更加多样化。以观者视角来看,大部分博物馆开展的交互式展陈中对于灯光的设计都十分讲究,并注重趣味性、科学性的完美融合。此外,传统展陈呈现出的灯光效果有一定不足,一些展厅想要对展品进行更好的保护,或打造神秘的气氛,一般情况下,制造昏暗的灯光,致使观众无法对展品注解形成清晰的视野,致使观展体验无法提升。

三、数字化交互技术对博物馆实现其教育功能的一些思考

博物馆的陈列模式由最开始的单一形式逐步发展为现如今的多元互动形式,利用特殊的展览观念,或是采用全新的信息传播方式,这才是现代博物馆陈列的主要方向。现如今,大部分博物馆在展陈方面都采取了交互建构形式,以注重体验与多元化的设计方式,依据观者的个人文化背景,通过开放式叙述实现和观者的共鸣。作为一种技术手段,数字化有助于博物馆叙事模式与教育手段的加强,为其发展提供增加充足动力。

(一)合理进行游戏开发,推进博物馆教育功能的实现

通过数字交互技术,有助于推进博物馆对青少年心理展开全面研究,借助教育资源优势,开发创建新颖、多元的教育模式,针对青少年展开优秀传统文化的传播教育,使其成为传统文化的优秀践行者。

以 VR、AR 等数字技术的日益先进化形势为基础,以教育为核心,对展品游戏展开深入钻研。现阶段,游戏存在较大影响力,以青少年玩家居多。结合游戏趋势而言,对新玩家来说,以往的单一交互界面吸引力较弱,因此大量新兴移动游戏逐渐采用情景代入模式,使玩家可沉浸式置身于游戏世界进行个人世界观的构建。在参与游戏的整个过程中,可以让人就外界环境展开自主反馈,并被激发产生强烈的情感。所以,在进行游戏的设计时可加入时空交错元素,借助对藏品故事的时代背景和参观路径的巧妙设计,让游戏玩家可体验到情境的还原转换与时空的交错对接,置身真真假假的时空中,产生强烈而浓厚的怀古幽思情感。

(二)数字化技术的应用不能"喧宾夺主"

在博物馆长期发展历程中,数字化是其至关重要的辅助工具,数字化交互设计可以最大程度上活跃文物,并使文物达到说话的效果,这种虚拟技术在博物馆得到更大范围的应用,使一件文物直接完成了虚拟、现实世界的连接,进行全方位的形态展示。我们需要应当把握好高新技术的机遇,从多个视角为社会公众呈现展品。但数字化不能直接替代文物,而只能对文物展示起到辅助作用,让观众开始对文物加深印象,此外,也不可忽视文物本体的重要性,

这是在于文物本体是至关重要的组成部分,是让观众产生共鸣的重要物质载体。基于此来看,注重文物资源价值,数字化技术能够更好的呈现文物信息、并将其精准的传承下去。

(三)数字化技术应用应当做到"因馆制宜"

现如今,数字化技术有利于促进全体国民素质提升,并带动我国的文旅消费,或是让博物馆最大程度上展现其社会教育的作用,应用范围不断扩大,由此,博物馆的吸引力也随之提升。但数字技术与各大博物馆相结合的过程中,同质化现象较为显著,这些博物馆为了提升自身对群众的吸引力,对博物馆进行了各种形式的技术包装,却并未考虑博物馆的基本特点。不同的博物馆拥有特殊的历史发展进程,基于此,应基于馆藏文物的基本特征,结合发展任务,对其进行精心设计,进行各种形式的社会教育活动,为社会大众提供更高质量的服务。

第三节 博物馆的审美意识与文化传播

一、呈现文物之美

如果博物馆仅仅进行文物展示,忽视了视觉效果的展示,这对于艺术品来说,相当于一种缺失。而观众如果在观看展览结束,未对展品产生较深得以印象,则展览就无法发挥其作用,也很难对大众起到教育作用。博物馆呈现的文物大多属于精心挑选,具备特定阶段的基本特征,属于较高的研究意义的典型作品,基于此,博物馆的展品陈列不能过于乏味,而是要让观众领会文物的魅力。

现阶段,建筑的堆砌形式发生了很大变化,不再是多元化的堆砌。一些展厅限定了一件文物,则是为了吸引群众的目光在核心文物当中,并通过空间展示文物的位置。对展厅内部文物缩减以此达到强化展示效果,但对于观众属于被动吸引途径。构建展厅良好的气氛,并与灯光结合展示文物的美感,以此吸引观众的注意,相当于直接的呈现形式。

在现如今基础设施不断完善的背景下,展览方式多元化。例如:AR、VR技术的合理应用,致使观众拥有身临其境的体验,同时与文物展开进一步的虚拟互动。

不管是博物馆的展示技术,或是空间环境的构建,目的都是向观众传递文物信息,引起共鸣,然后由感性关注逐步发展至理性认知,使观众产生对文物较深的印象。这一切大多建立在美好展示基础上。

基于此,如何进行更好的文物展示,或是呈现更多的文物信息,是博物馆陈列过程中首先要考虑的问题。这属于博物馆趋于人性化的重要标准——对"物"与人给予最大程度的尊重,不只是要注重技术展示作用,还要考虑到氛围烘托以及群众的参观站位。

二、建筑之美

基于特定角度而言,博物馆的建筑对观众具有很大吸引力,也是博物馆形象的呈现,是博物馆的一种定位。

对建筑设计而言,多个博物馆做出了很大努力。以苏州博物馆为研究对象,贝聿铭对苏州博物馆创意如下:建筑造型设计与当时环境相适应,同时,对于空间的设计较为独特;采用了特殊的建筑材料与内部设计,使室内的光线得到充分展示;建筑设计维持现代主义风格,简洁与我国江南古建筑特色相结合,不仅充满了中国式建筑园林特色,同时,也将现代建筑的特性展露无疑。苏州博物馆特色鲜明,也属于苏州的重要地标建筑。

对于金沙遗址博物馆,成都进行了特殊的建筑设计,同时将金沙出土文物关联到建筑设计,遗迹馆形状大多呈现圆形,具有玉璧出土的寓意,陈列馆形状大都是方形的,如同出土不久的玉琮,设计是建立在古代中国人形成的"天圆地方"的宇宙观基础上;内部设计功能性强,服务性特征明显,各展厅装修与文物特征相融合,具有较为明显的叙事性,最大程度上规避了文物众多,甚至是展线过长导致的视觉审美问题。

钢结构在成都博物馆新馆得到广泛应用,线条独特,具有强烈的现代感,此外,呈现出几何结构特征的建筑逐步发展为博物馆的 Logo 标志。全新的博物馆建筑大多拥有特殊的造型设计,外观相对独特,并使用建筑的新意、美观对观众产生较强的吸引力。即便博物馆进行了古物的全方位展示,但大部分建筑相对前卫、甚至是创意十足,如同博物馆应用各种高端科技进行文物呈现。传统与革新,博物馆充分展示了过去与现在,基于此,博物馆起到了连接古今的作用。

建筑属于美学的形象呈现,与周围环境达到了一种平衡的美感,造型相对特殊,功能完善,布局合理,内部空间得到充分应用。同时,也属于城市的重要构成,建筑同时具有美化城市景观效果,因此,博物馆给予建筑较高的关注度,也反映了博物馆设计较为注重建筑美学。博物馆想要达到良好发展的效果,则应避免以往造成的刻板印象,同时,建筑也可以实现博物馆的新定位。

三、博物馆里的新媒体(然)

2010 年,上海举办了第 22 届国际博物馆协会视听专委会分会场,会议的主办方是法国,时任该博物馆的研究员胡江在新媒体层面上提出,博物馆的应用能够划成若干个时间阶段:上个世纪末是第一个时间阶段,该阶段的显著特点是因特网的应用;21 世纪中期是第二个时间阶段,该阶段的显著特点是触摸屏的应用;数字内容的合作是第三个时间阶段,该阶段的显著特点是实现了互联互通的数字化应用。不同阶段的分类,可以将最近一段时期以来新媒体的应用过程完全的展现出来。这样的陈述也将博物馆新媒体的发展特点得以显示。第一,博物馆新媒体应用已不再是全新的定义,处于不同的时期,与之相对应的媒体形态也不相同。除了这些内容以外,博物馆里的新媒体属于时间定义之一,处于特定的时期,新媒体的应用技术也越来越成熟。并且,新媒体问世以后只可以暂时替代原来的旧媒体,就好比电视不能完全将广播取代,因特网问世电视也无法被取代,只是两种不同时期的媒体融入在一起后,一种全新的媒体形态出现了。

博物馆的作用可以体现在两个方面,一个是传播知识,一个是汇聚知识,新媒体出现后带给人们的既有技术层面的区别,同时也带来了传播形式的另一种改革。对于纸质传播和专著形式等研究成果的发布来讲仍属于传统形式,考虑到新媒体处于传播层面时其核心内容是观众,处于传播主体层面来讲,由过去的某个研究人员发布其成果的形式过渡成整体服务形式,其内容涉及到内容设计,数据收集,技术要求和文案设计等。处于传播阶段,移动新媒体的使用,具有两个特点,一个是可以实现实时服务,另一个则是提供超前服务,同时能够实现博物馆与观众的现场实时互动。

四、"基于影像的中国古代书画研究系统"项目建设概况

近年来,网络信息技术迅速发展,使全球博物馆的资源整合掀开了新的篇章。国际化数字博物馆的建设成为全球各个国家面临的课题。最有代表性的是1993年的"国际敦煌项目"(IDP),该项目的发起单位是大英博物馆,它的特点是利用数字图像完成了全球各个地区和城市与敦煌文献、艺术品相关的数据事例,一直到今天,该项目还是国际上敦煌学学术探讨不二的平台选择。2004年,Artstor网站问世后影像数量已超过100万张,构建了网上影像图书馆,通过数字技术完成了艺术层面的研究及与之相关联内容的学习和深层次探讨。2011年谷歌艺术计划正式出现在大众面前,它展示的艺品和和展厅完全达到了世界一流的级别,不仅涵盖了纽约大都会博物馆、同时还将法国凡尔赛宫等若干个艺术品,影像分辨率高达70亿像素,使人们享受了一场美妙的视觉体验。不过,以上项目都是西方发达国家完成的,项目中心与我国艺术关联的少之又少,并且形式也不全面,只包括了两类,一类是影像典藏库,另一类则是论文库,可以看出来其新媒体的使用并没有完全将其特点展现出来。

针对上面几个项目来讲,我国最具代表性的建筑故宫博物院已看到了问题的本质,一个通过数字技术将过去无法解决的文物保护问题进行处理,另一个是对新媒体进行深层次的研究和探索。在故宫博物院能够体现这两个问题主要侧重于中国古代书画研究。其一,我国研究人员重点研究的不仅仅有书法艺术同时也有中国古代绘画艺术,除这两项内容,研究人员还致力于我国历史文化的重要研究,必须完成文化底蕴的深层次探索和研究,这样才能够使国家文化得到发扬和传播。其二,我国历史上的书画多以物理书卷为载体,其独特的介质需要花很大代价进行保存,对专家人员来说不能达到其研究的目的,并且,我国保留下来的珍品也不在一个地方保存,对深层次研究也造成一定程度上的被动。所以,通过数字影像及互联网技术,能够实现全球不同地区文化展品的整合,研究起来不仅方便也很快捷,文物原件的使用率大大降低,对于保护中国传统文化来讲也是解决问题的一个重要渠道。

2009年,由故宫博物院发起,联合国际上收藏有中国古代书画珍品的博物馆,以中国古代书画数字博物馆为名,以互联网为基础构建一个以中国古代书画研究的影响,此系统的目标涵盖有三项内容,首先是完成全球性技术平台的构建;其次是数据标准要一致,完成我国传统书历影像数据的构建;第三是形成专家研究小组,共同研究共同发布成果。该平台最终可以

实现书画影像,标注信息,论文编著多项功能,受众群体可以是互联网用户也可以是专家。它建设的背景是提升做宫博物院整体建设,使我国传统文化研究更全面,提高了中华文化的国际影响力。

故宫博物院于2009年完成了具有全球性的研究成果,该技术将高清晰数字影像浏览和图文结合的书画作品研究成果在线标注有机的结合,处于测试阶段时好评连连,用户注册人数达到了7千多人次,访问量达到了10余次。

两岸故宫博物院于2010年完成了合作计划,该项目成为了两岸故宫博物院共同建立的约定项目,同时进行标注工作。

故宫博物院于2012年完成了技术层面的更新升级,构建了跨机构内容标注平台。

处于数字技术研究层面,项目涵盖的新技术包括有以下几类:第一类创新技术是进行精细数字影像的加工同时网络传输量呈海量提升状态;第二类构建了图文融为一体的在线标注系统;第三类是完成了数字资源安全情况的处理。专家一致认定,该技术不仅全球首创,同时技术水平也创造了历史最好阶段。

处于文化发展层面,项目完全使资源整合优势处于互联网平台层面得到全面发挥,使各个地区的博物馆珍藏的中国古代书画珍品处于相同的平台,既可以完成研究也可以进行展品演示还达到了传播的目的,真正贯彻落实了党的十七大报告提出的"处于不同的时代节点要通过多种方式完成文化的创新,文化的推动,文化体制的革新。在2010年,北京举办了文化创意博览会,作为参会者台北故宫博物院进行了该项目的汇报,政府给予了"科学技术可以使两岸文化得到促进,发展空间巨大"的评价。

五、"基于影像的中国古代书画研究系统"知识传播模式特点

(一)图文结合的知识内容

博物馆体制不一样,积累出来的资源也各不相同,自然博物馆表现出来的特点是科学数据较多,艺术博物馆表现出来的特点是图像居多,历史博物馆表现出来的特点是海量的文字信息。故宫博物院经历了数字化研究时期,最终定位在了研究主体为影像资源系统。"目的是完成中国古代书、画、影像研究"恰恰是处于故宫博物院拥有的海量中国古代书画馆藏及数字影像前提,主体通过数字影像完成了内容展示,局部可以完成内容标注点的更改,主要内容不仅仅是图画,同时也包括了文字内容。具有代表性的标注内容是江南薛龙春教授完成的《王铎楷书王维诗卷》,他识别的内容有标注内容也有识别图像内容,举例"大宗伯印"识别成王铎印章,也可以完成图像内容延伸,举例朱五溪,也就是朱子俊,祖籍山阴,王铎家中西席,也可以通过图像进行历史的回放,代表性的是王铎避难新乡。履吾、郭潄六、朱五溪等多人陪同其避难。王铎游紫峰看到了美丽的风景,感兴写诗。图像和文字相辅相承,互解其意,实现了互文的功能。

图文结合不仅仅是处于互联网时期对受众的相投,与之不同的是,此系统涉及到的图像皆属我国珍藏品,不仅仅有悠久的文化历史同时也有不可估量的历史价值。通过研究员进行文字内容的标注,其主要作用是使受众者能够加深对中国文化的全方位了解,有些内容无法用文字进行描述,但图像就可以一观就全现,图像不能完成意思表达的,文字就可以进行注讲解,通过图文并茂的解释和讲解能够使受众者全方位了解到中国传统文化的独特魅力。

(二)化整为零的知识点传播

图与文字结合在一起进行展示,图上的知识点也可以进行标注,当前的文献资料的单位一般有两类,一种是章,一种是篇,标注者完成内容的一系列收集和整理以后,将其两者之间存在的关系完成了构思,篇章则以影像图进行了知识的一一对应。叙述方法最大限度地完成了图像的客观讲解,没有其他臆测。此种形式,意义可以体现在用户利用检索的功能,通过不同模块的排列,既能够图文结合在一起,也可以看到特定标注人的标注,图文认知作用得以显现,完成了知识加工的构建,影像内容的构建。

举例,对顾闳中《韩熙载夜宴图》进行深层次研究时,研究内容为其中某一个主题,可以是空间构图,也可以是室内陈设,还可以是作品断代,这些研究内容都属于论据的一部分,与之没有关系的内容就不再考虑。进行"基于影像的中国古代书画研究系统"研究时,研究的内容只是侧重于图像相关的重点内容,展现方式就是通过知识点完成标注,好比是百科全书的词条,受众可以根据自己的需求进行相应的内容检索。等同于论文作者的观点比较单一一样,此系统使建构的意义得到了延伸也促进了图像内容的丰富。

(三)博物馆内外的共同知识建构

该系统的审核和标注者都非本地研究人员,故宫博物院专业的研究人员是终审审核后才会进行。这样的合作形式既可以充实项目资料,同时也可以使博物馆的研究事业人才得到进一步升华,融入更多的人才,实现了知识交流和文化传播的基本要求。

六、小结

大家都知道蔡元培先生在我国教育界非常有名,他谈到博物馆是文化培育之地,不仅仅要有知识,同时还具备一定的情感,这些要求都是针对博物馆工作人员提出的。但是美育却没有被考虑在内。现在,随着人们生活水平的快速提升,人们在满足了基本的物质需求以后,精神层面的需求也随着时代的发展逐渐提升,当前的审美观与人们不断提升的审美要求无法匹配了。但是处于博物馆事业快速发展的状态下,一些不符合时代节拍的现象也不断出现,最常见的就是相同的外表,相同的建筑,没有自身特点,无法给人以美感。这样的建筑设计和外表给人的感觉只能是找不到美,审美教育从何而谈呢?博物馆中的美育不仅仅是利用文物或艺术品获取的,也是由工作人员精心的设计和空间布置来完成的,一个微小的细节就能够看到工作人员用心不用心,针对当前人们的审美观来讲博物馆独特的设计和布置才是吸引观众的有效途径之一。

若博物馆所有的空间布置无法使观众产生视觉效果的话,信息则无法传播给观众,教育大众又从何来呢?相同的道理,若博物馆有很多珍贵历史文物,能显示出中国历史传统文化但却无法让人产生美感,那么观众怎么会对这些文化产生民族情结呢?

处于当前发达的互联网时期,博物馆重点工作既可以是将信息提供给广大群众,同时也要不断提升服务水平和服务效率,与此同时,对于博物馆来讲,审美教育也是其工作人员必修课之一,我们都知道,博物馆形成的审美教育是其他任何场和书本也不能取代的,它的特点就是直观、感性,以文物精髓为信托,将各个时期的文化和艺术展现给社会大众。

席勒提到:"美表现出来的前提应该是人性的必要条件。"由过去到现在,美一直是人们追求的目标,美可以让人心情舒畅,以最早的岩画到不同时期呈现出来的作用来看,人性的光辉处处得以展现。仅从这个方面就可以使博物馆的职能得到诠释,所以说博物馆成为大众接受审美教育的基地是客观的,也是大家认可的,从人类层面来讲是对历史的尊重和客观认识。博物馆发展到现在,由单一的"物"的重视过渡到了"人本"倾斜。也就是博物馆能够将人类文化遗物整体得以展现,呈现出过去的历史,所以说博物馆的审美教育就是完全展示出美态,通过文物之美与观众产生共鸣,得到鉴赏美的相关技能,这样的形式能够达到两层效果,一个是民族自豪感进一步增强,一个是保护意识得到提升。

要感动参观博物馆的受众,既要使文物之美得以展现,同时还要完成"文物的美",对于观众来讲是一个循序渐进的理解过程。只有博物馆可以得到众多的历史文物,若在参观博物馆中再学到品鉴艺术品知识,可以说是终身受益的。不包括文物罗列,简介标注,同时还应该加上有声解读。举例说一幅优美的画作,画究竟是哪好,怎样观看其笔墨应用和色彩处理等,这些内容对于博物馆来讲也是短板,造成一些观众知道名画就是好画,但是究竟好在哪里,却无从说起。博物馆可以看作是美的集合体,将审美导向作用得以充分展现,主要工作有两项内容,一项内容是提高大众文化素养,另一项内容则是提升审美能力。

对于博物馆来讲,公众审美教育是提升也是重要的教育提升方面,若想实现这个目标还需要很长的一段时间。博物馆审美教育既要体现在物也要体现在人,不仅仅是让观念感觉到艺术之美、人性之美,同时还能够深层次地感受到"美",由感性的角度去寻找美。

第四节 新媒体语境下的博物馆

随着新媒体的出现,传统媒体慢慢被代替,俨然成为一种主流,不管是其思维方式、传播方式还是管理模式,变化都异常得巨大。传统传播形式已经不能满足博物馆的传播需求,新媒体形式的飞速发展,对传统媒体形成了巨大的威胁。互联网、移动媒体、数字电视等新技术渗透到了人们生活中,以传播文化为羽翼的博物馆,其传播方式要及时跟进新媒体时代的发展,以多种形式进行文化传播,吸引更多的公众参观,提高公众对博物馆的兴趣,这就需要将新媒体与传统文化传播相结合,我们才能更好地将博物馆文化传播给大众。

一、何为"新"媒体

社会在不断进步,人们的生活水平随之提升,人们的生活已经离不开互联网的应用,不管是获取信息还是正常社交,或者是生活方式及与他人的交往,还有国与国的沟通,互联网都搭建了相应的平台。由此出现的新媒体完全取代了传统媒体,人们学习和交流都离不开互联网的应用,在博物馆文化传播过程中,也需要充分发挥新媒体的作用,如此博物馆文化的创新才能够与新媒体实现真正的融合,由于新媒体技术的使用,使博物馆文化传播得到了快速发展。互联网文化的创新又使新媒体的发展形式更多样化,从而对博物馆文化传播发展有了很大的促进作用。

(一)新媒体的定义

想利用好新媒体技术,就要明白其定义,新媒体的出现,可以看作是传统媒体的过渡和升华。我们把新媒体拆分开来理解,新占首位,针对传统媒体来讲,新形式出现后,媒体就是传播的媒介,就传统媒体来讲的,广播、电视、报纸及图书等也可以理解成为媒体的定义。

新媒体可以看作是进行互联网传播信息的渠道之一,它的传播方式不仅仅是电脑,也可以是手机,还可以是电子设备等。"是通过数字信息技术为前提,其主要特点是互动传播,媒体可以实现创新功能"。新媒体人们也说了数十载,"新"字体现在新方式、新模式与新技术结合在一起。传播学大师麦克卢汉说:"媒介对于社会发展来讲是最佳的动力,能够完成社会形态的区别,不同的新媒介体现出来的作用,也是新时代到来的展示。"因此随着时代的变迁,科学技术的发展,它的概念和含义也在跟随时代的变化而变化。

(二)新媒体的传播特征

新媒体涵盖了信息传播即时性、互动性、快捷性、移动性等优势,这构成了新媒体的主要特征。

1. 即时性

即时性是新媒体最重要的特征。当移动媒体越来越得到人们的认可后,时间和地点已经不是问题。现在,头条事件可以迅速发到微博等相关网站,速度快得超乎想象,几秒钟就可以被转发上万次,很多人们关心的社会报道,都会由于网民的关注度发酵而使其提升非常快,传播之快难以想象,处于快速信息网络中使传播效率达到了最佳效果,这样的效果是传统媒体无法达到的。

2. 互动性和快捷性

处于新媒体环境层面中,网络技术不仅达到了双向互动的效果,同时新媒体平台与传统媒体相比的话,无论是内容传播还是互动,新媒体平台的交流方式都非常便捷。大量的互联网用户集中在论坛、贴吧,相同的话题进行互相交流,也可以利用关注、留言等达到交流的目的。微信、微博与粉丝的互动是传统媒体望尘莫及的,例如,刚发完一条微博,在一秒钟之内就会有上百人看到消息,几秒钟就会有人留言、转发。互动性之强使社会问题与时事政事随即成为热点,交流平台的作用得以体现。如此快的传播方式,人们既能够通过手机、电脑操作,从单向传播方式,变为多向互动性这一点也是传统媒体所不具备的。

3. 移动性

新媒体时代强大的移动性是人们获取信息来源的重要特征之一。得力于新媒体平台的发展,人们借助手机、平板电脑等移动通信网络就可以轻松获得目标资讯,由此能够看到新媒体传播通过无线技术完成无线传播,达到了移动传播的目的。人们利用手机可以随时查看信息、观看视频、听音乐等,在地铁上、无聊时、等车时、休闲时看手机来获取消息已经成为了人们的习惯,这种形式对新媒体传播展现了较强的感官冲击。这个方便快捷的方式及优势使得新媒体极为快速地发展,为其与博物馆文化传播奠定了基础。

二、新媒体对首都博物馆文化传播的重要性

要想利用好新媒体把博物馆文化传承下去,就要先了解博物馆的定义,因为只有明确了博物馆的定义才能够善用新媒体做好博物馆文化传播。博物馆的概念于2007年再次完成修订,教育提升的高度前所未有,"博物馆的服务目标是社会,它的性质是非营利性的,主要功能是完成人类非物质遗产等的传播和保护等"。所以我们能够直接看到,博物馆的概念的变化与不同的时间不同的背景相关,其本质就是信息传播,并且承载着中华民族的传统文化,是宝贵的历史文化遗产,同时也是社会教育和文化传播的使者。当前博物馆这一文化机构在文化信息传播中不同媒介所产生的不同效果和发展特点也不同,博物馆信息的传播行为实质是以满足受众需求为前提,以提高博物馆的社会服务水平和综合传播能力为目的。新时代下,新媒体技术已经成为人们日常生活中不可缺失的一项技术。

首都博物馆(以下简称"首博")是一座具有历史文化、社会教育、公益等性质的博物馆,为了更便捷、快速、有效地向公众传播首博文化,就必须与时俱进结合当下的新媒体技术展示首博风采。首博通过非常高效的新媒体技术,例如,微信、微博、官网、三维展示、VR等,特点是突出的个性,受众群体大,形式多,发布信息快,能够实现新闻宣传的有效传播。因此新媒体技术的应用为首博的发展提供了更多的机会,让更多的人关注首博,了解首博。奈斯比特是国际上非常知名的未来学家,同样他也编写了《大趋势》一书。他曾谈到:"终身教育也许会演变成第二次文艺复兴,而博物馆也会发展成为第二次文艺复兴的大环境。"所以博物馆当前最重要的工作就是完成了文化知识的传播,善用新媒体传播,加强文物知识的传播和参观者的活动,这样新的形态,必将拉近首博与群众的距离,首博将发展成不设围墙的博物馆,群众能够直接到博物馆进行文博知识的学习。

三、新媒体环境下首都博物馆的宣传途径

近年来,国内互联网与信息化发展速度非常快,拥有全球最多的网民,可以说是最大的网络王国。互联网延伸至人们的各个生活角落和层面,人们的生活习惯和方式也被改变。考虑到互联网的新媒体属于异军突起的传播形式,它的主要特点就是快速传播、交流方便,开放,摆脱了时间、空间的限制,有着传统媒介无法比拟的优势。

第六章　文物保护

第一节　文物的基本概念

一、文物的定义

我国的文化历史已有5000多年,我国是世界有名的文化传播之地,不仅文明史悠久,而且文化也光辉灿烂,被公认为是世界文明史不可或缺的部分。处于历史延伸时期,中华民族不仅拥有世人瞩目的科学文明,同时文化遗产也与众不同,最让人叹为观止的是四大发明,即火药、指南针、造纸术和印刷术,这是古代人民智慧的结晶,是世界文明发展重要的构成部分。我国不仅仅拥有世人瞩目的四大发明,还有其他国家所没有的木构古建筑、瓷器制造、丝绸织造和漆器制作等。由远古至今传承下来的文化遗产是中国人民的骄傲,也是后人研究中国古代史和其发展的实物资料,属于国家财产,是人类文明发展史的历史证物,是人们文化的历史传承,也是鉴证古代人民智慧的不二证据。

古代提到的文物和当前的定义不一样,旧时统称之礼乐和典章制度。《左传·桓公二年》里提到载:"夫德,知道勤俭,登降数量都有教室。文物能够纪念他们,声明发布后,百官都要遵循,百官因此都产生惧怕,成为纪律不敢违背。"

《现代汉语词典》对"文物"的定义是"历史遗留下来能够将文化发展反映出来的事物,可以理解出建筑、碑刻、工具、武器、生活器皿及各种艺术品等"。

《辞海》中也提出"文物"概念:不同社会时期被埋藏在地下的具有研究价值的文化遗物,通常有:①和重大历史事件等相关的运动,人物,纪念意义较强同时价值也较高的筑物、遗址、纪念物等;①②具有研究价值和科考价值的古文化遗址、古墓群、古建筑、石窟寺、石刻等;③不同时期遗留下来的艺术品、工艺美术品;④具有革命特点的历史文献资料和书籍;⑤能够将不同历史时期的制度,社会生产反映出来的具有代表性的社会实物。

第二十五次会议于1982年11月19日举行,会议一致审议通过《中华人民共和国文物保护法》要求:①达到历史、艺术、科学价值的古文化遗址、古墓葬等;②和重大历史事件、革命运动及著名人物有关的,具有较强的纪念意义和教育意义的建筑物、遗址、纪念物;③不同社会时期的艺术品、工艺美术品;④重要的革命文献资料以及具有历史、艺术等价值的手稿、古旧图书资料等;⑤能够将各个不同时期的制度,生产反映出来的代表性实物。

符合以上规定的都属于文物。

---

① 陈姝冰.新媒体视域下文博类电视节目的文化传播模式——以故宫题材电视节目为例[J].质量与市场,2021(11):157—159.

《文物保护法》同时还要求:"国家保护的对象还包括两类,一类是古脊椎动物化石,一类是古人类化石。"

联合国教科文组织针对文化遗产概念谈到,文化遗产同时还涉及到下面几类遗产:①物质文化遗产,一类是可移动文物,另一类则是不可移动文物、还有一类则是水下文物;②非物质文化遗产,主要涉及到的是口述传统行为艺术等;③自然遗产,涉及到文化内涵体现的自然遗址等。

二、文物的分类

(一)文物分类的目的和意义

文物分类不仅可以看作是文物研究涉及的课题,同时还可以理解成文物研究方法,可以视作学科,它依据支付宝的标准完成文物的有效分类,人们从宏观的了解和微观的探索,开展深层次的研究和分析,不仅研究发展规律,同时还要体现其研究价值,使其作用得到充分发挥。因为文物的种类较多,文物之间也出现不兼容的情况,如果不完成分类的话,那么保管、研究和保护也就无从谈起。

二十世纪后期,我国迎来了博物馆建设的第二个高峰期,博物馆学界也进入了分类学研究的高潮期。大部分研究人员认为研究的目标就是建立统一的文物分类,如宋伯胤副院长于1983年谈到"四部四项十进位分类法"。"四部"可以理解成博物馆得到文物的四种方式,涉及到:①利用考古发掘获取的考古实物;②在进行民族学研究时得到的民族学资料;③利用购买、捐赠、交换等方式得到的流传民间的文物;④利用寄存、寄陈获得的各种材料。"四项"主要指的是文物的形成的、文物的质地、文物的材料性质、文物的职能和用途。文博研究员何直刚先生于1986年谈到"三系三段分类法","三系"主要指的是指文物特性、质地和年代,分类则通过这三个系列进行,一段代表的是不同系列的代号,一共有三段。文博研究员孙美琦先生于1987年谈到"藏品电脑管理的三维分类法",也就是依据质地完成文物的分类,再依据它的社会属性完成。专家祝敬国先生在1991年谈到了多层次组面分类法",主要是根据不同的文物属性完成文物的层次分类表,分类表与分类表之间表现出来的关系是并行平等,只能完成文物部分属性的体现。专家陈肇庆先生在1994年推出"质地+年代+通称"分类法。专家严建强先生在1998年谈到"质地优先四层次十进位分类表",什么是"质地优先"它指的是依据分类指标中完成对文物的材质的考虑。"四层次"针对的是文物分类,质地分类是第一层次,社会生活属性是第二层次,用途是第三层次,文物的名称是第四层次;"十进位"代表的内容是不同层次都可以依据十进位完成文物排序。专家陈宏京先生在2007年谈到"质地优先三层递进式27制分类法"。此类文物分类方法为后期的文物分类研究奠定了良好基础。

在其他国家和地区,不同的博物馆使用的分类标准也不一样,都是依据博物馆自身文物的种类与特点,完成分类标准的制订,同时使用的分类软件也不一样。现在,西方博物馆文物管理进行分类使用的软件包括:Past-perfec、Spectrum、Info-muse等。不管使用哪种软件,不同地区的博物馆使用的原则都是规范性术语,同时完成了 thesaur、authorities 及 classification systemterm standard。

不管处于什么样的目的使用什么样的方法归纳，完成文物分类的目的都涉及到以下几类。第一类则是科学的完成文物的管理。我们都知道，没有分类的文物都没有进行排序，进行文物文物分类以后就会促进文物的区分同时还可以加强对文物的认知，再者来讲，时期不同产生的文物特点也不一样，因此不管是管理方法还是管理措施，都应该科学且有效，通过计算机完成文物的管理也是时代的需要和人们生活改变的需求。第二类则是更有效的完成文物的整理，从而进一步达到对文物的研究和下一步利用，对于文物的了解和内涵分析有着很重要的意义。第三类则是能够使文物得到更好的保存，由于文物的材质各异，它表现出来的理化特性也不一样，因此不管是存放环境还是保护方法也都不一样，仅在进行文物分类的前提下，才可以根据文物所表现出来的不同材质采取适当的保护方式。第四个层次，对建立数字化博物馆有着积极的促进作用，对观众来讲也是可以更好地欣赏文物和学习文物知识，最常见的有观众利用互联网进行文物数据的查找，文物内涵的理解，同时查找到相同特性的文物，加强对藏品的深层次理解。

对于文物研究来说，文物分类至关重要，与此同时，文物分类对于文物保管亦意义深重。

首先，文物分类对科学保管与保护馆藏文物非常有利。由于各文物之间差异较大，化学成分与物理性能千差万别，有着不同的质地，因此它们对于生物、温度、光照以及湿度的要求与反应都不一样，如此一来，文物保管就变成了一项十分棘手的工作。而假如按照质地来划分馆藏文物的类别，就能够根据各文物的质地需求来进行专门保管，划分文物库房，并把质地相同的文物在同一个库房内保管，根据具体需求来实施调控库房内的湿度和温度等条件。相反，倘若将质地不同的文物在同一个库房之内混存，那就不能够达到如此效果。根据质地进行馆藏文物的类别划分，也能够完成一些经济价值与研究价值较高的文物的专柜和专库保存。

其次，对于分级保管十分有利。根据文物等级来分类，按照文物的具体等级因地制宜地进行保管，采取对应措施和办法，这对强化文物管理与保护非常有利，比如，可以对一级文物进行专柜保管。按照文物史迹来分，可划分成三大级别，从低至高依次为：县（市）级文物保护单位、省（自治区、直辖市）以及全国文物保护单位，并分别由县级人民政府、省级人民政府以及国务院核定与公布。由此一来，不同文物的价值高低就一目了然了，同时还能够完成对于不同文物的专门保管。

文物保管相关重大问题的应对与处理。在公布了文物保护单位后，人民政府和它的主管部门也要负责决定这一工作。文物常规保护工作则都是由当地人民政府来负责的。当代西方博物馆把文物分类划入了文物管理范畴，并对其十分关注和重视，同时会调配专员按照分类原则进行文物划分与保管。

所以，文物管理离不开科学分类，如此才能够更好地保管文物，同时还能够便捷地进行文物的利用、查找、研究以及整理等。

（二）文物分类的原则

进行文物分类的时候，要先完成文物分类标准的制定，然后确定对应方法，并根据一定原则完成分类。一般来说,有四条文物分类原则:其一,复合文物的分类,应遵循约定俗成原则;其二,每一种分类方法仅可遵从一条统一标准;其三,根据一定的标准完成同类文物的划分,即分为同一类;其四,要遵从统一分类标准。

(三)文物分类的方法

文物传承着人类历史文化,向世界展示着一段又一段的光辉历史岁月。不同历史时期的人类社会有很大的差别,人类社会生活形式各不相同,相应地,各个阶段的物品或者物体也五花八门,内容十分丰富,品类繁多,包罗万象,这使得文物非常复杂。而文物复杂性可以表现在多个方面,诸如:不同的功能,不同的种类,不同的质地,不同的时代等。根据不同的质地,就能够把文物分成很多类别,包括骨角牙器、玉器、石器、陶器、铁器、铜器、瓷器等等。

虽然文物的种类多种多样,且十分繁杂,但文物与世界上其他的物品同样,也能够分类。原因可归结为这五点:第一,文物具备历史性,即文物的产生年代或者时代;第二,文物具备它的产生地域或者地点;第三,文物是由一定物质组成的,不同文物,其制备所需物质材料也是不同的;第四,文物有其具体形态,此点紧密关乎着文物的功能作用与物质性;第五,文物产生通常都有一定的目的性,即各个文物都有其功能与作用。

根据一定标准来划分复杂文物的类型,这对文物的宣传、保管以及研究来说是非常有意义且重要的。在进行文物分类的时候,要先明确针对于具体文物对象的分类标准是什么。一切事物的衡量都离不开标准,只有确保标准明确,才能够有依有据地进行事物衡量与定性。因此,只要是与统一标准相符合的文物,均可归为同一类别。任何取舍都应严格以标准为中心,分类标准不但有很强的可信性,同时其科学性也非常高。在明确分类的标准后,就要根据标准来进行文物的筛选和集合,在此标准范围外的文物均应清理而出,此点在文物分类的过程中应严格遵循。不同的历史文物中,有很多文物的物质材料非常特殊,这使得文物变得非常复杂。制作材料不同的文物,通常被叫做复合文物,文物史迹不在该范畴内。在进行复杂文物的分类时,非常重要的一项原则为约定俗成原则。这一原则是伴随着长期的文物分类实践而逐步形成的,它具备一定科学依据,是根据器物主要的质地确定的,也可根据复合材料当中的某一种材料对于器物功能决定性的作用来确定,具体情况应根据不同文物来处理。

1. 时代分类法

所谓时代分类法,即根据文物的制作时代这一标准来完成文物分类的一种方法。所有的文物均有其形成的时代,时代分类法就是以此为依据来完成文物分类的。将同时代文物进行聚合,并完成分类,可以为后续各文物的研究奠基。

根据时代来划分我们国家文物的种类,一般来说可以划分成两类,即古代文物与现代文物这两类。

首先是古代文物。古代历史的发展进程当中所遗留的遗物与遗迹就叫做古代文物,也被称为古代精神文化与物质文化遗存,其范围是非常广泛的。可将古代文物划分成两个部分,即:文物史迹与文化遗物。其中,文物史迹主要包括:古墓葬、古文化遗址、古建筑、石刻和石窟寺等等。文化遗物内容丰富多样,重点是指各类古文献、古器物以及古书画等。详细来分,古器物还可以分为多种类别,诸如玉器,石器,陶器,铜器,骨角牙器,铁器,银器,金器,铅锌器,漆器,瓷器,竹木器,工艺品,纺织品等,各类器物还能够进一步划分为很多种不同的器物。各类文物彰显的是每个时代的方方面面,包括社会文化,社会生产,社会发展,社会生活等等,它在科学研究领域至关重要,同时也是各大文物收藏机构诸如博物馆等的最主要的收藏品。

其次是现代文物。与古代文物相比,近现代文物的存在时间要短很多。这类文物的种类虽然繁多,可因为这类文物是从我们生活的当代所产生的,所以相对而言其分类会更加理性和直观。可以将近现代文物划分成这几类:革命文物、民俗文物、民族文物等类型。

其中,革命文物就是指形成于特定的历史条件之下,在中国人民的革命斗争之中遗留下来的文物,它有着十分特殊的内涵,且具备非常重大的史料价值、纪念意义以及教育意义,主要包括纪念物、建筑物以及遗址。革命文物最真实也最生动地记录了革命斗争,见证了革命历史,对我国而言非常重要,十分适合用作革命传统教育与爱国主义教育素材。

民族文物有着本民族特色,它反映了某一民族的精神文化与物质文化,并能够从不同的侧面来体现某一民族的近现代社会生活、社会发展以及社会生产,非常适合用作民族历史的研究材料。部分少数民族因为历史原因等因素,并未形成自身的民族文字,如此一来,这些民族的遗物与遗迹便成为了研究民族历史唯一可以依据的材料,因此其重要性与价值不言而喻。此外,民族文物教育意义也非常重大,它可以帮助各个民族的人民更好地进行本民族历史的学习与认知,有助于民族自豪感与自信心的强化与提升,同时能够更好地将各族人民爱国主义情怀与精神激发出来,这对民族大团结非常重要,对我国发展社会主义现代化事业也非常有益。

所谓民俗文物,即反映民间习惯、风俗等各种民俗现象的遗物与遗迹。民俗文化诠释了文物文化,它以文物为载体来传承民俗文化。在反映特定时空民俗文化上,民俗文物重要性彰显而出,它所涉及的范围非常广泛,其中涵盖了节日活动、衣食住行以及生产活动等方方面面,并涉及到所有的文化领域与社会生活领域。它反映出了社会经济活动与对应社会关系,同时反映出了上层建筑各类意识形态与制度。通过民俗文物,人们可以对本民族或者其他民族的地域风俗文化变迁与发展进行了解,从而知晓各种民俗现象对于人类社会和生活的作用与机制。在民俗文化当中,人物、空间以及时间的结合是非常密切的,一些必须历经演绎方可让我们了解到其中蕴含的文化价值。若离开这三大要素,那么文物内涵就很难被我们了解和理解,有时候甚至不能够判断是否属于文物,这是由于它表面上和日常物件并无明显差别。所以,民俗文物展现必须紧扣场景,即人、时间以及空间这三要素。相应地,民俗文物分类也要充分考虑场景。举例来说,在进行婚礼类的民俗文物分类时,可将婚礼过程划分成一系列不同场景,进而把各个场景当中的相关物件、时空以及人物当做一个整体来收录。

2. 区域分类法

所谓区域分类法,就是指根据文物的所在地点这一标准来划分文物类别的一种方法。各个文物都有其产生地和出土地,同时也有具体的发掘地点和收藏地点等。整体而言,文物均有其所处位置,若离开具体地点,那么文物便不能够存在,这就是该方法的分类依据。该方法优点在于,它能够让人们更全面地认识和了解某个地区的文物,从而为研究此区域历史提供更多的宝贵资料,特别是对强化文物分区管理非常有帮助。

利用区域分类法进行文物的归类,要先明确区域的范围。一般来说,可按照行政区来划分区域,也可按照自然地位来划分区域,前者界限清晰且严格,后者界限则较为模糊。

根据行政区域划分,我国可按照不同的行政级别来归类文物,凡是在某个省、市或自治区范围之内的馆藏文物与文物史迹,均应当由对应辖区管理,就像我们称谓的内蒙古文物、北京文物、山西文物、河北文物等等。

深入区分馆藏文物和文物史迹,则可以划分成河北馆藏文物、北京馆藏文物、北京文物史迹等等,其他文物划分亦以此为据。

此种分类法早已经存在于文物的研究、调查和保管工作当中,除此之外,还存在一种按照自然地理相对位置来分区的方法,但该方法并不常用,这是因为它无明确界限,难以落实于实践当中,多用于历史研究中。

3. 存在形态分类法

在漫长历史岁月中,很多文物被遗留至今,这些文物均以某种形态在某地存在着。此处所指的存在形态,即文物体量的静态和动态,散存在社会中和存在于收藏处,隐蔽存在和直观存在等。其中,根据文物体量动和静来划分,可分成两类文物,即可移动文物与非可移动文物,此类文物通常有着非常大的体量,不适合或者无法进行整体移动,不同于馆藏内的文物那般能够轻易移动,主要包括纪念建筑、古建筑、石窟寺、古遗址、石刻、古墓葬、纪念地、近现代重要建筑等等。文物史迹不宜或者不能够整体移动主要是站在文物史迹的整体角度来看的。个别的文物史迹在情况特殊时,可考虑移动搬迁。比如某块石碑的周边已经没有了其他的建筑,且跟周围环境没有关系,不便于保护,在迁移后对其价值不造成影响,且对石碑保护有利,在批准后就能够迁移至适当的地点。按照此方式来迁移的文物史迹有河北平山西柏坡中共中央旧址与山西芮城永乐宫等。

所谓可移动文物,一般来说,可分为两类,即流散文物与馆藏文物。主要包括:陶器、石器、铜器、瓷器、金银器、古文献、漆器、工艺品、玉器、书画等。此类文物种类繁多,且体量较小。按照文物珍贵程度与体量大小,可将这类文物在文物库房内分类收藏保管,同时按照具体的陈列、保管以及研究需求来变化地点与移动,如此并不会影响文物的原本价值,相反,还能够将文物的功能和作用更好地发挥出来。

4. 质地分类法

该方法的分类标准为文物制作材料。不同的文物,其制作材料一般来说也是不同的,因为文物物质材料多种多样,所以按照具体的材质来归类文物,可以更好地划分和保管文物。

古器物归类通常会用到这种方法,该方法历史悠久,比较成熟。馆藏文物分类方法当中,质地分类法的应用非常普遍和广泛。根据质地来归类文物,对文物保护管理非常有利。通常来说,可通过此方法把文物划分成这些类别:玉器、石器、骨器(含牙器和骨器)、竹器、木器、铜器、金器、铁器、银器、锡器、铅锌器、瓷器、玻璃器、漆器、珐琅器、纸质文物、纺织品等。通常来说,博物馆文物库房也是根据文物质地进行分区的。

质地分类法缺点体现在:一些情况下,器物制作材料并不限于单一材料,一些文物的主体和附件所采用的材料会不同,一些文物自身的制作材料则为复合材料。因此,在归类这些文物时,应当遵循约定俗成法。此外,还应当注意的是,常规来说,某一材料的质地指的是主要材料,是相对来说的,并未将材料复杂的化学和物理成分考虑其中。

5. 功用分类法

按照文物功用来归类文物的方法即功用分类法。每一件文物都是社会生活与社会生产的遗存,在历史当中都发挥着一定的作用。在被创造时,这些文物均有其目的性和用途。在归类文物的时候,可通过文物功用研究将功用近似或相同的文物划分成同一类。文物功用和它的种类、形制都密不可分。其中,功用为文物的内涵,会以形制为载体来发挥功用。形制则为文物之外在,比较具体和形象,能够摸得着和看得见。

相同功用的文物,其质地和形成的时代或许会有所不同。比如,在各类农具当中,存在铁质农具、青铜质地的农具、还有木质的农具、石质农具等。在兵器当中,有铁制兵器、铜制兵器、骨制兵器、石制兵器等。各类不同质地的农具与兵器则产生于不同历史时期。

按照这一方法来划分不同时期不同质地的同种功用文物,非常便于这些文物的研究,意义深远。

6. 属性分类法

所谓属性分类法,就是指根据文物社会属性和科学文化属性来归类文物的一种方法。使用这一方法来归类文物的时候,应当先对文物具体功用和深层次含义进行研究和了解。比如,在古器物当中,礼器社会属性为用于祭祀或大典等。明器则是古代随葬专品,也叫做盟器、冥器,其形态一般会模仿日常所用的各种兵器、工具和礼器等。冥器制作材料各有不同,主要包括瓷,石,木等。材质虽然不一样,可它的本质属性都是冥器。此外,圭表、金银医针、天文图、漏壶、浑仪、日晷、简仪、砭镰、古地图等,则属于科技文物范畴,其内容为直接表现出科学技术。

具备宗教性质的如宗教活动场所和用具物品等,也是根据其宗教属性来分类的。

此外,根据属性来归类的还有革命文物、民族文物以及民俗文物等等。

7. 来源分类法

根据馆藏文物来源来进行文物归类,即来源分类法。这种方法仅适合用在纪念馆、博物馆以及其他的文物收藏单位。主要的单位藏品来源有:拨交、征集、拣选、交换、捐赠、发掘等。

(1)拨交

当一个单位建成后,非常重要的一件事就是藏品收集。其中,单位藏品很重要的一大来源就是拨交的文物。新馆和老馆的建馆最初都会接收一些拨交的文物。因此,严格意义上来说,旧藏并不存在。拨交的文物,其来源实际上是特别复杂的,其信息大都仅在文物卡片和档案上会有所体现。

(2)征集

征集包括收购在内,为文物收藏单位非常主要的一大馆藏丰富渠道。不少单位为丰富和增加馆藏,就会强化征集工作,同时会设立专门的征集机构来征集文物。

(3)拣选

一般地,废旧物资与金银器当中会掺杂着不少文物。这些文物会由文物部门联合其他部门一同拣选,包括造纸厂、银行以及冶炼厂等,并将文物提供给收藏单位。

(4)交换

收藏单位按照国家相关法律法规,可开展馆际间文物藏品的交换活动,从而更好地丰富藏品和调节余缺。

(5)捐赠

文物收藏单位从文物收藏者、文物鉴藏家那里获得所捐赠的文物。

(6)发掘

通过考古发掘可得到大批的文物,这些文物能够极大地丰富文物收藏单位的藏品,该途径非常重要。

现实分类当中,并不会时常用到来源分类法。文物各种来源信息一般会体现于文物卡片或者档案上。

8. 价值分类法

根据文物的价值来归类文物的方法就是价值分类法,该方法分类依据为文物的价值高低。按照我国《文物法》相关规定,各类文物史迹(石窟寺、古建筑、石刻、古墓葬、古遗址、纪念建筑物或遗址等)按照价值高低,分成全国重点文物保护单位,省(自治区,直辖市),县(市)级文物保护单位。而馆藏文物(玉器、石器、陶器、铁器、铜器、金银器、漆器、瓷器、书画工艺品等),按照价值高低可分成珍贵文物与一般文物,前者还可具体划分成一级、二级以及三级文物。

(三)文物的来源

博物馆是以文物藏品为基础而存在的。博物馆增加藏品非常重要的一个途径就是征集藏品,只有不断地丰富和增加藏品,才能够确保博物馆的可持续发展,同时也是一种非常重要的国家文物管理办法。

国有收藏机构如博物馆等进行藏品征购时,其来源有很多种,主要包括:考古发掘、民族学调查征集、田野采集、社会征集、捐赠、收购、交换、移交、调拨等途径。[1]

1. 考古发掘

考古发掘就是指利用科学方法将埋藏于水下或者地下的古生物化石、文物遗迹发掘出来的过程。所有的考古发掘均要严格进行报批。所出土的标本与文物则要由当地的文物行政主管部门所指定的单位来保管(需交给科研部用于科研的除外),任何个人、单位均不得侵犯占据。

2. 田野采集

即地方志博物馆、自然历史博物馆进行于田野中的标本采集活动(植物标本、动物标本、矿物标本、土壤标本、岩石标本等)。

3. 民族学调查征集

民族学调查征集指的是博物馆为了收集民族文物开展的工作,主要方法有:深入到民族地区进行文物征集与实地调查研究。

---

[1] 傅琳. 中国国家博物馆藏杨绛捐赠张之洞相关文物来源考[J]. 文史杂志,2020(06):15—21.

4. 社会征集

我国私人收藏文物历史悠久,非常多的文物珍宝流散在民间。由于这些文物当中不少都在被当代人所使用,司空见惯下并未得到重视和关注,因此此类文物极易被损毁。通过社会征集可以更好地将当代文物收集起来,从而更好地进行文物保管。

5. 收购

通过有偿收购的方式来换取私人藏品,以此获得各类标本、文物。其原则为:不得买卖隶属国家所有的一切文物及受国家所保护的植物和动物标本,诸如壁画,石窟寺,出土文物,石刻。

6. 捐赠

从私人或者机关单位处获得捐赠品,以此来丰富博物馆藏品。应在藏品的档案当中将相关的捐赠信息详细标明,在公开展览的时候要说明捐赠情况,以此来表彰捐赠者。

7. 交换

根据自愿互利原则进行馆际间馆藏品的交换,将本官藏品当中不符合本官性质的藏品或者复品交换,来换取需要的其他藏品。

8. 调拨

分两种不同情况:其一,上级主管部门根据各馆需求和性质,按照相应的计划进行拨给。其二,各博物馆间进行拨付,被需求方拨付给被需求方相应藏品(必须合规合法,严格报批)。一级品调拨或交换须向国家文物行政主管部门呈报。

9. 移交

博物馆在一定的条件下从工商管理部门、公安部门、法院和海关部门等处依法没收文物完成移交。

第二节 文物保护的基本概念和内涵

文物保护是利用一切现代科学技术,正确、完整地保存文化遗产中的价值信息,延长文化遗产寿命,减缓文化遗产衰落速度的应用学科,包括自然科学、社会科学等。经过多年的发展,文化遗产保护在理念和技术上逐渐取得了令人满意的成果。文化遗产保护已成为主导科学,但由于文化遗产的巨大多样性、文化遗产保存环境的多样化以及各种形式的文化遗产病害,文化遗产保护的技术和方法非常复杂。长期以来,对文化遗产保护的研究主要集中在概念和技术上,文化遗产保护的理论始终以相关学科的理论和方法体系为基础。文化遗产保护理论的缺失也限制了文化遗产保护技术的发展,通过部署、借用和整合相关学科的成熟技术。[1]

文物是从人类社会活动当中所遗留下来的遗迹与遗物,它们具有很高的科学、历史和艺

---

[1] 孙翰伯. 1948—1966 年中国文物建筑保护制度及实践[D]. 郑州:郑州大学,2021.

术价值,属于物质遗存范畴。文物病害是环境与文物相互作用、相互制约而引起的影响文物安全、功能和价值的问题。文物病害是文物与环境相互作用的结果。影响文物病害的因素有两个:文物的材质和结构,以及文物的储存环境。文物材料种类繁多,可分为无机材料和有机材料;文物的结构包括结构成分和性质的内容;文物以多种形式存在,包括室外和室内,以及地上、地下和水下。文物所处的自然环境、气象条件和人为环境也大相径庭。文物保护是采取管理和技术措施,减缓文物的变质,保存文物所含的价值信息。文物保护技术的本质有两个方面:1,提高文物抵抗环境破坏的能力;2,控制环境条件,减少环境对文物的影响。文物保护技术可分为两大类:首先是保护、修复、加固,通过技术手段修复文物功能或对文物劣化部位进行加固,提高文物安全性,达到目的保存文物的价值信息,减缓文物变质的速度,实现文物寿命的延长;其次是预防性保护,通过控制不利的环境因素,改善文物存在的环境,将影响文物劣化的环境因素控制在适当的范围内,从而减少环境因素对文物的破坏,从而减缓文物的变质目的速度加快。这两类技术的本质是控制影响文物病害发生的两个因素:内部因素(文物本身)和外部因素(发生环境)。

第三节 影响博物馆文物保护的环境因素

一、温度、湿度和光线

(一)温度、湿度

温、湿度是影响文物保存的首要因素,在文物保存环境的诸多因素中,最基本、最经常起作用的因素就是温度和湿度,不适宜的温、湿度不仅会对文物材质的耐久性造成直接的影响,而且会加速其他不利因素对文物材质的破坏。

1. 温度、湿度概念

(1)温度

温度是衡量物体冷热程度的物理量,严格的、科学的温度定义,是建立在热力学定律基础上的。

根据热力学定律,处于同一平衡状态的所有热力学系统都具有相同的宏观性质,将决定该系统热平衡的宏观性质定义为温度。温度的特性是所有处于热平衡状态的系统都具有相同的温度。从微观的角度来看,温度本质上是对物体内大量分子剧烈随机运动的反应。温度越高说明物体内部分子热运动越剧烈,反之亦然。因此,温度是统计意义上的一个物理状态参数,是大量分子热运动的集体表现,是大量分子的平均动能的量度,对于单个的分子,说它有温度是没有意义的。[①]

上述关于温度的定义是定性的、不完全的。完全的定义还应包括温度的数值表示法,即

---

① 金孝鲜.浅析文物环境对文物保护的影响及应对措施[J].文物鉴定与鉴赏,2021(18):88—90.

温标。建立一种温标需要包含三个要素：①选择测温物质和测温属性；②对测温属性随温度变化的函数关系做出规定，这种规定具有人为性，在尚未确定温度的单位时，什么叫一度可以人为规定；③选取固定点，规定其温度数值。目前常用的温标有三种，即绝对温标（又称热力学温标、开氏温标）、摄氏温标和华氏温标。第一种是一种理想温标，用于科学研究，第二种和第三种属经验温标，用于日常生活。

影响文物寿命的温度主要决定于周围空气的温度，因为文物通常处于周围空气之中。

(2) 湿度

湿度是表示空气干湿程度的物理量，它有多种表示方式，如绝对湿度、相对湿度、露点等。

露点是空气中水蒸气开始凝结时的温度，在露点时空气的相对湿度等于100%，但尚无水珠凝结。当温度低于露点时，空气中的水蒸气就会因超过饱和绝对湿度而凝结成水珠，这种现象叫结露。

由于空气一般是未饱和的，故露点常低于气温，只有当空气达到饱和时，二者才相等，故根据露点可判断空气饱和程度。二者差值越大，表明空气相对湿度越低，反之相对湿度越高。

2. 温度、湿度对文物的影响

任何文物都有适宜的温、湿度范围，一旦超过这个范围，文物就要发生病变，如：大多数古籍、字画、档案等纸类文物，当纸张的含水量维持在7%左右时，纸张的强度最好，而要使纸张含水量维持在7%左右，就必须要求周围环境的湿度在50%～65%；若湿度经常处于50%以下，纤维素就容易损坏，产生干裂、翘曲等现象。

(1) 不适宜温度对文物的影响

温度作用于文物的机理，温度主要通过以下两条途径影响文物材质，使其耐久性降低、寿命缩短。①促使文物制成材料分子转变，构成物质的分子（原子）总是在振动，它们的振动频率与环境温度密切相关。随着温度的升高，分子振动的频率增加，振幅增加。当温度升高到一定程度时，分子可以裂解，导致物质结构发生变化，其性质也发生变化。②改变化学反应的活化能，活化能是指处于活性状态的分子与处于反应状态的分子的平均能量之差，是一个与温度有关的量。温度增加，导致分子之间有效碰撞次数的增加，产生更快的反应速率。

温度对文化遗产的影响主要表现在两个方面。首先，温度因素直接产生破坏，特别是由不同材料组成的复合文物，由于不同材料在热胀冷缩时体积变化不同，变化速度也不同，导致文物开裂。其次，由于气温变化引起的其他因素变化对文化遗产的间接破坏。据研究，气温每升高十度，化学反应速度增加1～3倍，温度的急剧升高，引起文物的过分干燥或高温造成文物的损坏等。又如常见的锡为白锡，其化学性质比较稳定，常温下与空气不发生化学反应，但若环境温度低于13.2℃，白锡将转化成粉末状的灰锡，而且随着温度的降低，转变速度显著加快。对纤维质文物，高温将加速纤维素水解反应，加速蒸发，使纤维变脆而易于折断。

(2) 不适宜湿度对文物的影响

水分是作用于馆藏藏品文物最直接的方式。在一定温度下，当环境湿度增加时，藏品材料的水分含量增加，表现为吸水；当环境湿度降低时，藏品材料的水分含量降低，这种现象可以用数据的形式分析。因此，湿度的变化直接引起藏品材料结构的变化并引起其性质的变化。间接方面,水是许多有害化学反应的介质,随着环境湿度的增加,由文物制成的材料的水分含量增加,有害化学反的概率也相应增加。同时,空气中的有害气体对由文物制成的材料的破坏作用增强,有害微生物获得适宜的生长繁殖条件,破坏力也增强。

3. 温度、湿度的控制

鉴于温、湿度对文物材料危害的严重性,对其实施有效控制不仅十分必要,也十分重要。要控制好温、湿度,应主要做好以下几个方面的工作。

(1)研究温度、湿度变化的规律

这里主要是指文物库房内外温、湿度变化的规律,只有将这种规律研究清楚了才能为制定调控库房温、湿度的方案提供科学依据。目前,这方面已经取得了一些初步研究成果。如库外温度日变化一般规律是:凌晨日出前温度最低,日出后温度逐渐升高,至 13~15 时(夏季 14~15 时,冬季 13~14 时)达到最高值,再缓慢降低,直到次日日出前温度又降至最低值;9 时前后气温上升较快,19 时前后气温下降较快。年变化一般规律是我国内陆大部分地区 1 月最冷,7 月最热,沿海地区则分别在 2 月和 8 月。库外相对湿度日变化规律与气温变化相反。年变化规律则有两种不同类型:一种是内陆干燥而全年绝对湿度变化不大的地区,冬季高而夏季低。另一种是冬季低、夏季高,我国大部分地区属后者。库内温、湿度变化规律与库外变化基本一致,但通常较库外时间迟,幅度小。总体看来,这方面的研究与实际需要还有较大差距,亟须加强。

(2)制定文物库房温度、湿度标准

标准的制定非常重要,它对实际工作具有直接的指导意义,并具有约束力。要制定标准,必须要首先研究清楚不同质地的文物随温、湿度变化损坏的规律性,确定其最适宜温、湿度范围,目前这方面的科学研究还处于初级阶段。同时,问题的复杂性、艰巨性在于标准的制定必须考虑现实中的各方面条件限制,如财力、物力、地区差异等,使其具有实际可行性。因此,文物库房温、湿度标准的制定是科学性与可行性相统一的结果。

(3)文物库房建筑的建设

文物库房的建筑对于温度和湿度的调节起到非常重要的作用。这是在文物保管过程中需要长期发挥作用的基本保障。必须通过科学的选址和合理的设计,达到控温控湿的目的,避免高温潮湿,保持库内温度,确保湿度一直处于较为稳定的情况。

(4)具体措施的采取

库房确保温湿度正常所采取的措施是物理性措施和化学性措施相结合的形式。通过建筑物本体对室内温湿度形成的控制,是物理性的,通过辅助手段,利用化学确保温、湿度的恒定不变,是化学性的措施。

(二)光线

光与温度、湿度一样,是文物保护和利用中最基本、最常遇到的外部环境因素。光主要来自太阳辐射,其次是人造光源。光对文物的危害主要包括三个方面:光对文物产生热效应、加速相关化学反应和产生光化学反应。研究表明,光对所有来自有机材料的文物都有破坏作用,使其表面变质并加速这些变质反应,而对金属、玻璃、陶瓷和文化石等无机材料的文物没有明显的直接破坏作用。

1. 光的基础知识

光是由发光体发射出的辐射线、电磁波。光在本质上是一种频率很高的电磁波,具有波粒二象性。自然界中所有电磁波按波长或频率大小进行排列,可以组成一条很宽的谱带。这条谱带被称为光谱,可见光是光谱中很小的一部分,其对应波长范围为:红色 760~620nm,橙色 620~590nm,黄色 590~560nm,黄绿色 560~530nm,绿色 530~500nm,青色 500~470nm,蓝色 470~430nm,紫色 430~400nm,这种划分只是给出一个大致的范围,实际上单色光的颜色是连续渐变的,不存在严格的界限。

2. 光化学反应致害文物的机理

光对文物材料的破坏作用主要是引发化学变质反应,导致文物材料老化。由光辐射引发的文物材料光老化反应一般主要有光裂解反应和光氧化反应两种类型。

(1)光裂解反应

光裂解反应是指高分子材料吸收光能而直接产生裂解的光化学反应,反应过程无需氧的参与。其反应速度可用链断裂量子产率表示,即单位时间内,断裂的聚合物分子数与吸收的光子数之比。

(2)光氧化反应

光氧化反应是指高分子材料受光辐射时,在氧的参与下发生的光化学反应,它是导致材料变质、老化的主导反应。

3. 光化学反应致害文物的一般特点

(1)光化学反应是激发态分子的反应

物质的分子或原子在其各种运动状态中,能量处于最低的状态称为基态,基态是最稳定状态。分子吸收光能后,分子或原子中的核电子将获得能量而跃迁到能量较高的轨道上运动,此时能量高于基态,称为激发态。激发态很不稳定,会通过各种理化过程返回基态。

光化学反应往往是一个被激发分子和同一个品种或不同品种的没被激发分子之间的反应,这是光化学反应有别于其他类型化学反应的一个显著特点。

(2)材料对光的吸收具有选择性

文物材料受光辐射发生光化学反应的前提是必须有一个对光的吸收过程。材料对光的吸收,是以光子为单位进行的,选择性决定于材料分子终态与初态之间的能量差,只有当某种波长或频率的光子的能量正好等于两能级之差时,光才能被材料吸收。

(3)光化学反应具有后效性

光裂解反应使材料裂解成自由基,分解成小分子等,一旦生成自由基,即使不再受光辐射作用,光化学反应仍能够继续下去,如材料基态分子与自由基的反应、自由基与空气中的氧或液态氧的反应,就是光化学反应的后效性。

(4)部分光化学反应具有光敏性

吸收光的物质叫光敏剂。光敏剂分子将激发态时的超额能量在碰撞中全部转移给周围的另一分子而发生的化学反应称为敏化作用。高分子材料在制作过程中不可避免地残留某些重金属离子或混入一定的杂质,它们均是光敏剂。如在纸质文物的制造或保管过程中,存留的铁、锰等重金属元素和施胶剂、木素、游离气、染料等物质都是重要的光敏剂。光敏剂能使文物材料对光的敏感范围向长波方向扩展,并进而引发光化学反应。

二、空气污染物

文物保管环境中的空气问题是影响文物寿命的因素。确保文物保管室内的空气流通和温湿度适宜,是文物保管安全工作的重中之重,室内空气的污染情况及温湿度,都是保管文物所要注意的方面。

(一)空气污染和空气污染物

1. 空气污染

大气一般具有自净能力,当空气组成成分的量低于大气容许的本底值时,空气仍为洁净空气,只有当有害物质积累的数量超过了大气自净能力容许的本底值时,才会形成污染空气。

国际标准化组织(ISO)对空气污染的定义是:空气污染通常指由于人类活动和自然过程引起某种物质进入大气中,呈现出足够的浓度,达到足够的时间,并因此而危害了人体健康、舒适感和环境。

2. 空气污染物及其来源

空气污染物按其是否直接由污染源排出,存在一次污染物(如 SO_2、H_2S 等)和二次污染物(如 SO_3、H_2SO_4 等)之分。按其成分和形成,空气污染物一般可分为有害气体、气溶胶物质、灰尘和光化学烟雾等。

空气污染物的来源主要有两大类:一是自然污染源,如火山爆发、材料失火、地震等;二是人工污染源,主要有工业污染源、农业污染源、生活污染源等。

(二)灰尘的危害

1. 灰尘的性状

物理性状:灰尘是一种固体杂质,形态不规则,大多数是有棱角的颗粒。

化学性状:灰尘成分较为复杂,具有一定酸碱性,一般由 60% 的无机物和 40% 的有机物组成。无机物包括沙土、煤屑、石灰、纯碱、漂白粉和其他固体物质的粉末等,有机物多为多环芳烃等碳氢化合物和花粉等。

生物性状:灰尘中含有有害生物,包括细菌、霉菌、原生动物(孢子、花粉)等。

2. 灰尘对文物的危害

造成与文物材料间的机械磨损。由于灰尘颗粒不规则,表面带有棱角,沉降在文物上,造成尘粒与文物材料间的摩擦,导致文物损坏,如使纸质文物起毛并影响字迹清晰度,造成石窟壁画颜料的褪色。[1]

---

[1] 谭斌.唐卡文物库房的保管[J].西藏科技,2008(06):15—17.

增加酸、碱对文物的影响。一方面有一些灰尘本身具有酸碱性;另一方面由于灰尘粒径小,比表面积大、吸附能力强,可将空气中的酸碱有害物质吸附在其表面。当这些灰尘降落在文物材料表面时,就会发生腐蚀和降解作用。

向文物传播霉菌孢子。由于霉菌孢子与灰尘,皆体小量轻,孢子往往附在灰尘上,并随空气流动而四处飘落,因此,灰尘常常成为真菌传播的媒介。此外,由于灰尘对水蒸气的凝聚能力,也为真菌生长创造了条件,使其成为真菌繁殖的滋生地。总之,微生物对文物的侵蚀往往通过灰尘完成。

灰尘黏附在文物表面造成污染损害。由于灰尘的黏附性,它与文物表面往往粘结比较牢固,形成污垢,损伤文物,如造成纸质文物字迹模糊不清。由于目前尚无完善的清除方法,有些灰尘黏附于文物表面后无法清除,如烟熏壁画,以致大量精美的壁画无法完全清晰展现。

三、地质环境因素

众所周知,地球表面的构造可以分为大气圈、水圈、岩石圈和生物圈,影响文物保存的地质环境因素主要是指其中的水圈和岩石圈部分。它们对文物的破坏作用依文物处于地表上或埋藏于地下而大致可分为两类:风化作用和土壤腐蚀作用。风化作用的对象主要是石质文物,包括物理风化、化学风化和生物风化等,这部分内容将在第六章中论述。

(一)土壤的特征

土壤是地壳的表层部分,经长期风化作用,较为松软,它构成地下文物的外界环境。由于土壤的组成和性质均十分复杂多变,土壤的腐蚀性也相差很大,但作为腐蚀介质,土壤一般具有以下主要特点。

1. 多相性

土壤由土粒、水和空气组成,具有复杂的多相结构。土粒中包含有多种无机矿物及有机物质。不同土壤的粒径大小各不相同,不同土壤的粘连性也存在较大差异。

2. 多孔性

由于土壤通常是由几种不同土粒按一定比例组合而成的,在不同的土粒之间形成大量毛细管微孔或孔隙,孔隙中又充满了空气和水。其中,水的存在形态多种多样,既可直接渗浸孔隙或在孔壁上形成水膜,也可以形成水化物或以胶体水状态存在。

水分的存在使土壤成为离子导体,实质上土壤是一种腐蚀性电解质。又由于水的胶体形成作用,土壤不是分散孤立的颗粒,而是各种无机物、有机物的胶凝物质颗粒的聚集体,但其间又存在多种孔隙。

3. 不均匀性

土壤的结构和性质具有极大的不均匀性。其不均匀性表现在多个方面,如土壤的密度大小、黏性大小、酸碱性大小等等。在小的范围上,构成土壤的土粒、空气、水分的含量以及它们之间结构的紧密程度存在差异。在大的范围上,由于各种地质运动以及土壤成分本身的流动,不同性质的土壤存在交替更换。

4. 相对固定性

综上所述可以看出,土壤至少存在固相、液相、气相三相结构。一般情况下,其固体部分可以认为是固定不动的,但液相或气相部分有限地运动,如土壤孔穴中空气的对流或定向流动以及地下水的移动等。当然,在特殊情况下,如地震、火山爆发等,固体部分也会发生较大变化。因此,土壤具有相对固定性。

(二)土壤的腐蚀机理

水溶液腐蚀、大气腐蚀和土壤腐蚀都对文物具有腐蚀作用。它们之间的一个很重要的区别在于氧的传递机制不同:在水溶液中是通过溶液本体输送,在大气腐蚀时是通过电解液薄膜,在土壤腐蚀时则是通过土壤的微孔输送,其输送速度主要取决于土壤的结构和湿度,在不同的土壤中,氧的渗透速率变化幅度可达3~5个数量级。

需要指出的是,在土壤腐蚀情况下,除了形成上述与金属组织不均性有关的腐蚀微电池以外,还有可能形成由于土壤结构不均匀性引起的腐蚀宏电池。如埋藏于地下的大型金属文物,由于体积庞大,其构件的不同部分就有可能埋藏深度不同,所处黏土与砂土结构不同,氧的渗透率不同等,由此会形成氧浓差电池和盐分浓差电池等宏观电池,这时主要发生的是局部腐蚀,使某些阳极产生较深的孔蚀。归纳起来,土壤对金属文物的腐蚀所构成的电化学电池主要有以下几类。

1. 长距离宏电池腐蚀

埋藏于地下的大件金属文物,其表面就可能发生此类腐蚀,它是由于金属文物的不同部分所处土壤的组成、结构不同而形成的电池腐蚀。如果由上述原因造成浓差电池,则埋在密实、潮湿土壤中的金属部分就倾向于作为阳极而受到腐蚀;如果造成的是盐分浓差电池,则处于高含盐量土壤中的金属部分倾向于作为阳极而受到腐蚀。

2. 埋没深度不同及边缘效应所引起的腐蚀电池

即使金属体埋在均匀的土壤中,由于埋没深度不同,也能形成氧浓差电池。此时,离地面较深的金属体由于处于氧浓度较小一端而成为阳极区受到腐蚀。实际情况也的确如此,在地下埋藏的金属物体上,可以看到离地面较深的部位其局部腐蚀更严重。

3. 因土壤的局部不均匀形成的腐蚀电池

在土壤中石块等杂物下面的金属,如果夹杂物的透气性比土壤本体差,该区域就成为腐蚀电池的阳极,而土壤本体区域接触的金属就成为阴极。

四、有害微生物和有害昆虫

(一)有害微生物

1. 微生物的基础知识

微生物是指一大群个体体积微小(一般直径小于1mm),结构简单,大多是单细胞,少数是多细胞,还有些没有细胞结构的低等生物。人们必须借助光学显微镜甚至电子显微镜才能看清其形态结构。

世界上生物大致分为五大界:病毒界、原核生物界、真菌界、植物界和动物界,前三界属于微生物范畴,微生物的特点是体积小、分布广、种类多、繁殖快、代谢能力强,易发生变异,适应性强。此外,微生物也具有生命的一切基本特征,如新陈代谢、遗传变异、生长繁殖、应激性等。

(1)微生物的种类及形态结构

细菌:细菌是低等的单细胞原核生物,只能吸取环境中的各类有机物为营养。根据形态的不同,细菌可分为三种。①杆菌,即杆状的细菌,宽度多为 $0.5 \sim 1\mu m$,长度约为 $1 \sim 8\mu m$。根据长度与宽度的比例关系,杆菌有长杆菌和短杆菌之分,依杆菌分裂后子细胞的排列状态,杆菌分为链状杆菌和分枝杆菌。②球菌,即球状的细菌,直径的大小约为 $0.5 \sim 2.0\mu m$。根据分裂方向和分裂后各子细胞排列状态的不同,球菌分为草球菌、双球菌、链球菌、四联球菌、八叠球菌和葡萄球菌等。③螺旋菌,即螺旋状的细菌,长度和宽度与杆菌相似。根据菌体的弯曲程度又分为弧菌、螺旋菌和螺旋体。

霉菌:霉菌是一类丝状真菌的通称,凡生长在营养基质上形成绒毛状、蜘蛛网状或絮状菌落的真菌称为霉菌。

放线菌:放线菌是一类介于细菌和丝状真菌之间的单细胞原核微生物,在自然界中分布极广。

(2)微生物的生长条件

微生物生长所需的营养物质如下。①碳源。碳素化合物,是构成微生物机体内有机化合物的骨架,各类微生物细胞中含碳量比较稳定,约占细胞干重的50%;同时,碳素化合物也是大多数微生物的能源。②氮源。氮素化合物是构成微生物细胞物质蛋白质和核酸的主要元素,蛋白质又是代谢反应催化剂酶的成分,因此,氮素化合物在微生物的生长、繁殖、遗传、变异和代谢等生理活动中起着极重要的作用。③矿质元素。除了碳、氮、氢、氧、硫以外,微生物还需要其他矿质元素,包括主要元素和微量元素两类。主要元素有磷、镁、钾、钠等,它们参与细胞结构物质的组成、能量的转移、控制原生质胶态和细胞的渗透性等,微生物对它们的需要量较大。微量元素有铁、铜、锌、锰、硼、钴、钼、钒等,需求量极少;这些元素是酶的辅基成分或激活剂,缺少了它们,微生物就无法生长或生长不好。④水。微生物细胞含水量较高,约占细胞干重的70%~90%,水不仅是细胞原生质的主要组成成分,而且是其体内物质的良好溶剂和细胞进行生化反应的良好介质,还能维持微生物细胞的膨压。⑤生长素。指微生物生长不可缺少的微量有机物,一般包括维生素、氨基酸、嘌呤、嘧啶等等。大多数维生素是酶的成分,与微生物生长和代谢关系极为密切,氨基酸是蛋白质的组成单位,嘌呤和嘧啶是核酸和辅酶的成分。

微生物生长所需的环境条件如下。①温度。温度对微生物影响很大,因为微生物生长发育是一系列复杂的生化反应,需要在一定的温度范围内进行。文物库房内腐生型微生物大多属中温性嗜室温菌,最低生长温度为5℃~10℃,最适宜生长温度18℃~28℃,最高生长温度40℃~45℃,以上温度范围并非绝对。同时,微生物生长的温度与相对湿度存在很大关系,一般相对湿度越大,微生物最适宜生长温度越高,如对于真菌,相对湿度分别为70%、95%、100%时,最适宜温度分别为24℃~25℃、30℃、37.5℃。②湿度。微生物在生命活动中,水是不可缺少的物质,湿润的环境有利于其生长发育。文物库房内的霉菌大多为中湿性,少数为干生性;细菌为喜湿性微生物,对水分要求较高。不同微生物抗干燥的能力不同,一般来说长形细胞对于干燥敏感易死亡;小型细胞、厚壁细胞、圆形细胞和孢子较耐干燥,特别是细菌芽孢和霉菌孢子在干燥环境下可存活几年乃至几十年。③酸碱度(pH值)。酸碱度能影响微生物菌体细胞膜的带电荷性质、膜的渗透性及膜对物质的吸收能力,还能影响菌体内酶的合成和活性,以及原生质胶体的结构和性质,此外还影响氧化还原电位。大多数细菌的pH适应范围在4.0~10.0,最适宜pH值为6.5~7.5;放线菌一般适应微碱性的环境,最适宜值为7.5~8.0;霉菌最适宜pH值为5.0~6.0的酸性环境,适应范围为1.5~10.0。④氧气。不同微生物对氧需要的耐受能力不同,按照它们和氧的关系,可将之分为好氧微生物、兼性好氧微生物和厌氧微生物三类。绝大多数有害微生物为好氧性微生物,必须在有氧条件下生长。

2. 微生物对文物的危害

(1)微生物对纤维质文物(棉、麻、纸、木)的危害

微生物之所以能危害文物材料,主要是它们能以文物材料为培养基,分解或液化其他物质材料。纤维质文物材料多含有纤维素、淀粉、明胶等,微生物能够分泌出分解这些文物材料的酶,使其霉烂。其损害可归纳为以下几个方面。①造成材料结构破坏。微生物代谢过程中产生的各种酶,将纤维素、淀粉、木质素等有机大分子化合物降解为葡萄糖、二糖、芳香族小分子,导致纤维素柔软无力,机械强度大大下降,淀粉胶性失效等。这种物质分子结构的破坏是不可逆的。②形成霉斑。微生物的菌落和孢子大多有色,一般来说颜色较深,有些细菌和霉菌还分泌多种色素。③增加文物材料酸度。微生物细胞呼吸的代谢产物甲酸、乙酸、乳酸、琥珀酸等有机酸长期积累在纤维质文物上,作为催化剂加速纤维素的水解反应。纸张被霉菌作用后,酸度数月内即可增加1~2倍。④增加湿度。有些霉菌和细菌在代谢过程中从空气中吸收一定的水分,使文物材料的含水量提高,有时还会出现水滴,这些水滴往往与材料中的胶类物质作用使文物粘连成浆状。

(2)微生物对蛋白质文物(丝、毛、皮革类)材料的破坏

蛋白质纤维发生降解。在微生物分泌的蛋白酶作用下,蛋白质纤维发生水解生成氨基酸等物质。氨基酸等经微生物进一步分解,脱氨、脱酸之后,生成饱和或不饱和的脂肪酸、酮酸、羧酸醇、硫醇类物质以及胺、CO_2、NH_3、H_2S、吲哚及甲基吲哚等。H_2S、NH_3等会使有机物腐败发臭并带毒。最终,蛋白质文物材料强度和光泽都减弱,使表面发黏。

对皮革来说,除上述作用过程外,皮革中的脂肪酶作用于油脂发生水解,生成脂肪酸和甘油,甘油很不稳定,可直接被微生物水解。高级脂肪酸在有氧情况下,能被好氧性微生物进一步分解成低分子酸(如乙酸)、酮(如甲基酮)等类物质。皮革中油脂遭破坏后,其强度、耐水性能、延展性都会显著下降,同时表面发黏。

霉斑:与纤维质文物材料相似,蛋白质文物材料被微生物侵蚀后会引起霉变,霉变后的文物表面就会产生各种颜色的霉斑。

(二)有害昆虫

1. 文物害虫的危害

能给文物造成危害的害虫种类很多,仅就我国档案保护研究工作者通过对全国档案馆库房所做的调查统计而言,档案害虫就有54种,分属于6目19科。其中,鞘翅目13科41种、蜚蠊目2科5种、等翅目1科1种、缨尾目1科1种、啮虫目1科1种、鳞翅目1科2种。当然,随着研究的不断深入,还会有新的种类发现。

害虫对文物危害最为广泛的是纸、竹木、丝毛、皮革、棉、麻等文物材料。

2. 危害文物材料的机理

文物害虫危害文物材料的机理是害虫由于生长发育等活动的需要(补充营养和能量)而咬食文物材料,它至少会引起文物材料以下三种有害变化:一是改变了文物材料的结构,使文物材料的机械性能和理化性能下降,严重影响文物的保存使用寿命;二是文物材料经咬食后,洞孔丛生,严重影响了文物的原貌;三是昆虫的排泄物不但严重影响文物的外观,而且成为微生物侵蚀文物新的源泉。

3. 文物害虫的防治

(1)文物害虫的预防

库房建筑防虫具体措施是:库房建在地势较高而又干燥的地方,同时远离粮库、饭店和医院;库房的封闭性能要好;地基采用钢筋水泥或石质结构;地板、墙面、屋顶等处不留孔洞、缝隙。

清洁卫生防虫具体措施有:清除库房周围杂草、垃圾、下水沟杂物等;做好库内清洁卫生;建立健全库内外清洁卫生制度,并认真贯彻执行;进入库内的装具用品清洗杀虫;库房门窗应严密;库房周围最好铺设水泥或沥青地面,搞好环境绿化;库内严禁吸烟、饮食等。

控制温度、湿度防虫措施:文物害虫喜温畏寒、喜湿畏干,一般温度应控制在15℃~18℃,相对湿度65%以下。

做好文物藏品入库前的检疫与处理。由于文物来源于社会各个方面,文物遭受虫害的可能性和大小程度均有差别,加之害虫及其卵、蛹均很小,不易被发现,因此入库前的检疫和杀虫是十分必要的。

对文物进行定期检查。通过定期检查可以达到两个目的:一是及时发现虫害,及时处理;二是破坏害虫的生态环境。

(2)文物害虫的杀灭

化学杀虫法是使用化学药剂引起害虫生理机能严重障碍以致死亡的方法,它具有杀虫速度快、作用时间短、杀虫彻底、方法灵活、受客观环境因素影响小等优点,缺点是可能会造成环境污染,对人畜具有一定的危害性。

化学杀虫剂种类很多,按药剂的形态分为固体、液体、气体三种;按化学性质又分为无机杀虫剂、有机杀虫剂和植物杀虫剂;按药剂侵入虫体的途径分为胃毒剂、触杀剂和熏蒸剂;按毒杀的作用方式分为原生质毒剂、呼吸毒剂和神经毒剂。

化学杀虫剂应用于文物材料必须具备以下三个条件:一是对文物无副作用,保证文物材料安全及不受影响;二是杀虫效率高,能杀死从卵到成虫的各个阶段虫态,同时,对环境污染小,对人畜毒性小;三是具有良好的渗透性,能够把隐藏在文物材料深处的害虫(包括卵、蛹)全部消灭。

目前应用于杀虫的熏蒸剂较多。呼吸毒剂有溴甲烷、氰化氢、二硫化碳等,神经毒剂有磷化氢、滴滴畏、硫酰氟等,原生质毒剂有甲醛和环氧乙烷等。

溴甲烷:常温下无色、无味,属无警戒性气体,难溶于水,易溶于乙醇、乙醚、苯等有机溶剂。能溶解脂肪、树脂、橡胶、颜料及漆,对金属、棉布、丝毛织品、木材等没有影响。溴甲烷对文物害虫的各个发育阶段都有较强的毒性,侵入虫体后,因水解而产生麻酸性毒物,使害虫发生累积性中毒,亦可刺激害虫神经,使之兴奋致死。同时,溴甲烷会抑制害虫的呼吸酶,使其呼吸率受抑制减弱。需注意的是,由于溴甲烷无警戒性,中毒可潜伏和累积至2～3天或数星期、数月才有反应,所以对人特别危险。

硫酰氟(SO_2F_2):常温下是无色、无嗅、不燃、无爆炸危险的气体,400℃以下时化学性质稳定,150℃以下几乎不水解,但在碱性溶液中迅速水解。硫酰氟蒸气对金属、纸张、皮革、纺织品等无腐蚀性。硫酰氟是一种惊厥剂,最小致死浓度为650ppm,毒性较溴甲烷低。

环氧乙烷:是杀虫力较强的一种熏蒸剂,它进入虫体后转变为甲醛,并与组织中蛋白质上的胺基结合,抑制体内去氧化酶、去氢酶的作用,使害虫中毒死亡。

化学杀虫法的杀虫效果会受到以下几方面因素影响:①熏蒸剂的理化性质,如挥发性、扩散性、渗透性、燃烧性及比重等;②熏蒸环境条件,如密闭程度、温度、湿度、物体的吸附性等;③害虫的不同虫种、虫态和生理状态。如不同虫种对药剂的敏感程度存在很大差异,卵、蛹抵抗力较强,而幼虫、成虫抵抗力较弱。处于越冬期、休眠期的害虫抵抗力较强,而处于春、夏季节的害虫抵抗力较弱;④害虫对化学药剂的抗性。

第四节　文物保护的新理论和新方法

一、文物保护理论

(一)有害物的稳定化理论

1. 有害物的性质

文物实体有害物是指文物实体表面及内部因自身病害或外部环境污染而形成的物质,这些物质对文物实体的寿命及价值具有破坏作用。有害物可分为惰性与活性两种,惰性有害物的破坏性是有限而稳定的;活性有害物对文物实体有着主动破坏性,这种破坏是自发地且有蔓延扩张趋势。例如,青铜文物的硫化物与氯化物,硫化物破坏器物的艺术欣赏价值,是惰性有害物。氯化物会像癌症一样使有害锈蚀扩张蔓延,属于活性有害物。此外,石质文物中的微生物菌群在石刻表面和内部繁衍生长,导致石刻出现风化;纸质文物微生物病害中的红霉霉斑,除会污染画面外,还会破坏书画纸、绢质地,加速其老化酸化过程,这些都是活性有害物。

有害物的不稳定性通常与某种环境条件相联系,如分子结构不稳定、环境温度、湿度波动、热力学不稳定性等。青铜器有害锈(又称粉状锈)与环境中的温度、湿度均有很大关系,有害锈质地疏松,呈粉状浅白绿色。青铜器有害锈的化学成分主要是氯化亚铜和碱式氯化铜,氯化亚铜和碱式氯化铜在热力学上性能是不稳定的,易发生反应。

这种反应是循环反应,氯化亚铜在氧气和水作用下生成碱式氯化铜,碱式氯化铜通过对铜的腐蚀,又生成氯化亚铜。如此循环,不断对青铜器进行腐蚀,直至青铜器文物实体全部毁坏中。因此,青铜器有害锈常含有两种成分:碱式氯化铜和氯化亚铜。

2. 有害物的处理

在传统的文物保护工作中,对于有害物往往选择直接去除。但基于对文物最小干预的保护原则,现代文物保护理论旨在追求将活性有害物转化为惰性有害物,即有害物的稳定化。有害物稳定化有两种方式:一是利用化学反应将活性有害物转变为另一种化学反应活性较低的物质,使其不能对文物实体造成损害,或损害速度非常缓慢,这种有害物稳定化方式是通过文物实体质点改变实现的;[①]二是通过改变环境条件,降低有害物的化学反应活性,减缓对文物实体损坏的速度,这种有害物稳定化方式是通过降低文物实体质点运动的能量实现的。对于影响文物艺术价值的惰性有害物可适当去除,对文物艺术价值无太大影响的有害物可选择保留。

(二)文物实体材料的稳定化理论

1. 文物寿命

文物寿命包含两层含义。一是大多数文物作为物质实体,其组成材料性能十分脆弱,以现代材料学的观点看,这时的文物材料早已失去了材料功能,寿命已经终结。但从文物材料学角度看,其组成材料蕴含了文物实体在复杂因素超长期作用下演变的信息,结构上仍能支撑文物实体的基本造型,仍具有文物价值,因而寿命依然在延续,这是文物保护工作的基本依据。二是文物具有多种寿命,即"文物多命论",如材料寿命、价值寿命等,而价值寿命亦有多种,如历史价值、科学价值、艺术价值寿命等,这些寿命均通过文物信息表征。文物信息的采集过程随着科技进步而不断获得发展,文物信息不断增加积累,只要文物实体存在,这个过程就不会中断。即使出土时文物蕴含的全部信息都被采集了,作为直接的实物证据,作为不断增长的信息源,文物仍有保存的必要。从物质运动的角度来看,只要文物实体存在,文物的信息始终处于不断积累和转化的动态变化之中,所以当旧的信息被采集之后,新的信息又产生了。

文物寿命是由两部分组成的:一是文物实体的材料寿命,二是文物的价值寿命。通常情况下,文物实体材料寿命远短于文物的价值寿命。将一件文物实体置于一个三维空间坐标系内来看,文物实体是由一个个质点按一定规律排列组合而成的,这些质点的有序排列代表了文物实体的实时状态。文物实体的质点排列既体现了文物实体材料的性能,又蕴含了文物的

---

① 中原文物 2019 年第 3 期双月刊(总第 207 期)[J]. 大众考古,2019(07):94.

价值信息。材料学意义上的寿命往往是指材料的性能不能满足某一使用功能时的状态,而此时文物实体发生改变和位移的质点数量,不足以使文物实体的形态完全被破坏,仍保留着许多文物信息,如形状、花纹、铭文以及文物实体材料等,所以文物寿命并未终结。

总之,文物实体材料寿命属于现代材料学范畴,文物价值寿命属于文物材料学范畴。尽管两者的研究对象都是文物实体材料,但对文物实体材料的使用功能的定义不同,所以对文物的寿命看法亦不相同。

2. 文物实体材质失稳

文物实体状态始终处于稳定与不稳定变化之中,这里的稳定是一种动态平衡。前已述及,文物实体属于开放体系,与环境不断地进行物质和能量的交换,这是开放体系的特征。当环境因素发生变化,温度、湿度、微生物、光、氧含量等方面产生变动,不足以引起文物实体材料发生明显变化时,文物实体可以在较长时间内保持这种状态。因此,可以认为文物实体处于稳定状态。但是,文物实体处于稳定状态并不意味着文物实体没有发生变化,只是这种变化比较轻微、不明显而已。但文物实体的轻微变化经过长时间的积累,有可能发生从量变到质变的转化,这就是损伤累积效应。例如,博物馆展厅内的纺织品文物,刚展出时的颜色与展出一段时间后的颜色相比,往往会出现较大变化,这是展出时受光照影响,产生了光致褪色。尽管纺织品文物每天的颜色变化很小,但经过一段时间积累后,褪变色情况则十分明显。

由文物实体的质点模型可知,质点始终处于运动之中,当质点运动程度较大时,如质点改变数量较多、质点出现较大位移,文物实体就会从稳定状态变为不稳定状态。打破稳定平衡的因素是外界环境条件的改变,当环境因素变化时,文物实体状态发生改变。这说明文物实体总是从不稳定状态转变为稳定状态,再从稳定状态转变为新的不稳定状态,然后新的不稳定状态再次转变为另一种新的稳定状态,这种转变过程持续进行,直至文物实体消亡。文物实体的不稳定是绝对的,稳定是相对的。引发转变的原因是环境因素的变化,文物实体稳定状态转变为不稳定状态有两种方式:一种是通过缓慢变化,从量的积累到质的转变,如展出过程中纺织品文物的颜色变化;另一种是爆发式变化,迅速转变,这通常是由环境条件剧烈变化造成的,如密封性较好的埋藏环境中出土的纺织品文物的颜色变化,刚出土时文物的颜色非常鲜艳,但很快就会变褐色、黑色。① 这两种变化都与外部因素影响密切相关,所以要尽量降低文物保存环境因素波动幅度,避免因文物环境的大幅波动破坏文物实体稳定平衡的状态。文物保护专业人员经常通过对环境的人工干预,使文物实体的状态保持稳定。

对不同种类材料的文物来说,影响文物实体稳定性的内在因素有很大差别。一般情况下,材料不稳定的类型可分为以下几种:晶体结构不稳定、分子构象不稳定、分子结构不稳定、金相结构不稳定、自重较大文物实体力学行为不稳定、构成材料的热力学不稳定,多种材料复合制作的文物实体,由于材料性能匹配不佳(装裱书画、铁质与铜质复合的文物),也会产生不稳定等。综上所述,文物实体稳定平衡被破坏是两方面因素造成的,即内因和外因。文物实体材料的不稳定性是内因,外界环境条件的变化是外因。

---

① 薛万侠. 面向文物价值论的文物鉴定与鉴赏[J]. 文物鉴定与鉴赏,2020(03):94—95.

(三)文物清洗理论

1. 污染病害对文物实体的影响

前已述及,文物实体污染物是指文物实体在使用、传世过程中,附着于文物实体表面的非文物本体组成材料或非文物本体组成材料转化产物的物质,即文物实体表面附着物(包括孔隙表面的附着物)。文物的污染类病害是由于引入了外界的污染物,使得文物实体材质发生了形貌、结构和性能上改变的病害现象。文物实体表面污染物及其结合的状态是错综复杂的。首先是一部分来自大气环境及地下埋藏环境的污染物,使文物实体产生了有机质材料糟朽及其析出物、砖石质文物风化产物、金属材料的腐蚀产物等,这部分污染物通过上述文物实体的腐蚀降解产物,并与文物实体表面结合,即多层物质叠加在文物实体上。其次是另一部分污染物附着在文物实体表面,并未引起文物实体材料的腐蚀降解。污染物通过物理吸附的方式附着在文物实体的表面,此类污染物有时还能隔绝空气和水分,使有害气体和水分无法与文物实体接触,对文物实体起到保护作用。上述分析表明,文物实体上的污染物对文物造成危害的方式和程度是不一样的,有时具有有益的一面。总之,文物实体材料种类复杂多样,保存环境也不尽相同,文物实体的表面污染物具有多样性的特点。因此,从现代科学保护的角度,对这些污染物的利与弊进行判断,不能一概而论。

对文物实体表面的污染类病害都应进行分析检测与价值评估,以测定它们可能蕴含的价值信息,以及在文物保护、保存中的作用和产生的影响,以所含价值、危害严重度作为污染类病害的评价标准,用于指导文物保护实践。一般情况下,文物实体的污染类病害具有有益和有害两种属性,即"利"与"害"两个方面。[①]

有益是指污染类病害对文物实体造成的"益"远远大于"害"。文物上一些与污染有关的病害可能影响文物的使用功能,受客观的存储环境和自然环境影响,也有可能受到社会变迁因素的影响,即各种材料和金属材料的使用,侧面反映了古代生产、生活、科学技术和技术发展的水平和历史。文物的冶炼,文物质地的内部结构、文物的冶炼史等,都是研究文物的重要参考资料。特别是一些金属文物表面形成的氧化层,不仅蕴含着历史和科学信息,而且对文物本身也有一定的保护作用,有利于隔绝外界空气和水分,防止文物遭到破坏。与环境接触的物质,具有防腐功能。这种腐蚀产物虽然也是一种病害,但不能随意去除。

有害是指污染类病害对文物实体造成的"害"远远大于"益"。有的污染病害对文化遗产和有价值信息的安全构成威胁,有的会导致文物表面发霉,如地衣、地衣和外部文物表面微生物的滋生。所有这些生物都使用文化遗产材料作为生长的营养来源和以文物本体的构成元素为食。有些生物在生长过程中会释放酸、碱、氧化剂、还原剂等腐蚀性物质,对培养物有害。实体的文物被侵蚀。有些文物实体材料的污染类病害产生的腐蚀分解产物,会加快自身的老化、损毁速度,如青铜器腐蚀产物有害锈,一旦有了有害锈,青铜器腐蚀速率会显著加快。对于金属文物,蚀刻过程中产生的腐蚀产物附着在金属表面形成锈蚀、锈斑、锈块,使金属表面显得凹凸不平。当具有异质性的金属表面暴露在潮湿环境中时,表面容易形成带电的电解

---
① 宋会宇.国内纺织品文物清洗研究进展[J].西部皮革,2021,43(21):38—40+56.

膜。根据电化学原理,带电电解质膜的电化学反应可以显著加速金属腐蚀。在金属表面发生电化学反应的条件下,金属表面分为阴极区和阳极区。阴极区的表面状态比较好,可以有效保护金属,但是牺牲了阳极区,阳极表面会继续被氧化腐蚀。金属表面某些部位出现高度稳定的锈块,这甚至是有利于活跃腐蚀区域加速腐蚀的因素之一。在文物保护实际操作中,对这些文物保存产生严重破坏作用的污染类病害,有必要清除。

当污染类病害对文物实体造成的"益"与"害"均等时,需要对"利"与"害"做综合考量,解决病害的"留"与"去"问题。很多情况下,这样的综合评估涉及考古学和材料学等专业领域,需要多学科的参与,其基本目标应从延长文物寿命的角度出发,考虑如何保护文物的实体问题。任何情况下,有效地保护文物实体都是第一位的,如果文物实体不复存在,那么文物价值也随之消失。

文物保护的核心是有效、全面保留它的价值内涵,修复的目的是完整展现文物价值。保护文物实体从根本上讲是保护文物所蕴含的价值信息。所以判断文物实体污染类病害是否需要清除时,首先应衡量它对文物的实体是否有害以及危害程度如何。对于威胁文物实体安全和严重影响文物价值整体展现的病害可适当予以清除。只要文物的价值并没有遭受损害,价值信息没有丢失,保护处理就是正确的。

文物实体上的污染类病害被去除之后,文物的原状可能会发生改变,这时需要采用一些修复的方法,恢复或部分恢复文物实体的原状。文物原状是指器物最原始状态、出土时状态,或是收藏时的状态,应根据具体情况确定。因此,将文物实体恢复到哪种状态,应视具体情况而定。

综上所述,对于文物实体上的污染物进行处理,必须遵循的基本原则是对文化遗产价值信息进行综合保护,从整体上展示文化遗产的价值。污染病往往包含各种关于地下掩埋过程和文物长期流通的历史信息,以及与文物藏品保管的相关环境物质所携带的相关内容及具体信息。揭示文物流传于世的价值。例如,我们经常会发现"出土"的文物散落在土地的不同地层中,其中,文物表面往往含有泥土和铁锈等污染物,这些因素可能包含挖掘地点、挖掘的原始情况,甚至文化背景等信息,是判断文物真伪的重要佐证。例如出土文物表面的土壤覆盖情况,对文物出土环境、文物出土地的鉴定有指导性意义,如果将文物表面的土质清除,并且不做好清楚记录,将会给鉴定工作带来困难。

2. 文物实体表面污染类病害的清除原理

文物实体存在大量表面,包括孔表面等。由文物实体质点模型可知,表面质点周围原子对它的作用力是不对称的,所受力不饱和,存在剩余力场,具有吸附其他物质质点的能力,易吸附气体、液体分子,也能够与某些金属离子结合,产生结晶类物质。

文物实体的污染类病害主要来自两个方面:一是文物实体表面吸附外来物质质点,产生污染;二是文物实体由于吸附外来物质质点使自身质点发生了改变,由一种质点转变为另一种质点,这两种情况都可以被视作为污染类病害。文物实体污染类病害的去除,通常指的是对文物实体表面污染物质的清除。对于文物实体表面污染物质的选择性清除或者处理工作十分重要,污染物是否被清除需考虑下面几种情况。

第一,文物实体无害降解产物,有的降解产物是稳定的,包含着历史沧桑感以及美学价值,降解产物对文物实体的埋藏环境、使用功能等具有研究价值,此类污染物不应去除。第二,具有保护作用的污染物,此类污染物可能对文物实体起到一定保护作用,如铁质文物表面生成的致密氧化膜,能够阻挡氧、水、污染气体等对文物实体的腐蚀,对文物实体寿命无影响,一旦清除,文物实体会出现新的腐蚀,加快文物实体损毁速度,因此应当予以保留。第三,已成为文物实体结构部分的污染物,有的文物实体在腐蚀过程中原始质点逐步转变为腐蚀降解产物,或被外来其他质点取代,污染物已成为支撑文物实体结构的一部分,如果清除,文物实体会出现残破,或致文物实体形状消失。此类实例很多,如高度矿化的青铜文物,原始的铜质点几乎全部转变为铜的矿物质点,如果将铜的矿物质点清除,则青铜文物也将随之消失。再如出土的丝绸印痕文物,文物实体中的蚕丝质点已完全腐蚀、降解殆尽,留下的质点空位被土壤或其他矿物质点取代。从材料角度而言,这时的文物已完全"异质化",属于"异质文物",即与原始状态的文物本体材料完全不同,仍保持文物实体的全部或部分原始形态。第四,有害污染物。有害包含了多重含义:①对文物实体材料有害,此类污染物会加快文物实体材料的腐蚀降解,直至使文物实体完全损毁,如青铜器的有害锈;②破坏文物实体的外观形貌,有的污染物虽不会腐蚀文物实体,但由于覆盖作用,会影响对文物文字或纹饰的识读和辨识;③保护处理过程中需要清除的污染物,文物保护工作中往往需要将加固材料渗透到文物实体内部,但由于文物实体表面,特别是孔表面吸附了污染物,阻碍了加固材料的渗透。因此,上述此类有害污染物在文物保护处理过程中必须清除。

从文物实体质点模型分析可知,污染物的清除就是将污染物的质点从文物实体移除。一般而言,文物实体污染物的清除方法有三种。一是化学方法,即利用化学反应,将污染物质点溶解、分解,使之清除,过程中常有新物质生成。用氧化剂、还原剂、络合剂等化学试剂清洗的方法,属于化学方法。溶剂清洗也是化学清除过程,其生成的新物质往往是被溶解物质的溶剂化,在化学概念上是新物质。溶剂清洗文物过程中溶剂的选择可依据"溶剂参数理论"和"弗洛里—林金斯参数"(Flory—Huggins interaction parameter)等相关理论进行筛选。二是物理方法,清除过程中污染物质点没有发生改变,不发生化学反应,没有新物质生成。常用的机械剔除、高温气化的技术措施属于物理方法。三是生物方法,利用生物的代谢作用,将污染物质点"吃掉",转化为易清除成分然后清除,此类过程一般有生物活性物质参与,这是生物方法典型特征。例如,生物酶清洗污染物,通过生物活性物质"酶"的代谢作用,将污染物分解清除,属于生物方法。

在清除文物实体污染物时应注意避免对文物实体造成二次污染。将污染物的质点从文物实体上移除后,会出现新的质点空位,若这些空位被其他质点再次占据则形成对文物实体的二次污染。产生二次污染的原因多数是清洗材料的残留或清除过程造成的质点转变,一般情况下,采用化学方法清除污染物,由于化学反应性较强,常会发生质点转变情况,造成文物实体的二次污染,所以化学清除方法要慎用。

文物实体污染物的清除是一个庞杂的技术体系,对各种文物实体表面的污染物来说,清洗、清除时必须采用科学的方法并适当的控制清除范围,绝对不能伤及文物实体,更不能造成文物价值的丢失。

二、文物保护的方法

文物保护注重研究各种不同质地的文物在内外因作用下的质变规律。同时,研究如何对抗人为或自然因素对文物的破坏作用,并且运用各种科学技术阻止和延缓文物的质变过程,使文物得以长期保存。

文物保护科学技术从学科结构看,包括文物保护科学、文物保护技术和文物保护工程三个方面。文物保护科学即针对文物性状、内涵、生成、赋存条件及损毁机理的科学技术研究。文物保护技术追求在不影响文物基本属性的前提下,通过各种技术手段阻止和延缓文物随时间和自然环境的变迁而发生质和形的变化,避免人为环境变迁和突发事件对其质和形的破坏。文物保护工程是指对具体文物的保护处理和预防性保护工程。从保护性质的角度,又可将文物保护划分为预防性保护、抢救(被动)性保护、加固修复性保护和养护性保护(日常维护)。

19世纪下半叶,随着人们对文化遗产普遍价值和性质认识的加深,以及文化遗产调查和发掘技术的进步,新的科学技术迅速应用于研究和保护文化遗产上。二战后,不可更新的原则、普世价值、脱离文化遗产领域等经过学术界的深入讨论逐渐形成共识。代际正义意识不断加深和普及,文化遗产保护逐渐成为政府的基本职能之一和国家责任的衡量标准,也逐渐成为衡量文化综合实力和科学实力的一个因素,显示出一个国家。和技术的力量。

(一)纸质文物保护

纸质文物藏品的种类十分丰富,包括书画、古籍善本、文字契约、文书档案等。这类文物的特点是主要由植物纤维制成,如藤草、麻、棉、各种树皮等,可被木霉属、青霉属、曲霉属、根霉属等微生物分解利用。纤维素水解后,生成水解纤维素。与未水解的纤维素相比,水解纤维素的聚合速率小,机械强度低。当聚合速率下降到200以下时,纤维素会变成粉末,此时机械强度为零。字画中使用的糊状物、动物胶、蛋白质和纤维素都含有菌类所需的营养物质。微生物分解并吸收这些大分子并释放适当的细胞外酶。实验表明,真菌活动导致纸张硬度在5天内下降50%。修复中涂漆肝脏剥落等常见问题是淀粉和动物胶等黏合剂的霉菌同化的结果。有些真菌在新陈代谢过程中会产生色素,不同种类的真菌产生的色素颜色也不同,有红、黄、橙、绿、黑等,这些颜色会污染纸张,形成难看的霉斑。此外,由于细菌本身的积聚或它产生的黏稠物质,被侵蚀的部分具有很强的吸湿性,使这些部分变得柔软、潮湿和粘稠。

除了霉菌污染外,仓库灰尘、泥土、虫渍等污染也是纸张文化遗产中非常常见的病害。除了影响文化遗产传播过程的几个因素外,仓库的环境条件也是造成污染的重要因素。外部环境的"变异"主要是使卷培子遗作用恶化,强度降低,害虫繁殖。空气中的灰尘不仅会在文物表面造成灰尘和污垢,而且其中所含的有害气体会加速纸张的变质;温度和湿度的变化会降低或完全丧失纸张的柔韧性;光会使纸张变黄变脆。棚屋虫害在博物馆中十分常见,线圈上常有虫渍或虫咬的痕迹。

造成纸张发黄发脆、丝质腐烂、装置件脱落的另一个因素是造纸过程和文物装置过程中使用的明矾。在水溶液中,明矾是一种酸性物质,当大气中的硫氧化物遇水时,转化为硫酸,这种酸在温度高、光照强的情况下会加速反应,从而威胁文物纸的寿命。此外,文物纸开裂、变形、从表面脱落的内因是胶体分解的损失、损坏和失效。先前修复的水分或浸入水中会部分溶解首次涂漆时添加到油漆中的水溶性胶体。脱胶彩涂在长期储存或流通过程中,受不同温度、光线、灰尘、湿度变化等因素的影响,往往更容易压碎、龟裂或变形。浸泡水中所含的各种盐类的溶解结晶,如雨水以及微生物的繁殖繁殖,也常常侵蚀色层,使色层颗粒较大,层较厚,变得鳞片状。①

再者,纸质文物在经历成百上千年之后,本身已严重老化,有的已无法触摸和展阅。对此类纸质文物所采用的保护处理方法,主要包括以下几种。

1. 防虫防霉杀菌

(1)微波辐射杀虫法

微波辐射法是将纸质文物置于超高频电磁场下,使害虫体内的水分、脂肪等在微波的作用下发生振动,分子间产生剧烈摩擦,生成大量热能,害虫体温迅速上升,从而杀死害虫。该方法也能消毒灭菌。它具有效果好、速度快的特点,但也存在弊端,如果对大批量纸质文物采用此法杀虫消毒,长期从事此项工作的相关人员就会因微波泄漏而导致身体健康受损。且此法对纸质文物的要求较高,不能有铁钉、大头针等金属物,否则容易生热引起火灾。1999年2月,宁夏回族自治区档案馆用此法处理档案,由于档案中有金属物而引发了火灾。因此,该方法仅适用对小批量、略微潮湿的纸质文物进行去湿、杀虫和消毒。

(2)冷冻杀虫法

利用降低温度对害虫的新陈代谢进行控制,也可使害虫的新陈代谢完全停止,−10℃至−40℃为害虫死亡的低温区,在此区域内,有机体的体液冰冻并结晶,使原生质遭受机械损伤,产生脱水,生理结构被破坏,进而使害虫的组织和细胞产生不可复原的变化。将纸质文物在−29℃至−30℃的环境中冷冻60个小时,总循环过程为72小时。这种方法属于物理方法,不需要使用任何化学药品,可以消灭不同生长阶段的害虫,包括虫卵幼虫、蛹和成虫。

另外,还有一种冷冻流程,无需将温度降至−29℃至−30℃,仅通过−18℃至−20℃的两次冷冻以达到相同的效果,处理时间的长短和间隔视具体情况而定。一般来说,二次冷冻法的时间要比一次冷冻法长,二次冷冻法的优点在于工作温度无需太低,可使用普通冰箱轻松完成,若要达到−30℃,通常需要采用工业设备来完成,成本较高。

对大多数有机材料而言,冷冻是安全的。大部分纸质文物可以暴露在冷冻环境之下,但是当纸质文物上复合有其他材料时,就需要根据实际情况决定是否进行冷冻处理。当温度改变时,势必引起相对湿度的变化,并由此引发一系列空间结构的变化,如果一件文物能够承受这种空间结构变化,就被视作能够接受冷冻杀虫处理。冷冻的物体暴露在空气中,表面易发生水分凝结,引起潮湿。所以,对采用冷冻杀虫的纸质文物,将其从冷冻箱中取出时,不要立即打开,需要继续保持密封状态,当恢复到室温时再打开,从而避免潮湿现象的产生。

---

① 姚娜.基于热裂解气相色谱质谱法的明清时期纸质文物科学研究[D].北京:北京科技大学,2022.

除部分特殊纸质文物外,以下几类文物也不适合进行冷冻杀虫,包括:干燥或者是严重腐烂的文物、含有多种材质的文物、含有大量水分的文物(如家具、部分彩绘纺织品)以及用胶粘剂处理过的文物。一些非吸附性材料如金属、陶瓷和玻璃等,在冷冻过程中,边沿处可能会发生变形,故也不适用于冷冻杀虫。

纸质文物冷冻处理的操作步骤有如下几步:①尽量使纸张的相对湿度保持在50%～60%;②将纸张迅速冷冻到－30℃,并在冷冻器里放置至少72小时,确保纸张至少有60小时暴露在－30℃环境之中;③取出纸张之后,还要进行为期两天的解冻和稳定处理。

对于混合材料,需进行单独处理才能达到良好的杀虫效果。

(3)二氧化碳杀虫法

原理是在密闭容器内,当二氧化碳增加到一定浓度时,害虫会因呼吸加速而脱水死亡。具体方法是:将纸质文物放入高强度复合薄膜袋,向袋内充入二氧化碳,浓度为70%～80%,密闭10～15天。

(4)硫酰氟杀虫法

美国对硫酰氟杀虫毒性及毒理学进行了大量研究和应用,并将硫酰氟列为溴甲烷的替代产品之一。硫酰氟为无色、无味、不燃、不爆的气体,沸点为－55.4℃,气体密度为3.52g/cm³,在水中微溶,溶解度为0.075%(25℃),在碱性溶液中水解较快。

硫酰氟在熏蒸杀虫中使用较多,无条件限制,一般熏蒸浓度为30g/m³。其毒性可以破坏害虫的糖酵解,阻止害虫的脂肪代谢,减少维持生命所需的能量,但不会对人体产生过敏、诱变、致畸和致癌物质。

硫酰氟杀虫法操作方法如下。将硫酰氟气罐分别连接到减压阀、橡胶管和玻璃管上。储气罐释放的压缩气体经减压阀减压后可直接放入文物袋中。由于硫酰氟的毒性,在操作前必须严格检查每个接头是否漏气。根据要熏蒸的文化遗产的大小和体积,将塑料薄膜裁切成合适的大小。为方便操作,通常制成标准或统一的塑料袋,如0.5m³或1m³,便于控制熏蒸剂用量。然后用多功能塑料薄膜封口机先将三边封口。装载文物后,关闭袋口,让每个袋子上的充气口足以进入气道。操作必须在实验通风柜或通风条件较好的出口进行。可通过风机等设备调节气流,避免对操作人员造成毒害。由于储气罐内的压缩气体压力较高,放气时必须将充气口和进气口拧紧,以防漏气,所以慢慢打开硫酰氟储气罐的阀门,调整排气。根据减压阀的指标速度适当。称量充气氧气袋。一般氧气袋装满时风量为60g,杀虫量按30g/m³计算。实际操作中,视虫害情况而定,由氧气袋间接控制;给塑料袋充气时,应尽量将装有熏蒸过的农作物秸秆的塑料袋内的空气排出,然后将与氧气袋相连的气道放入塑料袋内,氧气袋内的气体应被强行塞进塑料袋。熏蒸木柜时,必须先用胶带将柜子外框的接缝处密封,并将硫酰氟装入一定体积的塑料袋中,并拉紧口(或用绳子系好),然后将其放入机柜中,关闭柜子的边缘。这时,在压力的作用下,装满硫酰氟的塑料袋会自动释放。迅速从氧气袋中取出橡胶导管后,将塑料袋口系紧,熏蒸2～3天,随时观察熏蒸前后害虫活动情况。熏蒸后打开库房门窗让室内空气流通,打开塑料袋打开柜子,让残留的硫酰氟自然蒸发。通风1～2天后,操作人员即可安全进入房间。最后,可以评估硫酰氟熏蒸杀虫的效果。

(5)真空充氮杀虫法

真空充氮方法是将纸质文物放置于密闭容器内,利用真空泵将密闭容器内的空气抽出,再充入氮气,使害虫、霉菌缺氧而死。该方法效果较好,所使用的氮气无毒、无害、不易燃易爆,对纸张、字迹无明显的不良影响,所需时间约为72小时。

操作步骤是:第一步,将纸质文物置入复合薄膜袋内,抽真空;第二步,充入氮气,静置2～3天。

(6)钴60照射法

钴60照射法可以杀死害虫、霉菌的生物活细胞组织,具有广阔的应用前景。研究表明,钴60照射法对一般纸质文物害虫的辐射致死量为2～4万伦琴左右,辐射量在10万伦琴以下时,纸质文物载体材料的理化指标均无明显变化,而且经钴60照射过的纸质文物无任何有害物质残留,且对人体也无害,因而此方法较为安全可靠。但此方法不宜自行采用,需将纸质文物交予原子能专业机构,委托其进行杀虫消毒。

2. 纸张脱酸

(1)氧化镁脱酸法

美国Koppers公司研究成功了氧化镁脱酸法。1987年后,理查德·斯派茨(Richard Spatz)加入Corpus,建立了一个能够进行连续批量操作的中型试验工厂。这种方法已在美国国会图书馆、荷兰国家图书馆和几所大学图书馆使用。80％书籍脱酸后保质期显著延长达300％。pH值从处理前的4.3～7.5到处理后的7.6～9.0,碱渣1.5％以上。

这种方法也有一些缺点:对于较厚的书皮,部分脱酸后会出现白点;对于较厚的书籍,脱酸会导致碱渣不足。

该方法年处理量主要包括以下两种情况:大书单页,年处理量约4万册;对于一本标准书,每年可以处理120 000(十二万)12万卷。

该方法操作简单,成本低,占地面积小,处理时间短,对人体健康无危害,脱酸后纸张寿命可延长2—3倍。但这种方法不适用于某些书写材料,对较厚的纸张脱酸效果不佳。

(2)巴特尔法

1994年6月,德国国家图书馆正式投入使用巴特尔法。瑞士国家图书馆和联邦档案馆还安装了一套Bartel脱酸设备,用于图书档案的脱酸。该方法在韦陀法的基础上进行了改进,使脱酸后可达到防止空气中酸性气体侵蚀的效果,有助于提高纸张的耐久性,延缓纸张老化,提高纸张的pH值。高达8～9,碱性残渣可达1％～2％。

缺点主要有:处理后40％的书本和2/3的档案材料的纸张强度下降;老化测试表明,16％的图书和近1/3的档案资料的脱酸效果可以忽略不计;脱酸后,有的书籍纸张变色,有白色沉淀物、牛顿环、字迹褪色扩散、有异味、脱酸效果不均等。

这种方法的年产量预计将达到每年四十万卷,但实际上在初始应用阶段每年只能处理四万卷。但与二乙基锌法和FMC法近一年的对比试验表明,这些方法仍有很好的前景。

(3)韦驮法

韦托(Wei TO)法是史密斯研究人员于1972年发现的,使用5％的甲氧基碳酸镁、5％～10％的甲醇和90％的氟利昂。5％甲氧基甲基碳酸镁、10％甲醇和85％氟利昂的混合物,1982年用于加拿大国家档案馆和加拿大国家图书馆。其脱酸效果显着,处理后的纸张pH值可达

8.5-9.5（冷水提取法），碱渣 0.7%-0.8%。老化试验表明，经该方法处理的纸张的稳定性有所提高。

缺点主要有：脱酸不均匀，约 35% 的书没有完全酸化；即使纸张的耐用性增加，字迹也会消失；气味，白点；纸张起皱、变色、粘渗等。

如果全天运行，该方法年处理量可达 26 万卷，但由于使用的甲醇具有一定的毒性，团队在操作过程中必须注意安全。

(4) 二乙基锌法

二乙基锌（DEZ）方法由美国国会图书馆的合作者 Kelly 和 Williams 于 1980 年代创立。原因是美国国会图书馆的受损图书数量以每年 7.7 万册的速度增长，而美国国会图书馆没有年处理能力 50 万至 100 万册的大型脱酸设施图书。所以它配置了一套气相脱酸设备。除了美国国会图书馆外，它还广泛用于各个大学图书馆。无论纸型、粘合剂型、酸蚀型，脱酸效果都很好。酸化纸呈中性，抗皱强度提高，纸张老化延缓。90% 的书脱酸比较彻底，碱渣（ZnO）可达 1.5%~2.0%（相当于 1.8%~2.5% 的 $CaCO_3$）。经冷水萃取法检测，脱酸后 pH 值可达 7.55-9.50（平均 7.98），碱渣可达 1.0%-11.0%（以 $CaCO_3$ 计）。然而，结果表明，较高的 pH 值和碱性残留物是由于在脱酸处理之前书籍已经呈碱性。老化实验表明，除碱性纸外，脱酸后纸张的机械强度均有所提高。

这种方法的缺点是：处理后的纸张有异味、白渣和毛圈；起皱和不平整的纸张；笔迹会消失，贴纸也会消失。

这种方法的年处理量，以一个 180m^2 的加工中心为例，每年至少可以达到 25 万件。

应美国国会图书馆的要求，亚特兰大造纸科学与技术研究所使用 500 本书对二乙基锌法、FMC 法和 Wettuo 法进行了对比评估。结果表明，这三种方法都不能完全满足美国国会图书馆的技术要求。相比之下，二乙基锌法更符合相关要求，尤其是在效率和脱酸效果方面，优于其他方法。但缺点是该方法脱酸处理后产生的氧化锌（ZnO）会加速纸张纤维素的光氧化，氧化锌（ZnO）会转化为碳酸锌（$ZnCO_3$）（以 $CaCO_3$ 计），会导致纸张脱酸。酸后纸张敏感性降低。因此，通过加入二氧化碳进行再处理可以防止光氧化。比利时经过对七台大型脱酸设备的对比研究，认为二乙基锌法的应用前景最好。同时，荷兰阿姆斯特丹艺术科学研究中心的实验室也获得了相同的研究成果。

(5) FMC 法

FMC 法于 1988 年由美国 FMC 公司研制成功，所用脱酸剂为溶于氟利昂 113 中的碳酸镁（mg^{-3}），经加工精制后，采用溶于庚烷中的二丁醇盐，并在北卡罗来纳州使用。用这种方法检测酸化的书本，结果表明 pH 值可达 8.3~9.1（冷水萃取法），残留碳酸镁可达 0.7%~2.9%（相当于 0.8%~33.4% 的 $CaCO_3$）。对于更脆的纸张，处理后纸张的抗皱强度大大提高，从小于 4 提高到 20 以上。撕裂、光泽和抗拉强度等其他指标显着提高。这种方法的年处理量预计为 10 万册，但这种方法会对书籍造成不同程度的损坏。处理过的书籍可能会出现更快的吸湿性和明显的变色，以及黄色和半透明的污渍，尤其是蜡痕、铅笔书写、彩色激光打印、羊皮纸和聚苯乙烯等物质。同时，使用这种方法后，文化遗产会散发出异味，并伴有字迹褪色。

脱酸法一般不含酒精,脱酸可同时强化纸张,适用于多种纸张和书写材料。动物毒理学实验表明,酸化纸对人体皮肤、器官、组织和神经没有毒性反应,因此该方法是一种安全有效的脱酸方法,具有良好的应用前景。

(6)甲氧—乙氧甲基镁水溶液脱酸法

这种方法于1989年在法国国家图书馆萨布莱技术中心正式投入使用。脱酸效果大致如下:处理后纸张的pH值由3.5提高到4.3,再从7.2提高到8.1。该方法所用的脱酸液可重复使用4次,脱酸效果并未减弱。

这种方法的缺点包括:书本除酸前先烘干除湿,会导致精装书的缩水翘曲(平装书不存在此问题),但字迹不易散开,只有一些红色或橙色出现平装本和水性墨水,尤其是蓝色墨水,会有点涂抹。处理后,一些书页之间形成白色沉淀,并伴有乙醇气味。这种方法的年加工能力可达5万至6万卷。

(7)超临界流体纸张脱酸法

超临界流体是指温度、压力高于其临界状态的流体。超临界流体具有许多独特的性质,如黏度、密度、扩散系数、溶剂化能力等性质对温度和压力的变化十分敏感,其黏度和扩散系数接近气体,而密度和溶剂化能力则接近液体。所谓的超临界流体纸张脱酸法就是一种采用超临界流体技术进行纸张脱酸的方法,将纸张置于超临界CO_2处理装置中,经过萃取净化后,加入脱酸剂和夹带剂进行处理,即可使纸张的pH值接近中性。该发明将超临界流体技术应用于纸张脱酸,既省时省力,又无有机溶剂污染,且处理后的纸张未见弯曲、变形、色彩扩散、跑墨、粘连等现象。

3. 纸质文物清洗和漂白技术

纸质文物在展示、阅览过程中,由于存放不慎,表面会附着灰尘、泥土,并沾上茶水、墨水、油污等,部分纸张因长期吸烟而变黄。为了去除污渍并恢复清洁,纸张需要清洗和漂白。

(1)除尘

去除纸上灰尘最基本的方法是用软毛刷轻轻刷掉漂浮的灰尘。然而,由于效率低下和空气污染,大多数已经改用吸尘器,可以有效地去除纸张上的灰尘。

(2)水洗

水洗通常是用蒸馏水洗去纸上的水渍和泥渍,是最经济常用的方法。清洗前要检查水对字迹和颜色的影响。如果颜色褪色,则在处理前应使用聚甲基丙烯酸、甲酯树脂溶液或明胶水来增强字迹的颜色。洗涤时,注意水温;一般用温水,必要时也可以用开水。操作时,先准备一个搪瓷盆或塑料盆,倒入蒸馏水,将纸质文件压平放在塑料托盘上或用塑料网支撑,然后放入盆中直至完全浸透,用刷子刷去污渍,浸泡一定时间后,将纸从盆中取出,继续用蒸馏水冲洗,测pH值后,用吸水纸吸干水分,放在两张吸水纸中间压平晾干。

(3)有机溶液清洗

对于一些用水难以去除的污渍,选择合适的去污溶剂至关重要。将纸有污渍的一面放在吸水纸上,用棉花蘸取溶剂,擦拭污渍部分,用海绵从背面吸去多余的溶剂,污渍会因作用而转移到吸水纸上的溶剂。之后,使用新的吸墨纸并再次使用海绵。重复多次,直到污渍消失。有机溶剂去污具有效果好、速度快、纸张无明显溶胀等优点。但所用的各种有机溶剂易燃且有毒,使用时要注意安全。

(4)漂白

对于溶剂法无法去除的污渍,可以尝试漂白剂。漂白是一种相对剧烈的氧化还原过程,它会因侵蚀而削弱纸张组织的韧性。褪色和失去光泽的墨水或油漆。因此,漂白前必须进行局部测试,并根据经验和经过验证的有效性使用。几种常用的漂白剂如下。

过氧化氢:过氧化氢的分子式为 H_2O_2,俗称双氧水。无色液体,比重 1.438,沸点 151.4℃,可与水、乙醇或乙醚任意比例混合,在不同情况下可被氧化或还原。

用于漂白的双氧水溶液是将双氧水和乙醚按等比例(体积)混合,摇动使双氧水与乙醚充分混合。乙醚溶液中含有足够的过氧化氢进行漂白,可用棉花蘸取去污。这是一种温和的漂白剂,通常首先进行去污测试。对于变黑的铅白和红丹,可用双氧水将其变成硫酸铅白,以恢复其原貌。

次氯酸盐:次氯酸盐是一种传统的纸张漂白剂,常用的是次氯酸钙,分子式为 $Ca(ClO)_2 \cdot 4H_2O$,白色晶体,不吸湿时含有 70% 的有效氯。此外,有时使用次氯酸钠,其分子式为 NaClO,淡黄色,极不稳定,易溶于水,水溶液呈碱性,为强氧化剂。用次氯酸钠漂白分为三个步骤:首先,准备 5% 的次氯酸钠溶液浸泡纸张,通过碱作用使纸张变软;然后将纸转移到含有浓盐酸(5g/1150ml)的水溶液中;将纸放入含有 2% 硫代硫酸钠的溶液中以去除余氯,然后用水冲洗。选择的浓度和时间应根据污渍的污染程度而定。

氯胺T:分子式为 $C_7H_7ClNNaO_2S \cdot 3H_2O$,即 N—氯—4—甲基苯磺酰胺钠盐。

第一,氯胺-T 为白色或微黄色结晶性粉末,有轻微的氯气味,不苦,暴露在空气中会慢慢分解,有效氯一年仅减少 0.1%,逐渐变化失去氯。呈黄色,易溶于水、乙醇,不溶于氯仿、乙醚或苯,水溶液对酚酞和石蕊试剂呈微碱性,pH 为 8—10。

第二,氯胺 T 含有 23%~26% 的有效氯,相当于氯胺 T 中 $C_7H_7ClNNaO_2S \cdot 3H_2O$ 含量的 91.5%~100%。暴露于空气中会逐渐分解并失去有效氯,因此必须密封储存,并存放于干燥阴凉处。

第三,1 份氯胺 T 可溶于 7 份冷水(15.5℃)或 2 份沸水中。氯胺 T 在中性或碱性介质中是一种中性缓和氧化剂。加热时会释放出大量的氧气,这种初生的氧气可以使天然色素氧化脱色,从而达到漂白效果。

第四,氯胺 T 在酸性介质中会分解并剧烈释放氧气,难以控制。因此,用氯胺 T 漂白时,最适合在中性溶液中进行。也就是说,漂白能力可以通过将氯胺 T 直接溶解在水中、加热或直接溶解在热水中来发挥。这种方法最早是由学者 Prenderline 博士提出的,通常使用浓度为 2% 的水溶液。然后印度学者改用酒精溶液。操作方法很简单:将 10g 氯胺 T 溶于 2mL 蒸馏水中,用无水乙醇调匀,然后将待处理的绘画或文件放入合适的搪瓷或塑料盆中,然后慢慢倒入配制好的氯胺 T,将酒精溶液涂在绘画或文件上,使其完全浸入溶液中,用玻璃盖住容器,浸泡 5 小时后,当酒精溶液由无色变为黄色时,即可将酒精溶液取出,让图纸或文件在室温下干燥。对于易碎的字画或文件,在浸入酒精溶液前应采取保护措施。先用明胶水或 1% 丙烯酸树脂溶液加固,干燥后再处理。

氯胺 T 的漂白作用比较温和,它的漂白性能会慢慢丧失,不会有腐蚀性物质残留在纸上,所以不需要用水漂洗。另外,所用的醇类溶剂可以通过蒸馏回收,所以这种方法也比较经济。

(5)高锰酸钾

高锰酸钾分子式为 $KMnO_4$,深紫色晶体,有金属光泽,味甜而涩,比重2.703,溶于水,遇乙醇分解。它是一种常用的漂白剂。

操作过程如下:首先将要漂白的纸张在浓度为0.5‰的高锰酸钾溶液中浸泡5分钟左右,然后取出,移入浓度为2‰的草酸溶液中,最后用蒸馏水清洗直至清洗干净。直到液体呈中性。

目前,也有使用以下两种方法。

首先是用浓度为0.26‰的高锰酸钾溶液漂洗5分钟,然后用等量的浓度为1‰的硫酸钠和浓度为1‰的草酸混合溶液漂洗2分钟,最后用蒸馏水漂洗至中性。

二是用1‰高锰酸钾溶液漂洗5分钟,再用1‰柠檬酸或草酸溶液漂洗5~10分钟,最后用蒸馏水漂洗至中性。

漂白剂只能用于状况良好但污渍难以用溶剂去除的纸张上。这种方法一般不适用于易碎的纸张。操作时必须控制好溶液浓度和漂白时间,随时观察纸张状态,以便发现问题及时处理。

4. 纸质文物的加固技术

(1)丝印加固法

丝印是一种新型补强材料,适用于易碎、薄纸和纺织文物的补强,如棉纸、毛边纸、历史纸、光面纸、新闻纸,特别适用于双面补强。书写或打印纸适用于字迹被水渗入的纸质文件的加固。

该技术使用的金属丝网是由单丝编织而成,上面喷有热熔胶,只需熨烫即可使其粘附在纸上。使用该技术加固纸质文物,完全不影响文字的视觉阅读。该技术不仅解决了双面文字的纸质文物和传统托槽无法修复的易碎纸质文物的加固问题,而且具有操作方便、材料耐老化、性能好等优点。

该方法的操作步骤如下:首先,将加固物的褶皱拉直,对齐裂缝,在裂缝处加一个小金属丝网,形成一个整体。层压机底座用羊毛毡平衬,然后包覆增强材料。当覆膜机自控温度指示达到80℃时,轻轻施压,反面同样操作。操作时要注意丝网一定要平整,网孔最好垂直于文字的线条。加热温度一般需要控制在80℃左右。如果温度太高,会影响纸张。如果温度太低,则不容易粘合。操作时应灵活调整。该方法已在全国多家档案馆、图书馆、博物馆推广应用,并用于敦煌经、宋钞、大同书等一大批珍贵文物的加固,并取得了显著成效。

(2)传统安装方式

我国传统的贴装技术已有1000多年的历史。装裱后的字画既美观又易于观赏和保存。书画旧了,所以纸变脆,颜色变深,污点也多。镶嵌处理可去除污渍,修复损坏部位。同时上浆后涂装中心强度增加,可起到很好的保护作用。

贴装一般分为单面贴装和双面贴装。单面贴装是装在书画文字的背面,双面贴装适用于双面有文字的纸张。两者在技术上基本相同,区别在于对所用配套纸的要求不同。用于双面支撑的支撑纸应具有较高的透明度,加固后不会影响文字的阅读。而单面支撑,只要支撑纸的质量好就可以。常用的支撑纸经过特殊加工,如料半、连石、串连等。

贴装是目前广泛使用的一种方法。操作步骤为:将待裱纸用湿毛巾盖住或喷水润湿后拉平。涂上浆水,盖上支撑纸,用糊刷抹平。刷托纸时,左手握住纸的另一端,不时松开托纸和纸页,配合右手的动作。建议不要刷掉折痕。全部刷完后,翻过来放在干纸上,用糊状扫帚刷,使其粘牢。

支撑分为湿支撑和干支撑,操作方法基本相同。主要区别是:干支撑是在支撑纸上刷贴,湿支撑是在文物上刷贴。实际操作应以文物为准,还取决于书写的防水性。

(3) 纸浆修复法

修补加固是修补工作的重要组成部分,也是保护易碎纸张、延长其使用寿命的有效措施之一。

纸浆修复法是将需要修补的纸张放在筛网上,将预先制备的纤维素(纸浆、棉纤维、树脂)悬浮液注入不完整和空腔中。当溶液向下渗透时,溶液中的纤维元件堵塞虫洞,填补缺陷,修复纸张。

这种方法利用纸浆作为纸张受损部位的修复材料,目前已得到广泛应用。其操作方法分为人工修理和机械修理。其中,机械修复是主要方法,该方法由牙髓修复机完成。

(4) 高分子材料的增强方法

高分子材料加固法是用高分子树脂溶液刷涂浸渍纸,或用纸、树脂膜、丝网装裱、热压,以增加纸的强度的方法。

(5) 丙烯腈单体聚合的增强方法

丙烯腈单体的聚合是近年来英国图书馆及相关部门的研究成果。通过 γ 射线照射,增强材料与纸张发生接枝聚合反应,从而结合为一个整体,提高纸张的耐久性。

(二)纺织品文物保护

以丝织品文物为例,其保护工作主要有:丝织品文物的出土揭展(物理揭展、化学揭展);清洗方法的研究,包括清洗剂的配方、清洗效果、清洗对丝织品文物的影响等;材质分析,包括丝织品文物的结构、组成、颜料、染料等的分析保存研究,包括防霉、霉斑的清除、环境控制研究等;老化研究,包括丝织品文物的物理老化、材料变质、材料性能分析检测等;加固保护研究,包括传统加固方法、加固材料的研究等。

近年来,国内文物保护学者在丝织品文物保护研究方面取得了共识。对于大分子聚合物的丝织品文物,由于分子水平反应造成的老化等损坏状况仅凭肉眼不易判断,需要借助化学分析手段和现代分析仪器进行确定。首先要了解丝织品文物的损害状态和各种腐蚀因素的关系,即保存状况的科学检测与评估;其次在对丝织品文物老化、劣变因素定性分析进行研究的基础上,定量检测丝织品文物的老化程度,并将其作为研究、选择及评定保护方法的主要依据,从而达到长期保存、研究丝织品文物的目的。在丝织品文物保护技术与实践的研究中,开发及应用与丝织品文物性能相类似的材料,对古代丝织品文物进行加固,以解决丝织品脆化、酥粉等问题。

由于我国的丝织品文物保护方法发展较国外起步晚,因此大部分丝织品文物保护的理念和方法均来自国外,使得我国的丝织品文物保护在受到国外先进方法的影响下,得到了快速发展。但也由于未能结合我国的具体国情,给我国的丝织品文物保护带来了一定的困扰。例如,北京定陵出土的大量精美丝织品,由于保护过程不当使用了聚甲基丙烯酸甲酯,遭受到了毁灭性的破坏。

以下是对我国近年来丝织品文物保护所使用的清洗、修复、加固、染料分析等方法的阐述。

1. 消毒灭菌

消毒灭菌的方法主要包括以下几种。

消毒液:新洁尔灭、过氧乙酸、乙醇等。

熏蒸:环氧乙烷、甲醛。

植物灭菌剂:中草药、香茅草、茵陈、姜黄、莪术、黄柏、茴香、艾叶等。

2. 清洗方法

由于种种原因,国内关于古代丝织品的清洗研究仍处于探索阶段。南京博物院以及湖南、浙江、福建、湖北等地的文物保护工作者先后研究和使用了传统清洗方法来清洗古代丝织品上的污染物,但均没有取得实质性进展。

古代丝织品的清洗方法一般可分为:传统清洗方法和常用清洗方法两大类。

传统清洗方法是使用如生姜、皂荚、面粉、冬瓜、豆腐水、洗米水等天然清洗剂对丝织品进行清洗。

常用清洗方法主要分为以下几种。

湿洗法:针对质地较结实、污染严重、不易掉色的织物。

干洗法:针对不溶于水的污斑,或水溶液可能会引起失色的丝织物。常用的干洗剂有乙醇、三氯乙烯、丙酮、乙醚、苯等。

超声波清洗法:一般采用较低功率密度的超声波在表面用较短时间清洗,以防止空化腐蚀损伤丝织品。

药物清洗法:针对长期埋藏于地下或受各种环境和有害物质作用的丝织品清洗方法。

混合溶剂及特殊清洗法:针对存在多种污垢的丝织品。

生物技术清洗法:采用生物技术促使蛋白质类污染物分解的清洗方式。

3. 修复方法

我国的古代丝织品修复技术尚处于起步阶段,从20世纪90年代起,先后建立了苏州丝绸博物馆、中国丝绸博物馆、中国丝绸织绣文物复制中心等单位。他们分别在破损丝织文物的研究、保护、复制以及修复等方面做了大量工作,其中苏州丝绸博物馆、中国丝绸织绣文物复制中心近几年来采用多种科学手段,先后为西班牙大使馆、南京市博物馆、江阴市博物馆等多家单位修复了近80件破损的丝织品。在反复的实践和探索中,积累了经验、知识、技术、方法和数据,但尚缺乏深入且系统的研究。常用的丝织品修复方法如下。

物理方法:同类织物托裱法、丝线衔接修补法、同类织物衬补法、补缺整合复原法。

化学方法:合成树脂涂层法、树脂膜热压黏合剂法、蚕丝网黏合村褙法等。

4. 加固方法

除采用传统的托褙法加固丝织品外,现代化学和生物学的发展,为丝织品文物的加固材料提供了更多的选择。常用的丝织品加固方法如下。

传统托褙法:适用于单面有图案的织物。

透明薄板夹衬法:考古现场临时封存出土织物所使用的方法。

树脂膜加固法:采用热压黏合或溶剂溶化黏合的方法。

蚕丝—树脂网加固法:南京博物院研制、生产,适用于脆弱纺织品加固的方法,可进行热压黏合,也可采用乙醇溶剂溶化,既可单面衬托,也可双面衬托,加固后不影响对织物编织结构的观察和研究,操作简便且具有可再处理性。

丝胶加固法:采用与加固对象材料相似的丝胶进行加固的方法。湖南省博物馆在对马王堆汉墓中出土的敷彩织物进行加固时采用了此法。

合成树脂加固。

Parylene加固法:由Union Carbie Co公司开发,用于文物和古生物样品的加固保护。

5. 染料分析

近30年来,染料分析所使用的方法不仅有薄层色谱法、化学法等传统方法,还有扫描电子显微镜能谱分析、荧光微分析、高效液相色谱分析、红外光谱分析等现代方法。在分析内容上,除了对如胭脂红、红木、胭脂虫粉、茜草等色素成分进行分析外,还对C、H、N、S等元素进行分析。近年来,对于颜料和染料无损分析的探索和应用有增多趋势。

6. 古代丝织品文物无损或微损检测技术的发展

长期以来,在文物保护研究领域的丝织品文物分析检测方面,采用红外光谱、X射线衍射、热分析、黏度测定、扫描电子显微镜、色差等分析技术的研究偶有报道,但由于丝织品文物无损或微损分析面临科学定义模糊、研究工作分散、样品取样困难等问题,始终未能建立整套的分析方法。鉴于上述情况,古代丝织品系统分析的理念应运而生,通过采用CCD视频放大技术、红外光谱、X射线电子能谱、黏度测定、X射线衍射等现代分析技术对古代丝织品进行了大量的分析,并在实践的基础上,建立了无损或微损的整套分析技术以及古代丝织品分析检测的应用框架。[①] 但是由于各种无损检测方法都是通过一定的中间过程来显示材料所缺失的信息的,因而不可避免地受到材料本身和检测时的各种主客观因素的影响。每一种检测方法都不能保证检测结果的绝对准确无误,各种方法都有各自的优点和不完善之处,需要互相补充。

(三)金属文物保护

出土的金属器物一般锈蚀十分严重,主要生成物包括金属氧化物、氯化物和硫化物,需要对其进行除锈、缓释、加固等保护处理。

---

① 刘诗婷. X射线无损检测技术在金属文物研究中的应用[D]. 南京:南京艺术学院,2020.

1. 物理去锈与清洗

物理去除无害锈的方法有机械去锈、超声波去锈、喷砂去锈。机械去锈所使用的工具有钢针、手术刀、牙签等，直接剔除锈蚀。该方法操作简单，可避免在文物表面留下刮痕而导致文物部分历史信息丧失。

机械清洗法是对器物表面泥土、不稳定锈蚀层和其他附着物进行剔除和清洗。主要目的是去除在现有保存环境下会继续恶化，且对文物造成不良影响的锈蚀。在除锈操作结束之后，还要保证器物整体风格统一，不会对文物本体造成损伤。

2. 化学去锈

用浓度为5％的倍半碳酸钠溶液（分析纯）对有"有害锈"的青铜器进行浸泡。取出浸泡液进行酸化处理并测定氯化物，根据所含氯化物的量，多次更换浸泡液，使浸泡液中氯化物的含量尽可能低。

对于青铜器表面致密的绿锈和土锈，分别配制柠檬酸、碳酸氢钠饱和溶液，将青铜器用两种溶液进行交替浸泡，至锈蚀去除干净。在文物处理的过程中，应注意观察浸泡液颜色的变化，以不伤害青铜器本体为原则。

对于铭文处的有害锈，将锌粉与浓度为10％的氢氧化钠调配，均匀涂敷在有斑点的腐蚀处，然后将锌粉去除并用蒸馏水清洗，观察其处理效果。可多次涂敷，重复上述操作，直至腐蚀斑点被彻底去除。

3. 矫形

对质地较好的铜器采用加温矫形法，利用烘干箱加温，并将温度控制在250℃内以消除残片的内应力。用两块模具，内外模各一块，合成一套。把变形的铜器按照合适弧度置于模具之间，与模具形状相对，用加压钳加压，经过反复加温施压，直至铜器变形部位恢复原形。[①]

对于韧性强的铜，采用矫形加热法，通过攻丝进行矫形法，可以取得良好的效果。如果铜制物品的弧度向外扩大，可以将凹形锡砧放在变形部分上，然后用垂直于内壁的锤子敲打，使弧度逐渐向内收缩。也可用锡半球形砧，垫在铜拱壁内侧，然后在外侧轻轻敲击，使变形的部分慢慢向外膨胀并修复。根据变形的程度和位置不同，也可以使用不同的工具和附件，通过支撑、压、撬、扭、焊等方式形成铜制品，但要避免再次划伤作物残渣。

4. 补缺

对于形状特别的附件，用铸造方法来修复，如爵足、鼎足、兽耳、兽面等。利用器物上的另一足或另一兽耳为模型，翻制范模，采用精密铸造的方法铸铜配件，配件铸成功后，修饰花纹和残缺形状，再焊补到器物上，经锉打、磨光洁，再用传统方法进行做旧处理、牙刷弹锈等，应使补缺部分的外观颜色与整体色调一致。

5. 缓释处理

在器物上通体涂刷3％~5％的苯丙三氮唑乙醇溶液，隔绝空气、水汽。因苯丙三氮唑有毒，操作应在通风橱里进行，并戴上防毒面具、手套，操作时可使用红外灯加热以增强缓释效

---

① 张海燕.博物馆金属文物保护与修复探究[J].文物鉴定与鉴赏,2021(05):77—79.

果,涂刷完毕后将所有工具用丙酮清洗干净。由于苯丙三氮唑会与铜离子反应,形成一层保护膜,并打破氯盐中的化学键,将氯离子俘获到新的分子中,一些未完全反应的苯丙三氮唑会在器物表面重新结晶,可使用乙醇将其去除。

6. 表面封护处理

器物缓释处理后,采用浓度为1%的B-72乙酸乙酯溶液进行表面封护,阻止有害气体和水分对文物本体的腐蚀,使器物得以长期安全保存。对封护后的器物用消光粉进行消光处理,以保持器物的原貌。

(四)石质文物保护

1. 石质文物的清洗

文物上的灰尘、油烟、霉菌、污垢、溶盐等对文物有不同程度的破坏,必须用正确的方法清理或清除。

(2) 石刻除尘

当落在文物上的灰尘遇到潮湿的空气时,溶解在其中的盐分和碱会腐蚀文物。以重庆大足石雕为例,对雕像上的灰尘进行取样分析后发现,主要成分为石膏和复盐,可用刷子轻刷。

(2) 清理雨痕

先用去离子水去除水溶性杂质,再用5%的六偏磷酸钠溶液清洗雨痕。如果雨迹很深且难以清洁,可使用5%的六偏磷酸。钠多涂纸施涂法,使其与污垢充分接触结合,从而去除雨痕。最后,用去离子水清洗石雕,以去除残留在石头文化遗迹中的任何清洁剂。

(3) 油烟、模具的清洗

用14%的氨水和5%~10%的丙酮溶液清洗效果非常显着,油蒸气和霉菌可以完全去除。如果清洗过的部分过于潮湿,为防止霉变,可用0.02%的霉二醇乳液处理,在石雕表面形成一层透气、无油光、防霉的保护膜。

(4) 黑、绿霉和低位植物共生复合物形成的污染物的清洗

先用清水浸泡污染物,再用50%丙酮溶液洗涤,再用14%氨水洗涤,再用0.4%浓度的敌菌乳液进行杀菌、防霉、除苔处理。

(5) 清理石雕上溶解的盐分和硬质沉积物

充分利用石雕中的毛细作用和纸纤维纹理的协同吸力作用,将多层纸法应用于溶盐石雕件上。使用蘸有去离子水的刷子,在石头表面涂抹柔软的吸水纸。纸与石雕结合牢固,溶解在石材中的盐分在石雕的毛细作用和纸纤维纹理的协同吸力下进入纸浆层,留在石层的纤维中。涂布纸干燥并翘曲后的纸张,撕下纸层重复几次,溶解的盐就基本可以去除了。

石灰石、石膏和二氧化硅材料在岩画沉积物中相对较硬,可以通过多层纸方法应用。多层纸以沉积物附着在岩培养物表面,使硬质沉积物被纸层浸泡、软化、络合、溶解和吸收。石雕和所涂的纸张涂层表面沉积了大量的白色针状晶体,在纸张涂层干燥弯曲的部分有大约4~5毫米的针状晶体。用刷子或小刷子去除晶体后,重复应用,直到沉淀物沉淀干净。这样,作物残渣表面和雕塑孔隙中的不溶性沉淀物中的钙、铁、镁、钡二价离子与六偏磷酸钠形成稳定的络合物,溶于水后被六偏磷酸钠吸收。纸层沉积物中的阴离子与六偏磷酸钠中的钠离子

形成可溶性盐。这些盐分渗入纸层并被剥离,溶解在文物石表面上的盐分被摩擦,最后浸入去离子水中。润湿纸层并抽真空两次,以从岩石表面或可见的孔隙中去除六偏磷酸钠。

2. 石质文物断裂处的粘结

对于表面比较完整,石刻质地、强度比较好的大块石质艺术品(石雕或石刻)的断裂问题,可用强度好、黏着力强、收缩率低、内聚力大、稳定性好、低蠕变、高韧性的环氧树脂黏合剂黏结。[1]

操作步骤:①清理石质文物的断裂面;②风干(自然风干或用吹风机吹干);③用刷子将环氧树脂胶均匀涂抹在截面上;④待半干时,将裂缝封闭并稍用力,使其粘合;⑤等待粘合剂固化;⑥修旧化。

对于比较脆的石质文物,为防止接合面背面因过度粘连而损坏,导致石体分离,不建议使用环氧树脂粘接,而是使用硝化纤维。对于裂面大、裂面较宽、石面较脆的文物,可用聚醋酸乙烯酯、大理石粉和合适的颜料制成"面团",压入文物石缝中,1~2天后晾干方可修复。

---

[1] 闫永艳. 灰岩类石质文物抗侵蚀保护试验研究[D]. 焦作:河南理工大学,2017.

第七章 博物馆数字化建设在文物保护中的新应用

第一节 数字化技术在文物保护中的运用

信息技术的发展给人们的生活带来了前所未有的便利,对于博物馆行业而言,数字化技术的运用在管理、运营、社会服务方面发挥着重要作用,是博物馆适应时代潮流发展、与时俱进的基础,加强博物馆的数字化建设,有利于助推博物馆更好的发挥其社会功能,将数字技术运用到博物馆的管理、文物展示、文物修复等工作中来,有利于博物馆及时更新文物保护理念,运用科学技术更好地发挥其社会功能。

一、数字化技术在文物保护中的运用

博物馆藏品管理方式是博物馆进行藏品管理的根本办法,靠纸笔登记藏品信息进行文物保管的方式,存在很多隐患,文物登记信息的整理、留存、传播、使用方面,均有很多难以突破的困难,随着科技的进步与发展,将信息技术运用到文物保护中,进行藏品的管理,将藏品信息进行数字化登记,为博物馆工作人员对藏品信息的使用提供了很大的便利,文物数据越来越完善,越来越被文博人员重视。

在进行博物馆藏品数字化的过程中,会用到多学科的理论知识,对藏品数字信息的统计要有一定的标准,运用信息技术,参照账本设计、制作出来的藏品信息,是文博从业人员进行文物藏品管理的基本资料,统计文物信息,要使用信息技术学、统计学等多种学科综合进行,要确保准确性。文物数字化登记的实现要注意如下几点:

其一,文物藏品信息的登记要注重藏品信息的原始资料,记录清楚文物藏品的来源信息,如考古发掘、社会捐赠、社会征集等。

其二,文物信息数字化的开展过程要严谨。文物信息的数字化要确保准确,这个过程不是一蹴而就的,需要经过文物信息采集、拍照、尺寸测量、历史卡片读取、录入等过程,要通过多人的协同作业才能够实现。在这个过程中,每个环节都很重要,都要确保信息的准确性。加入信息校对环节,这是进行文物信息数字化采集的关键。

其三,文物数字化的开展,要根据文物的类别进行,不同文物类别在进行文物数字化采集的过程中,需要测量的方面是不同的,如不同器型的文物,在进行文物数据测量时,测量的位置各不相同,除此之外,文物数字化采集的过程中,记录好文物来源的同时,根据文物分类的依据,具体问题具体分析,做好文物类别的分类工作。

其四,文物信息的数字化工作,改变了文博人员传统博物馆藏品管理的模式,提高了文物

工作者的工作效率,藏品数字化的实现,靠文博工作者的努力,藏品数字化的成果,为博物馆藏品的保护、研究、利用提供了便利,是时代发展的必然,也是数字经济发展的必然选择。博物馆馆藏藏品的数字化,能够让博物馆中的资源发挥更大的社会价值。

二、数字化技术应用于博物馆文物保护工作的现实意义

博物馆藏品数字化的实施和运用,对博物馆工作的开展有很好的促进作用。文物是不可再生资源,是人类文明和文化的载体,博物馆的功能是保护好、传承好历史资源的社会价值和文化意义,通过对博物馆中文物信息的采集,运用先进的科学技术,把文物信息的采集运用到展览展示、宣传教育、文创研发等方面,博物馆数字资源的合理使用,是提升博物馆藏品的社会影响力,发掘好文物背后的故事,顺应互联网时代社会发展对博物馆提出的新要求。

(一)藏品信息数字化的存储意义

文物是不可再生资源,博物馆从业人员对文物的研究、展示和利用,如果每次都通过直接接触文物来实现,是不利于文物的保护和管理的。运用科学技术对文物信息平面或立体的采集,对藏品的研究就可以通过这些藏品信息间接进行,藏品信息的数字化,让文物信息可以得以存储和传播,是文物从业者进行文物研究的基础材料,也为更多的博物馆受众提供了文物图像和信息,让文物作为文化载体得以传播。

(二)藏品信息数字化对展览的作用

博物馆实现文化输出主要通过举办展览,博物馆的社会受众是博物馆的服务对象,藏品信息的数字化,丰富了社会受众通过多种平台、多种形式、多种方式进行博物馆藏品信息获取的途径。近年来,受新冠肺炎疫情影响,博物馆线上展览风靡一时,很多博物馆特色展览,从临时性、即时性、地域性等局限中脱离出来,通过"云展览"等多种形式,通过互联网传播的形式服务于博物馆受众。

馆藏信息数字化助推了文博行业的交流互动。博物馆行业之间的交流互鉴是博物馆进行馆际学习、展览常办常新的关键,馆际之间的文物藏品交流、展示互换,是馆际学习,更是文化碰撞,藏品信息数字化的进程助推了这一模式的成熟,但由于馆藏文物的珍贵性,直接进行文物交流,需要耗费巨大的人力、财力,藏品数字化资源的大量使用,打破了这一桎梏,文物图片展通过文物藏品信息资源就可以实现的联合展览屡见不鲜。

三、博物馆藏品管理中对数字技术的运用

截至2020年底,中国登记备案的博物馆为5788家,随着数字技术在博物馆业务中的运用,博物馆的各项水平不断健全,针对博物馆自身的运营情况所建立起来的质量评估体系,被社会各界所认可,博物馆在改革创新、统筹协调、开放共享等方面,均作出了新的改变,九部委联合发布的《关于推进博物馆改革发展指导意见》中,对博物馆发展提出了新的要求,弘扬中

华优秀文化、培育社会主义核心价值观等,成为我国博物馆结合国情发展需要形成的发展目标。

(一)立足本馆情况

数字化技术在博物馆中的运用要立足本馆的具体情况,具体问题具体分析,要根据本馆馆藏品的具体情况和博物馆具体工作业务,循序渐进地推进博物馆的信息化建设,每个博物馆的运营和收藏情况都是不一样的,信息化建设无法照搬照抄,准确、标准的藏品信息采集和管理,是博物馆进行数字化建设的基础,正确的博物馆藏品目录,能够给博物馆从业人员开展博物馆工作带来便利。

(二)因地制宜内容建设

博物馆的数字化建设,要经过很长时间的不断学习、不断积累逐渐形成,根据计算机技术的进步,不断更新,博物馆信息化建设要系统化、整体化进行,既针对博物馆藏品的保护管理,又针对博物馆具体业务工作的开展,如展览陈列、社会教育、宣传文创等,博物馆的藏品信息采集,是博物馆数字化建设的关键,基础文物信息进行扫描整理后,博物馆从业人员可以通过文物数字化资源间接对文物开展研究和整理,博物馆藏品数字化,尤其对博物馆的展陈和宣传起到了很好的助力作用,信息资源的合理利用,有利于博物馆举办更多更好的特色展览,博物馆宣传工作的开展,也有利于扩大博物馆的社会影响力。

(三)藏品管理系统的开发与建设

在博物馆数字化进程中,为有效地进行数字资源的搜索和使用,简单的信息搜索并不能满足馆藏文物的保管、研究等工作,从本馆的实际出发,建设本馆的藏品管理系统,是进行博物馆藏品资源利用的关键。藏品管理系统的建设,有利于博物馆从业人员利用藏品信息资源开展系列工作。

(四)本馆门户网站的建设

随着信息技术的发展,博物馆建设属于自己的门户网站,这已经是国家级博物馆的标配,在国家级博物馆评估定级标准中,门户网站的建设和使用,是重要的考核标准之一,博物馆通过门户网站上发布的藏品数字资源信息和博物馆的日常资讯,可以将博物馆的工作,以互联网的形式呈现在社会大众面前,博物馆通过文物网站、自媒体客户端建设等途径,实现博物馆的网络传播。

四、加强博物馆藏品管理工作,数字技术的运用形成助力

(一)馆藏藏品资源的数字化采集

博物馆藏品信息管理工作的开展,是博物馆开展其他业务工作的基础。对博物馆的馆藏文物进行数字化采集的方式有很多,既有二维的平面采集,也有针对立体文物的三维立体扫描,这些科学技术在文物藏品信息采集中的运用,是开展博物馆藏品管理和保护的基石。近

年来,国家文物局对博物馆的资金支持分为两块:文物本体保护和文物数字化保护,其中文物数字化保护项目的实施和开展,目的是对藏品文物进行保护性采集,文物采集的资源和信息运用于博物馆的日常工作中,如三维信息的采集,可利用于博物馆藏品的展览展示、文创研发、社教课程研发等。也可以运用于科技保护对文物的本体修复工作中,博物馆藏品资源数字化工作,给博物馆的信息化建设提供了巨大的助推力。

(二)数字技术助推展览陈列

博物馆中对馆藏藏品的数字化采集,丰富了博物馆藏品管理的形式,这些被采集的藏品数字资源,可以根据博物馆展览陈列的需要,应用于博物馆的展陈中,通过数字技术进行藏品信息的采集,整理合成后,可用于博物馆文物的展览陈列中。一方面,数字资源的运用,可以丰富博物馆的展陈形式,橱柜里的文物,除了通过直观的展览展示以外,还可以通过触摸屏等形式,进行文物的多角度展示,增强观众的互动体验感;另一方面,数字资源的运用,可以丰富博物馆的宣传形式。近年来,受新冠肺炎疫情影响,全球博物馆的开放时间较之前有所缩短,博物馆面临前所未有的困境,为加强博物馆的宣传影响力,各博物馆积极学习先进的数字技术,通过VR等线上展览形式,将本馆的展览在网络上推出,博物馆受众可以通过互联网实现"云"上观展。这些数字技术的学习与掌握,要求博物馆从业人员的观念要不断更新、不断学习、与时俱进。

(三)数字技术在导览中的运用

受众进入博物馆中参观,博物馆导览发挥着重要的指引作用,传统的博物馆导览,通过讲解员来实现。随着科学技术的进步和发展,线上语音导览逐渐被引进到各博物馆,受众走入博物馆后,可通过租用讲解设备、下载讲解APP等形式,进行自助讲解,在博物馆中使用自助讲解,受众可以根据自己的喜好设计参观路线,参观体验更加自由,数字技术在博物馆导览中的运用,丰富了博物馆受众在博物馆中获取知识的形式。

五、数字技术的运用途径及方式建议

(一)数字资源管理系统的建立与使用

除基础的博物馆藏品资源管理系统外,随着科技的进步与发展,为更好地利用好博物馆数字资源,很多博物馆选择建立藏品资源管理系统的同时,建立博物馆的数字资源管理系统。博物馆的数字管理系统,是博物馆的藏品数字化资源、展陈资源、社教活动文案、科技保护修复方案汇报等工作的合集,数字资源管理系统的建立,是博物馆信息化建设的框架性建设,旨在留存好博物馆的资料,加强博物馆的社会服务性。

(二)有利于推进藏品的学术研究

博物馆数字资源的合理使用,有利于博物馆专业技术人员开展文物的整理、研究、保护、利用工作。藏品数据库和藏品数字资源管理系统的建立,为文博从业者研究文物提供了很好的助力。文物研究者可以通过藏品数据库获取文物基本信息,并通过藏品数字资源管理系统,调用采集的二维或三维文物信息,开展文物研究、展陈、修复等各项工作。

(三)提高工作效率

藏品管理系统和数字资源管理系统的使用,大大提升了文博工作者的工作效率。传统的藏品管理方式在文物研究、展览文创、社教宣传等方面,均存在一定的桎梏。数字化技术的运用,让文物藏品信息能够通过计算机展示在文博从业人员的面前,有利于文博从业人员利用资源开展展陈、宣教、科研、文创等各项博物馆工作。

第二节 数字化技术与文物预防性保护

一、文物预防性保护概念及发展

随着博物馆体系的成熟,针对文物本体需要进行的保护,被世界各博物馆所重视,文物是非可再生资源,有其自身的寿命。博物馆收藏、保护、管理藏品,延长藏品的寿命,挖掘藏品的历史价值与文化意义。"预防性保护"是针对文物本体实施的预先性保护措施,这个理念在十九世纪三十年代被提出,并成为博物馆业界所共同认可的理念。文物预防性保护概念被提出来之后,博物馆界针对藏品保护的相关问题,展开了讨论,业界普遍认为,文物存在的客观环境,直接决定着文物的寿命,为延长文物的物理性寿命,进入博物馆的藏品,通过藏品保管等一系列措施,为文物的保存、展示、应用提供必要的保障措施。不同种类的文物存储对环境温湿度的要求各不相同,博物馆的藏品存储,要根据文物的特性,运用先进的技术,对文物存储环境的温湿度进行管控,"文物预防性保护"的概念一经提出,针对文物本体及其对周围存储环境的研究,逐渐成为一门专门的学科。我们可以通过对文物类别的了解,根据不同种类文物材质的不同属性,进行藏品存储客观环境的调控。除此之外,对文物本体发现的存储安全隐患,通过除尘、杀虫等措施进行病害清除,做好文物本体的保护。20世纪90年代,针对博物馆馆藏藏品进行风险评估的机构应运而生,针对馆藏藏品存储环境、展陈环境进行监控和控制的技术逐渐成熟,温湿度数控技术的运用大大提高了藏品保管、展示的安全性,在博物馆中使用恒温恒湿设备和数控技术,管理博物馆藏品的存储环境的技术开始被逐渐运用到各博物馆中,数字化技术在文物预防性保护中的运用,多通过制作修复方案进行,数字化采集的藏品信息,可用于做文物本体保护时有力的证明,通过图片的形式,呈现文物藏品需要修复的地方。

19世纪30年代,"预防性保护"被作为一个概念提出,这个概念受到了博物馆业界的认可,针对博物馆藏品的本体性保护,逐渐被以系统化的形式出现。针对藏品本体的预防性保护,越来越受到重视,20世纪50年代,国际上针对文化遗产保护研究的机构对博物馆的业务工作进行了综合性、系统性的研究,从理论上和实践上分析不同种类的博物馆藏品该采用怎样的措施,确保馆藏藏品的持续安全性,并开展了系统的学术研究。20世纪70至80年代,针对博物馆领域的藏品"预防性保护"开始被业界所重视,博物馆怎样保存好、传承好藏品,通过科技手段,降低藏品的损坏风险,更好地保护好藏品,成为博物馆业界的一大课题。最初,博物馆界普遍认为,博物馆内的藏品保护,需要尽可能地降低人为的干预性。之后,随着对博物馆馆藏藏品认知水平的提升,根据博物馆藏品的不同材质,提供不同的适合藏品存储的温湿度环境等人工干预,博物馆藏品存储环境的技术开始被运用到博物馆藏品保护之中。博物馆的预防性保护规划,成为众多博物馆进行藏品保护所进行的研究计划。近年来,科学技术的进步和发展,令博物馆的文物存储水平有了新的科技支撑,博物馆建设水平越来越高,楼宇自控技术、恒温恒湿库房和展柜等技术的运用,让博物馆的藏品保管进入了一个全新的阶段。在这一阶段,针对博物馆的展览陈列中所使用的灯光方面的研究,被纳入博物馆馆藏藏品的预防性保护体系之中。博物馆展陈设计中使用的照明设备,要使用恰当的光源,降低因灯光设备的照射对文物本体产生的损害。博物馆的专业技术人员,针对文物的预防性保护工作有了持续的关注和推进。

　　文物预防性保护研究的领域是针对博物馆的藏品保护,博物馆作为文物的收藏单位,保管好藏品,对有可能发生的问题进行规避,运用合理的方式,将可能会出现问题的客观环境进行人工介入,对可能出现的文物本体进行预防性修复。近年来,中国各博物馆的预防性保护工作开展情况良好,国家文物局牵头制定了一系列行业规范,从质量检测、照明设计、方案撰写等方面着手,对文物预防性保护工作的开展提出了一些规范,各博物馆根据自身藏品情况,制定保护措施,并取得一定的成效。孔子博物馆针对馆藏情况,申报进行预防性保护项目,对展厅环境进行改造,展示器具进行更换,对青铜器、家具、丝织品等文物类别进行预防性保护,通过系列工作的开展,将需要修复的文物进行修复,将文物的存储环境予以优化,如根据文物尺寸,量身定做樟木匣,用于文物的搬运和存储,购买无酸档案盒,整理、保护好纸质档案文物,通过预防性保护工作的开展,博物馆大大提升了文物保护的工作成效。国家文物局每年会对预防性保护工作给予大量的资金支持,对文物本体的修复和对文物存储温湿度的管控过程,尝试运用新的科学技术,为馆藏藏品的保护助力。在博物馆中开展预防性保护工作,对文物的保护环境进行有效整改,科技含量高的高新设备设施的运用,改善了藏品的存储环境。

二、档案、古籍等纸质类文物的预防性保护

(一)纸质藏品的收藏和保护

　　纸质藏品是构成博物馆藏品的重要组成部分,是人类文明的重要载体,书画、档案、古籍文物的保护重点是针对文物的本体进行预防和保护。

　　纸质文物的特殊属性对文物存储的客观环境要求比较高,为更好地保管好此类文物,主要进行的保护工作,是与纸张老化进行抗争。运用先进的科学技术,针对纸质文物的特殊属性,开展纸质藏品文物的环境改造、文物除尘、文物修复等各项工作。纸质文物的保护中,存储环境非常重要,由于纸质的特性,要通过对周围环境温湿度的调控进行整体把控。当前,博物馆楼宇自控系统逐渐成熟,恒温恒湿空调被普遍的运用于博物馆藏品的保护和管理中来。

确定纸质文物的存储环境能够有利于纸质文物保管工作的开展,通过空调调控纸质文物存储环境的温、湿度变化,无论在橱柜中还是展柜中,都为纸质文物的存储提供良好合理的存储环境。

国内针对此类文物保护的研究,是通过对保管此类文物的环境、修复此类文物运用技术、当前进行修复能够使用的方式、修复此类文物所使用的技法、辅助工具、修复此类文物能够实现的修复结果等方面开展的,主要目的是延长纸质藏品的历史寿命。在这个过程中,传统的修复技法被充分运用,如对文物进行托裱、装帧,进行古法工艺的估计修复等,对纸质文物的病害检测工作的科技含量也越来越高。预防性保护修复方案的制作,依托纸质文物数字化的成果,更准确,更有针对性,纸质文物修复用具更加丰富,修复辅材更加专业。近年来,国家图书馆的纸质文物修复师,对孔子博物馆的纸质文物修复提供了很大的帮助,馆际之间采取交流合作的方式,邀请国家图书馆纸质文物修复的专家到馆开展修复和教学工作,以传帮带的教学模式,培养自己的队伍。纸质文物保护的开展,要针对纸张本身的情况进行检测,选取合适的修复材料,运用合理的方式,对纸质文物进行病害检测、霉斑去除、病害修理,尤其需要确保博物馆存储环境合理的恒定温湿度。目前,国内针对纸质文物的修复工作,很多博物馆都形成了体系化的修复方法。综合来看,针对纸质文物的修复,介入点主要有如下几个方面:存储纸质藏品文物的客观环境、纸质文物存储的光照情况、纸质藏品本身的病害情况等。

另外,随着生产技术和科技水平的提升,纸质文物的保护、修复设备也有了很大的改变,各高校针对纸质文物修复实验研究的科学性也越来越高,很多高科技修复仪器被运用于博物馆馆藏纸质文物藏品的修复工作中。

博物馆纸质文物藏品的修复和保护工作已进入了一个崭新的阶段,各领域先进技术的融合,让纸质文物修复更加专业,更加合理。但各博物馆的修复水平参差不齐,针对纸质文物保护开展工作的系统性研究,还很欠缺。

(二)纸质藏品文物的保护与修复

纸质文物的特殊性对存储环境的要求比较高,客观环境的温湿度直接影响纸质文物的存储状态,适合纸质文物存储的温湿度,有利于延长纸质文物的寿命。纸质文物本身材质的构成,是另一个影响纸质文物寿命的重要因素。不同材质的纸质文物在存储、修复时,存在很多差异,在进行纸质文物修复时候,不同纸质材质的文物采用的办法也各不相同。进行档案类文物修复和字画类文物修复的工艺有很大的差异,不同品类的字画进行修复,也需要采用不同的方式方法。

1. 纸质藏品文物的情况

纸质藏品文物的存储很关键,周围客观环境和纸质藏品文物本身的材质结构,随着时间的变化,会产生一定的变化,颜料等绘画、书写材料的内部结构,会因时间的延长而产生变化。针对纸质文物的保护和修复工作,需要通过如下几个方面开展。

(1)纸张的构成及情况

构成纸质文物的组成材料主要有不同类型的木质纤维以及制作纸质文物需要的其他辅助材料。

纸质藏品文物的化学成分有其特有的属性，在藏品的收藏和保护中，对客观环境有一定的要求，保管环境的温、湿度在纸质藏品文物需要的区间内维持纸质藏品的木质纤维的稳定性，有利于延长纸质文物的寿命。

研究纸质藏品文物的属性，根据纸质文物的化学成分，分析成分对周围客观环境的要求，这项工作的专业性非常强，但通过对纸质藏品文物纤维素的影响，能够判断出文物修复、保护需要的客观存储环境达到什么样的标准。

纸质藏品的保护和修复的过程，是顺应构成纸质文物成分的存储方式，通过对其内部成分的介入，减少纸质藏品文物对外界的敏感性，如纸质文物中的木质素分子，对紫外线的敏感性较强，纸质藏品吸收紫外线，会使藏品产生老化，而纸质藏品的木质素，是随着现代工业的发展出现的。因此，在纸质文物的存储保管和修复的过程中，均应避免使用工业生产的纸张，应采用古法手工方式制作的纸张，达到保护纸质藏品的目的。

在生产纸张的过程中，为增加纸张的韧性，让纸张更有利于承载书写、绘画，需要加入一些矿物质液体，令原始材料生产出来的纸张更实用。在这个过程中，纸质原始材料的填充物会改变生产纸质原始材质之间的分子间隔，带来一系列便利的同时，也带来了一些缺陷，如长时间存储，纸张会出现折痕处断裂等问题。在生产环节，为规避这一情形，现代工业技术通过增加化工胶水的方式降低纸张的吸水性，但这种方法大大影响了纸张的存储寿命，不利于纸张的长久保存。

(2)油墨材料构成及情况

纸张上留存下来的文字、书画，是人类文明的重要载体，这些痕迹是通过创作者运用不同的方式留存在纸质媒介上，因为文字及图画的艺术性和文化性，让纸张有了新的生命力。不同内容的纸质文物留存下来的内容和形式各不相同，无论是书写、绘画、拓印还是印刷等形式，留存下来的纸质藏品，都很容易受到客观环境的影响，温湿度、酸碱度、虫蛀等均有可能会对纸质藏品造成损坏。针对纸质藏品的研究发现，传统的造纸工艺和绘画技术中使用的颜料，多取材于自然，纸张的托裱也使用矿物质进行，但有些矿物质的使用，会造成纸质品的不良化学反应，如在装裱的过程中使用明矾，明矾接触空气发生反应后，会使得纸张的酸性加强。因此在文物保护修复过程中，一些会对纸质藏品稳定性产生影响的物品是不能使用的。

2. 纸质藏品的环境要求

影响纸质藏品存储的客观环境因素有很多，如纸质藏品存储环境的温湿度、微生物、酸碱性等，都会对纸质藏品的寿命产生一定影响。

(1)客观环境对纸质藏品的影响

为实现纸质文物的长久保存，延长纸质文物的寿命，研究纸质文物藏品的保存环境，将收藏纸质文物的环境的温湿度控制在一个合理的、适合纸质文物收藏的区间内，有利于纸质文物在长期存储的过程中延长纸质文物的寿命。

经过对纸质文物的科学实验研究发现，温度过高会致使纸质文物藏品的纤维迅速老化，产生这一问题的原因是高温致使纸张内的水分迅速蒸发，纸张因此产生一系列的变化。但并不是说纸质文物的存储温度越低越好，过低的温度会使纸张纤维之间产生压缩，纸张本身的稳定性也会迅速发生变化。经实验证明，纸质藏品文物最佳的保存环境是14℃~18℃的区间温度内,这个区间温度下,纸质文物内部结构的稳定性最好,纸质藏品文物的存储,对温度波动也有特殊的要求,一天之内,温度波动不得超过2℃。如果温度波动的区间较大,冷热不均,会对纸质藏品文物产生很大的影响,会破坏纸质文物内部的纤维,缩短纸质藏品文物的寿命。

对纸质藏品温度影响较大的客观因素中,温湿度对纸质藏品文物的影响非常大,空气中水分含量过高和过低,都不利于纸质藏品文物的保管和保护,空气中的水分子较多,会使纸质藏品文物的分子膨胀,形成水解纤维,这种变化会致使纸张上的文字、书画发生不良变化,潮湿的环境还有利于微生物和害虫的生长和繁衍,并有可能致使造纸过程中使用的化学物品与空气产生反应,这种化学反应会改变纸张的酸碱度。若纸质藏品的存储环境中水分子数量较少,纸质藏品中的水分子会受到影响,逐渐减少,纸质内部的分子也会产生变化,纸质藏品会变脆、变硬。研究发现,合理的纸质藏品文物的存储环境,温湿度最好一直控制在50%到60%之间,且上下浮动不宜超过2%。

纸质藏品与丝织品等类文物的保护收藏,对周围环境的要求比较高,空气中的水分子比例及温度,都是纸质文物保护过程中要重视的环境因素。

(2)光照对纸质藏品文物的作用

在纸质藏品文物的保管过程中,光照情况也需要纳入到管理范围内,光照对纸质文物、丝织品等文物的硬性也非常大,光线会导致藏品的内部结构发生变化,受光照的影响,纸质文物会受到光线中的多种辐射的影响,这些影响导致纸张本体发生褪色等变化。光照对纸质文物的影响主要是由于光辐射的存在,紫外线及可见光都会对纸质藏品文物产生影响,光热对纸质藏品文物的破坏,是通过改变纸质藏品的存储温度实现的,红外线和紫外线这两种射线,对纸质藏品的损害影响均会通过光化反应的形式存在。所以,在纸质藏品文物保管、展示、研究的过程中,要使用合适的灯光,遵守照明设计对灯光瓦数的相关规定,将光照度控制在合理的范围之内,降低光照对纸质藏品文物的影响,尽量缩短纸质藏品文物的展览展示时间。

(3)空气对纸质藏品文物存在的可能影响

纸质藏品文物的存储环境里,空气中可能存在污染物,如空气的酸度、颗粒粉尘等,都会对纸质藏品文物产生影响。空气中存在的酸性气体,与纸张自身的酸碱情况,通过空气中水分子的数量一起发生作用。也就是说,空气中的温湿度和纸质自身的酸度与空气中存在的酸性气体共同发生反应,才会对纸质藏品造成影响,若纸质藏品文物的存储环境湿度较大,酸性气体会对纸质藏品产生强烈影响,直接影响纸质藏品文物的寿命。

大气中存在强氧化剂臭氧,对纸质藏品文物的破坏性较强。因此,纸质藏品的存储和展示,尤其要注意不能直接与日光相接触,大气中存在的臭氧会直接影响纸质文物中的纤维素。

纸质藏品文物存储环境中,粉尘的存在会对纸质藏品产生影响,粉尘对纸质藏品的破坏主要以三种形式体现:一是粉尘粘附在纸质文物表面,对文物表面产生污浊;二是粉尘与空气中的水分发生反应,造成纸质藏品文物上的文字和绘画颜色改变;三是粉尘是微生物存在的场所,微生物的分解会对纸质藏品文物产生影响。

(4)纸质藏品文物产生影响的其他有害物质

纸质藏品文物无论是在展览展示还是存储过程,都会与周围环境产生直接的接触,环境中存在很多看不见的菌类,都对纸质藏品产生影响,纸质藏品文物本身的酸碱性决定,纸质藏品的存储、展示,尤其要注意藏品与周围环境的关系,温湿度会为纸质藏品文物霉菌的存在和蔓延产生影响。

纸质藏品文物保存在博物馆中,虫害造成的损毁是不可逆的,无论是展陈环境还是存储环境,纸质藏品文物都要注重驱虫,应定期对纸质藏品文物杀虫,规避害虫造成纸制品的损坏。

纸质藏品文物的存储和展示要注重周围环境的客观条件,将温度、湿度、光照等客观因素控制在能够维持纸质藏品文物稳定性的范围内。

3. 影响纸质文物的人为因素

纸质文物除了受客观环境的影响,管理者在接触这类文物时,也会对文物产生一定的影响。

(1)存储过程造成的损害

纸质藏品文物进入博物馆之前,会经历流转的过程,很多纸质藏品受到客观环境的影响,而发生变化,如书画悬挂欣赏、书籍翻阅使用等,都会对纸质藏品文物本身产生影响。老鼠、蚂蚁、昆虫等也会对纸质藏品造成一些影响,此类藏品在使用的过程中,会产生一定的损坏。

(2)收藏环境中的病害

博物馆收藏纸质文物后,为保证该类文物的安全保管,需要对客观环境进行严格的管控,库房、展示环境中可能对藏品文物造成的损害主要有如下几个方面:其一,纸质藏品文物在入库、上展之前,必须进行严格、合理的消杀;其二,博物馆专业技术人员在进入库房或展厅接触纸质藏品文物时,要避免与藏品的直接接触;其三,用于纸质藏品保存的橱柜、囊匣、包装宣纸等,均需按照纸质藏品收藏的管理规定,不用化工合成的物品,最大限度降低对纸质藏品文物稳定性的影响。在馆际交流合作的过程中,要注意纸质藏品文物展览展示时客观环境的管控。

(3)保管水平不同

不同博物馆中的藏品保存环境和人员的藏品管理水平各不相同。纸质藏品文物的保护和管理,要有规范的操作流程,应小心地进行藏品的保护工作。文博专业技术人员应发挥自身专业性和技术优势,了解认知纸质藏品文物的特殊属性,规范操作,防微杜渐,尽可能地维持纸质藏品文物的稳定性。

(4)经费不充足

纸质藏品文物的保管工作中,环境温湿度、光线的管控需要投入大量资金。存储纸质藏品文物的橱柜、展柜、文物包装纸等均需要特殊材质的材料,存储环境需要恒温恒湿,光线需要达到纸质藏品保管要求,这些方面的实现需要投入大量的人力、物力。当前,各博物馆的文物保管水平参差不齐,对纸质藏品文物的保管认知各不相同,经费落实情况直接影响到文物存储环境的营造。

(三)博物馆馆藏文物的预防性保护应用

1. 营造合适的存储环境

为做好纸质藏品文物的保管工作,根据纸质藏品文物对客观环境的要求,运用中央空调、恒温恒湿设备等,对环境的温湿度、光照等进行管控,博物馆的馆区基础建设,运用物联网技术,将对客观环境的监测纳入管理。

在文物存储的过程中,智能存储环境有利于文物的保护和管理,楼宇自控系统在博物馆中的使用,以物联网的形式将文物存储环境的温湿度纳入智能管控中,这些设施设备的使用,囊括了文物存储、展陈等客观环境,机器设备对藏品文物的环境进行智能监控,将问题反馈给监控平台,监控平台的设施设备,根据需要进行环境调控,将文物的存储环境控制在合理的范围之内。构成文物存储环境智能管控的系统分为多个模块,这就对博物馆的从业人员提出了新的要求,博物馆内的从业人员,不止是研究文物、展陈等方面的专业技术人员,也是文物保护、微环境管理、修复等方面的专业技术人才。

博物馆藏品存储环境的智能化管理,主要是通过监管平台收集藏品文物存储客观环境发生的变化并进行调控的。

智能的数据收集将藏品文物存在的客观环境中不同分子的数据进行分析,反应到智能调控系统中,通过中央空调、传感器等,将藏品存在的客观环境中不利于藏品保护的因素进行调控,文物无论是在库房还是展柜中,周围的环境温湿度、光照等,都通过设施设备的智能管控,维持在合理的范围内。

在对文物存储环境的监控中,对藏品收藏环境的变化收集和传感数据上传,确保上传数据的准确性,并根据传感器上传的数据做出反应,对周围环境做出调整,根据不同文物对客观环境的要求进行数据监控和传输。

文物藏品存储环境中的数据通过监控设备、报警装置等监控藏品存储的客观环境,对环境中不利于文物存储的因素降低到最低,最大限度地维持环境适合存储不同种类的文物,物联网中的传感系统、监测系统、报警系统等形成的监控数据,都要可阅可查,尤其对环境发生变化的客观原因进行智能分析,将藏品文物的保存维持在相对稳定的环境中。

运用物联网的形式监控藏品文物的存储信息,比人工介入、人工检测的科技含量要高很多,这种监控环境、解决问题的方式,大大节省了文博从业人员的人力资源,但对文博从业人员的专业性要求较高,从事环境监控、科技保护的文博工作者,需要有较高的工作素养,熟悉物联网的操控和检测,将机器提供的数据进行综合分析,发现存储环境可能存在的隐患,并消除在萌芽中。对监控所得的数据变化进行细致分析的过程中,需要熟知不同类别的文物藏品的存储,客观环境需要的参数,在智能监控的同时,做好机器设备的人工设置和调控,确保机器设备的正常运行。

2. 馆藏文物的微环境管控

馆藏藏品文物存储的客观环境,无论是在库房、橱柜还是展柜中,文物藏品会在一个相对稳定的环境中,环境中的温湿度、气体等的变更都会对文物藏品产生影响。因此,为确保文物藏品的存储环境有利于延长存储寿命,要将客观环境维持在有利于藏品文物稳定的范畴内。

(1)客观环境管控

文物藏品的存储环境中,对温度和湿度的管控,是对不同种类文物存储的重要监控、监管。不同种类的文物藏品的存储,对温、湿度的要求各不相同,维持周围环境的稳定性,就是要把客观环境维持在相对稳定的环境中。

针对藏品文物管控客观环境的监控,要保持周围环境的稳定性,周围客观环境随着四季、温度的变化,会有相应的改变,为维持藏品文物客观环境的恒定性,使用空调、加湿器、恒温恒湿系统等,对文物客观环境进行恒定维持。

博物馆藏品管理环境监测,要有试验期,库房、展柜等,要经过实验,能够将客观环境维持在相对稳定的区间内,才能将文物藏品搬运进去,博物馆每天都需要人员对周围环境的变化进行监控,查看机器设备的运行。发现机器设备可能存在的隐患,防微杜渐。配备专门的监控防控人员是规避发生环境变化幅度较大的关键。

博物馆馆藏藏品文物的客观环境,要通过机器、设备调控在一个稳定的区间。不同种类的文物对温湿度、光照的需求是不同的,对于丝织品、纸质藏品等文物,对客观环境的要求较高,且要求环境温湿度要是一个恒定的温度。因此,要做好文物藏品收藏环境的温湿度及光照等方面的管控内容。

随着科技的进步和技术的发展,文物藏品存储环境调控的机器和设备日益完备,但由于资金等方面的限制,并不是所有的博物馆都能使用恒温恒湿的库房和能够调控温湿度的展柜等,在很多博物馆中,使用物理性的材料在橱柜和展柜中进行文物藏品湿度的控制。但由于调控湿度的物质为复合材料,所以在使用过程中,要注意在使用的过程中与文物藏品之间的距离,防止在使用过程中,对文物藏品产生影响。楼宇自控系统中,运用中央空调、除湿等设备,对文物存储客观环境进行温度和湿度的管控,智能管控和物理性管控相结合的形式,最大限度让文物藏品的存储环境,适合文物的性质。维持馆藏文物藏品存储空间内的相对稳定性,让文物存储的过程中,客观环境温湿度等的变化维持在相对稳定的区间内。物理性温湿度控制剂在使用时,要充分了解物品的属性,使用合理的放置方式,将文物存储的客观环境控制在合理的范围之内。

(2)对光照因素的管控

文物藏品在收藏、展示的过程中,需要进行物理距离上的移动,在移动的过程中,藏品文物需要暴露在灯光或者日光下,尤其是文物上展前,多会进行文物图像资料的拍摄和留存,用于文物展览和宣传使用。另外,藏品文物展出之后,进入博物馆的受众也会使用相机等进行拍摄,这些都会对文物造成光辐射,科学研究证明,不同种类的文物对光照的敏感性也各不相同,其中,纸质文物和丝织品文物等,对光照的要求比较严格,在进行纸质文物、丝织品等藏品文物的拍摄和展陈过程中,均需要使用冷光源。

研究发现,光辐射对纸质类藏品、丝织品类藏品都会造成损害。因此,博物馆从业人员在管理此类文物时,要尽量减少对文物的拍照、采集次数和频率,采集过程中,要使用最先进的技术,留存好数字资源,为研究、使用打下良好的基础,纸质藏品和丝织品等类别的文物研究,最好使用数据资源的形式进行,在展线上进行展览展示的藏品文物,也需要按照藏品管理办法,定期更换并回库保养。

(3)对环境气体的管控

馆藏藏品文物存储的过程,需要使用橱柜、展柜等物品,生产这些物品的原材料可能会存在一些对文物有影响的有害气体,在进行藏品稳固存储之前,要做好存储环境的微环境检测,在存储环境选择之初,要将周围气体环境纳入考虑范围之内,确保藏品存储环境空气的流通和气体质量的管控,要防止粉尘、有害物质进入藏品存储的客观环境,在中央空调等设施设备的进出口处,做好空气净化,新风系统的合理使用,将库房、展柜内文物的微环境维持在空气流通、温湿度恒定的情况下。

(4)管控好客观环境

文物藏品收藏的环境要确保稳定性和安全性,为做好文物存储环境的建设和维护工作,博物馆的从业人员,要严格按照文物管理办法,做好文物的保护、除尘、定期杀虫等各项工作,在文物展陈利用过程中,存储好文物采集的数字资源信息,做好登记,利用好数字资源开展学术研究、社教宣传、文创研发等各项工作。博物馆从业人员进入库房,进行文物搬运的过程中,要严格按照文物管理办法,维持周围环境的稳定性,对周围环境的温湿度进行监控,发现问题及时处理,如果藏品管理过程中有不利于文物存储的有害气体或者病虫害等,要及时采取有效措施进行整改。

当前,馆藏藏品的微环境保护,使用的方式和方法越来越丰富,博物馆从业人员要想进入库房,要经过风淋室,这个过程将外界可能存在的影响馆藏文物存储的客观环境中存在的问题隐患,起到了一定程度的规避作用。另外,定期对馆藏文物进行低氧杀虫等,使用科技含量高、环境维持稳定的橱柜、展柜等,这都是做好文物藏品保护、管理的有效方式。

3. 藏品辅助保护材料

丝织品、纸质文物的保护与收藏,要实现存储环境的相对稳定,多使用制作囊匣等方式,对文物进行保护和管理,文物囊匣的制作和使用,有利于文物的保护、收藏和运输,如文物有上展需求,可以通过囊匣的形式进行运输,这点尤其适用于馆际交流合作,文物囊匣的配备通常非常讲究,是文物开展预防性保护的直接形式,文物囊匣的制作多采用香樟木,能够防虫蛀、防鼠蚁,文物囊匣上标注文物的基本信息,文物在相对稳定且封闭的环境中。除此之外,文物囊匣的使用,有利于文物在搬运的过程中,降低对文物的损坏。文物通过囊匣的形式进行搬运,可以降低文物与周围环境的接触几率,为做好文物藏品的保存工作,文物囊匣中防止物理性湿度调控剂等方式,是博物馆从业人员经常使用的方式,用以维持藏品保管所需要的恒定温湿度。

(四)做好文物藏品预防性保护工作

文物预防性保护的开展,能够将馆藏藏品文物在保管、收藏过程中可能发生的问题防微杜渐,消灭在萌芽中,建立起长效机制,预防性保护是针对文物的存储过程和保管方式采取人为介入方式,延长文物的物理性寿命。

1. 加强文物的预防性保护

文物预防性保护工作的开展目的是实现人工介入,改变藏品存储的客观环境,符合藏品存储的规范。延缓藏品文物的物理性和化学性变化,通过对客观环境的有效评估,进行调控,实现环境的安全性。

藏品存储博物馆后,文物的存储和保管就有一个固定的机制,进行文物藏品的日常管理、研究,是博物馆开展其他业务工作的基础。博物馆环境的控制主要通过大环境和微环境的控制共同实现,博物馆大环境的控制主要通过博物馆的外部建筑实现。随着技术的进步,将恒温恒湿、光照控制、温湿度控制等功能,增加到楼宇自控中,用智能的方式监控博物馆建筑内大环境的温湿度等客观因素,并进行有效调整。橱柜、展柜的制作通过特殊的材料,确保微环境的健康合理,对博物馆藏品文物中比较敏感的藏品文物,如纸质、丝织品等文物的存储,要建立长效机制,确保文物存储环境的安全性。

(1)注重藏品的预防性保护

文物是不可再生资源,是人类文明文化的有效载体,博物馆对馆藏文物的安全负有直接的责任,开展对馆藏文物的预防性保护工作,了解不同种类文物的习性,防微杜渐,做好藏品文物的保护工作。文物从业者要时刻紧绷文物安全的弦,开展一切工作的基础是确保文物的安全,增强专业素养学习,认识文物、熟悉文物习性、掌握维持文物存储环境稳定、准确的专业技能,树立正确的文物保护理念,制定工作计划,维持好馆藏文物存储的客观环境,在文物研究、展示和利用的过程中,运用多种有效措施,做好文物的预防性保护工作。

(2)以制度规范工作流程

博物馆进行文物藏品的保护工作,是博物馆工作中最主要的部分,为统筹做好各类文物的保护工作,根据文物的不同特征,国家文物局颁布了《博物馆藏品管理办法》《博物馆条例》等法律法规,明确博物馆在进行馆藏藏品文物保护和管理时,需要遵循哪些规章制度。规章制度的制定,给博物馆的从业人员提供了可供参考的标杆。行业规范的确立让博物馆文物藏品的保管工作更加规范、更加准确。文物藏品登记的过程,是将文物藏品信息进行准确登记的过程,在全国第一次可移动文物普查时,国家文物局规范了文物藏品信息的登记办法,指定了一套全国博物馆需要共同遵守的藏品登记管理办法,这套管理办法的推广和使用,给博物馆藏品文物的管理和使用提供了规范。不同博物馆的预防性保护工作不能千篇一律,要具体问题具体分析、因地制宜,根据各馆藏品的不同情况,开展文物的预防性保护工作。

(3)藏品环境保障工作的开展

博物馆的后勤工作承担着博物馆整体大环境的管控,空调、冷凝器的开启和关闭工作,均由后勤部负责。楼宇自控系统中,关于温湿度的监控都是智能监控,设施设备会自发进行调整,作为博物馆从事此项工作的工程师,需要监控好数据的变化情况,确保整体环境的稳定性,这项工作是做好文物藏品保护工作的关键。另外,藏品管理员直接能够监控文物存储的客观环境,监控到的环境变化的结果需要及时反馈给后勤部的工程师,根据库房、橱柜、展柜中藏品文物存储环境的变化,调整大环境中的温湿度等影响因素。这些工作的开展需要不同部门的人员通力合作,明确岗位职责和工作内容,让藏品文物的环境监测、监管、反馈和落实等步骤,形成一个闭合,让藏品文物环境的检测和监管成为博物馆的常态化工作。

(4)制定藏品文物存储环境的标准

不同种类的藏品文物对客观环境的要求各不相同,温湿度、光照等方面存在很大的差异,要做好文物藏品的存储、保管工作,对文物存放的客观环境进行风险评估,对客观环境继续调控,使客观环境能够有利于文物的存储和存放。文物存储环境是客观存在的,要想让环境能够为文物存储提供保障,需要充分认知文物存储对环境的要求,并进行全方位的监控。根据监控的结果,采用物理性和化学性等方式,对周围环境进行调控,这个过程的实施和执行应流程合理、目的明确。

(5)维持藏品环境的稳定性

对馆藏藏品文物的研究发现,稳定的文物存储环境,是馆藏藏品文物确保安全性的重要保障。博物馆为实现收藏藏品文物的安全保管,要通过多种措施,实现博物馆藏品环境温湿度等条件的稳定。为做好这项工作,博物馆需要通过岗位设置、制度健全等方式,提高博物馆运行能力,博物馆应吸收不同专业人员,专职负责博物馆环境的监控和管理。近年来,国家文物局针对文物预防性保护工作,给予了大量的资金支持,如孔子博物馆,根据自身馆藏藏品情况,申请青铜器修复、孔府旧藏明代服饰修复、孔府旧藏家具修复等多项修复项目,在这些项目实施的过程中,加强人才队伍的培养,采取举办培训班、老带新、邀请外来专家带徒弟等方式,短时间内培养博物馆青年力量,让有志从事文物修复工作的青年接触到文物修复工作。另外,运用国家拨款,博物馆环境的检测和监管,通过购置智能化设备,实现空间温湿度管控、空气净化的智能管控,大大增强了博物馆环境管控的稳定性,更有利于博物馆内藏品文物的保管工作的开展。

2. 博物馆实施预防性保护的原则

不同博物馆藏品文物收藏的种类和数量各不相同,不同博物馆的建馆时间、硬件设施也各不相同,不同博物馆的人才配备、资金落实等情况也各不相同,这就要求各博物馆根据自身情况,抓主要矛盾,解决藏品文物存储过程中,迫切需要解决的问题,有针对性地制定预防性保护规划,既保证博物馆中大环境的设施设备的良好运转,也要对藏品文物的微环境做好监管,确保文物藏品存储环境的安全性。实施预防性保护工作,要遵守如下原则。

(1)环境的管控原则

其一,为做好馆藏文物的保管工作,营造适合文物存储的客观环境。对博物馆馆舍的改造是近年来博物馆申请经费的重要组成部分,随着技术的完善与成熟,博物馆建设中使用恒温恒湿设备、中央空调设备、冷凝器设备等,对周围环境进行管控是构建文物存储大环境的有效手段。

其二,不同博物馆根据馆藏文物的存储情况,指定保护规划,根据风险存在情况,筛选亟须修复的文物,并制定修复方案,如丝织品文物、纸质、青铜器文物等的修复工作,这类文物比较脆弱,出现病害等原因,可逆性较弱,因此,要提高这些文物的存储水平,采购囊匣、无酸档案盒等辅助存储设备,对藏品施行有效的保护性存储。

其三,博物馆根据本馆馆藏情况,针对需要特殊保管的文物,制定预防性保护计划,有针对性地采购预防性保护装置,这些规划要从本馆的特征出发,因地制宜,将博物馆的特殊情况纳入考虑范围,制定合理的保护方式,开展藏品的预防性保护。

其四,在博物馆机构设置中,设置专门从事文物修复、科研管理的科技保护部门,专门从事统筹本馆预防性保护方案的撰写工作,预防性保护方案的撰写,要结合本馆的藏品具体情况、藏品保存情况,根据博物馆的职责分工,征求不同工作岗位上的工作人员意见,综合意见后制定。

(2)开展工作的合理性

其一,博物馆藏品预防性保护工作的开展,要有其合理性,申请国家预防性保护资金,应该是为了解决博物馆的燃眉之急,将亟须保护的文物开展保护,如孔子博物馆在新馆建设之初，申请国家财政支持，购买有利于藏品存储的橱柜、展柜，实现文物藏品的科学管理、合理管理，管控藏品文物存储环境的稳定性。

其二，随着科技的进步和发展，博物馆馆藏藏品文物的存储技术也在不断发展，设备更新速度较快，科技含量也越来越高，各博物馆根据自身馆藏藏品情况，购买机器设备，用于藏品文物的存储，但当前设备的更新换代速度较快。因此，在设备更换的时候，应避免造成浪费。

其三，针对博物馆藏品文物存储环境的管控越来越专业、对周围环境的监控数据越来越准确，博物馆需要一支专业性队伍。从事此项工作，既有充足的财力支持，也要有必要的人才保证，以确保此项工作的正常开展。

其四，实施藏品文物的预防性保护工作，要处理好机器设备运转与周围客观环境的关系，如机器设备的运转要与四季温度变化联系在一起，检测好藏品文物需要的存储环境，温湿度的调控要与季节环境相统一，让设备运行与周围环境之间形成互动调控。

其五，做好博物馆的社会服务工作。博物馆馆舍内的展陈布局、光照设定多以馆藏文物的藏品存储需要为基础，是兼顾展览陈列的效果需求而实现的，博物馆参观环境，要符合藏品文物的存储要求，多设置的冬热夏凉，维持在一个持久稳定的范围内，博物馆内温度的管控，除大环境温度管控外，还有微环境的管控，如展柜橱柜中的温度控制等，这些微调控可以调整大环境温湿度的适度性，更好地服务于社会受众。

3. 预防性保护的新思路

随着计算机技术的进步与发展，预防性保护工作的开展有了新的方式，根据高新技术的运用，预防性保护工作的开展更加智能、更加精准。技术的革新给文物的预防性保护工作的开展带来了更多便利。

（1）实施过程更加合理

博物馆馆藏藏品的智能化管理，让博物馆的从业者通过数控技术很快找到预防性保护工作的开展对象，且对文物藏品信息的合理采集工作，为预防性保护工作的开展，如工作方案的制定提供了很大的便利。藏品管理系统和数字资源的使用，可以通过计算机调取文物的基本信息，实现文物的数字化管理，博物馆从业人员通过藏品文物的数字化管理平台，进行博物馆藏品的管理，利用博物馆内物联网内部关联，藏品保管部门、科技保护部门共同完成藏品文物的预防性保护方案的编写和制定。

（2）数字技术的运用为藏品文物的保护提供助力

博物馆藏品文物管理，利用数字化采集技术，通过对藏品文物的数字化处理，并输入到藏品管理系统、数字化资源系统，为藏品文物的管理、利用提供帮助，博物馆数字化技术的运用，将纸质藏品文物，如档案、古籍、报纸、书画等文物进行扫描，保护性的数字化扫描工作，为纸质文物藏品文物提供数字化保护性采集，研究、利用工作的开展可利用计算机的数字采集成果来进行。

其一，藏品文物的数字化采集多根据藏品的形态，采取二维或三维技术进行采集，采集成果传到本馆的藏品管理系统之中，文物藏品信息采集过程中统计的文物信息，可以作为博物馆工作人员开展文物预防性保护的基础依据，预防性保护方案的制作更加精准、更加直接，根据数字藏品信息制定的方案，能够直接用于藏品文物的保护性修复工作中。

其二，藏品文物的数字化采集，是近年来国家文物局一项重要的专项资金支持项目，指导各博物馆开展藏品数字化保护、智慧博物馆建设、博物馆云社教、博物馆云直播等工作领域的探索和拓展，取得了一些成就。近年来，受新冠肺炎疫情的影响，全球博物馆的开放时间受到巨大的影响，藏品数字化保护成果在文物保护、科研、利用等方面，都发挥了良好的作用。随着 VR 等数字技术的成熟，云展厅的推出，给博物馆特色展陈打开了新的天地，博物馆将展览陈列用科技的手法实现展厅实景采集，让无法到博物馆参观的观众可以通过互联网实现线上观展，藏品的数字化信息可用于展览陈列过程中的文物展示，提高藏品数字资源采集成果的利用度。另外，随着自媒体的发展、5G 技术的普及，博物馆的传播不仅依托传统媒体，还通过申请自媒体客户端，开展宣传工作，博物馆宣传工作面临新的变革，虚拟展示、虚拟展厅等技术的运用，让博物馆藏品的数字产品依托互联网进行传播，如故宫的多宝阁藏品，文博爱好者可以通过互联网的形式进行馆藏藏品的线上浏览。

三、数字化技术与可移动文物预防性保护

可移动文物主要是指可以被收藏的文物，也就是历史上各时期留存下来的重要实物、艺术品、文献等，是我国历史发展的重要见证，同时也是我国重要的文化财富。但是，由于可移动文物经历的时间太过久远，导致其会受到自然因素以及人为因素的影响，从而出现不同程度的损坏。需要相关工作人员将预防性保护及数字化保护进行有机结合，为我国可移动文物创造出一个科学有效的保存环境，从而将可移动文物更好地传承下去。

(一)影响可移动文物寿命的因素

1. 自然因素

对于影响可移动文物寿命的自然因素，主要有温湿度、空气污染物、光线辐射以及各类微生物和生物等。因此，为了避免可移动文物受到自然因素的影响，需要相关工作人员采取有效措施对文物进行预防性保护，并利用现代技术对其进行数字化保护。

2. 人为因素

对于影响可移动文物寿命的人为因素，主要是指工作人员在工作过程中无意地损坏，以及各种安全事故，比如火灾、盗窃等。因此，也需要工作人员对其进行针对性的保护管理。

(二)可移动文物的预防性保护

1. 可移动文物预防性保护工作内容

博物馆馆藏藏品的预防性保护工作的开展，需要通过如下几个方面进行。

文物保存环境监测：针对温湿度、空气中的气体成分、色谱光线、环境中存在的污染物等进行指标性检测，通过机器设备的调控，做好藏品文物存储环境监测和调整，使用化学性和物理性办法，维持藏品文物存储环境的相对稳定性，确保藏品文物存储环境的稳定性。

文物保存环境调控：配置温湿度、污染物等主动调控设备，配置调湿剂、温湿度管控特殊的物理性材料等，博物馆展陈设计中的展陈灯光、文物库房内的照明灯光等，都需要符合博物

馆文物藏品的存储条件。

文物保存设施：配置符合安全要求的夹层玻璃展柜、文物储藏柜架、专用囊匣。

博物馆防震减震：对重点文物保存设施进行防震减震改造，配置防震展具、柜架等保存设施。

2. 从存放角度对可移动文物预防性保护进行分析

为了降低可移动文物的损坏程度，保证文物不会被不法分子偷窃，需要从存放角度对可移动文物预防性保护进行详细分析，具体需要相关人员做到以下七点。

第一，我国曾颁布多条与博物馆建筑相关的法律条文，因此在建设可移动文物库房的过程中，相关施工单位需要严格遵守相关法律，根据当地所存文物的特点布置库房结构等。

第二，对可移动文物进行管理的过程中，相关工作人员应该对可移动文物的材料以及特点等进行分类管理，保证可移动文物在管理过程中不会受到不良因素影响。另外，如果所管理的可移动文物十分珍贵，并且容易被损坏，那么应该将其交由专人负责，并放置到专属保存柜中。在选择文物保存柜的过程中，保存柜材料应该是不锈钢的，从而避免保存柜出现腐蚀问题，导致文物受到影响；同时，工作人员将文物存放到其中时，应该严格按照相关规则进行存放，方便后期拿取。还需要对文物存取情况进行记录，并在每次拿取后对文物进行检查，保证完整性。

第三，由于自然因素对可移动文物的存放有很大影响，所以在存放过程中工作人员需要对自然因素进行有效控制，比如文物保存库房中的温湿度等，保证文物所存放环境符合文物特点。

第四，为了保证文物所存放环境的温度以及湿度稳定，还需要为库房配置一定辅助设备，比如除湿机等，从而保证文物不会因为自然因素导致寿命减短。

第五，要对可移动文物库房内的生物以及微生物进行有效控制，具体需要做到以下三步：首先，将可移动文物放入库房之前应该对文物进行全面检查，并记录下来，为后期保存提供依据，在检查过程中如果发现文物存有问题，需要让专业人士对其进行处理，保证文物在存放过程中不会受到自身质变影响；其次，对于能够直接接触到文物的物品以及人员，在接触文物之前应该进行全面消毒，保证不会有生物以及微生物沾到文物上；最后，所有文物都需要进行定期检查，有些特殊文物需要在保存柜中放置防虫剂，避免文物受到虫害影响。

第六，从文物保存库房内的光线辐射着手，管理人员还需要对其进行控制，尤其是一些对光十分敏感的文物。首先，文物保存库房内部应该是避光环境，对于能够透光的地方要进行遮挡，必要时还应该为文物配置无紫外线灯。其次，为了避免文物在存放过程中磕碰，还应该在文物保存柜中放置一些柔软的材料，主要是起到缓冲作用，比如泡沫等。

第七，首先，从文物保存库房内的空气污染着手，管理人员还需要对内部空气污染问题进行控制，可以在内部安装专用空气净化器等，从而清除空气中的污染物，避免文物受到不良影响。其次，管理人员还需要妥善安置文物，不可让酸性物质接触到文物，避免文物被腐蚀。再次，在库房入口处还需要配置一台消毒设施，工作人员在进入库房时，应该保证不将微生物等带入到其中。最后，要配备专门人员对库房进行清扫，真正做到库房内一尘不染。

3. 从展览角度对可移动文物预防性保护进行分析

可移动文物除了被存放以外,还需要展览,使其能够被更多人所熟知,将我国文化财富更好地传承下去。因此,为了避免可移动文化在展览过程中受到损坏,就需要从展览角度对可移动文物预防性保护进行分析。具体需要相关人员做到以下六点。

第一,与文物保存预防保护第一点相似,在建设文物展览厅的时候应该严格按照相关建筑规定进行施工,保证展厅内部布局符合文物存放需求。同时,由于每一件文物都需要放置在展柜中,有些是几件放在一起,有些是单独放置,不管是如何放置都需要为其配置缓冲物,保证文物之间不会发生碰撞,文物与展柜之间也不会发生碰撞。

第二,从展厅内环境着手,管理人员应该保证厅内环境符合文物特点以及存放需求,比如厅内的湿度或者温度要适宜。另外,当文物放到展厅中时,就会引来很多观赏者,但是观赏人数以及展览时的天气无法预测,也需要管理人员做好防备工作,比如可以在文物展柜中放置小型加湿器等。

第三,从展厅内的微生物以及生物着手,还需要对厅内的生物以及微生物进行有效控制。同样需要对能够直接接触到文物的器具以及人员等进行全面消毒;对于展览的文物要定期检查;文物展柜需要进行定期清洁;展柜内还需要放置防虫、防霉等药物。

第四,还需要从展览厅内的光线辐射着手,一般展览厅的光源都是通过厅内人工照明系统提供,而在对照明系统进行设计的过程中,应该遵守相关文献要求,不可使用含有紫外线辐射的灯光作为光源。另外,如果所展览的文物对光十分敏感,则还需要在该类文物的展览柜上喷涂紫外线吸收剂等。

第五,从展厅内的空气污染物着手,应该在展厅门口放置除尘以及消毒设施,保证人员进入厅内不会把污染物带入。同时,展厅在闭馆之后需要进行彻底清理。

第六,展厅中的文物可能来自不同的保存库房,所以预防性保护还需要从文物运输着手,运输过程中要对文物进行全面包装,避免运输过程中的磕碰;另外,将文物进行展览之前需要制定详细计划,保证文物安全。同时,为了避免文物展览长时间受到外界因素影响,需要对展览文物进行定期更换。

(三) 可移动文物的数字化保护

1. 可移动文物数字化保护工作内容

文物信息资源数字化:文物多维度多媒体信息采集与加工、文物知识图谱、文物信息动态著录与数据交换、文物数字化资源管理、智慧化文物藏品管理、RFID(无线射频识别技术)文物电子身份证、文物库房及展厅展线信息管理等。

数字化保护:藏品综合管理系统、数字资源管理系统、文物智慧化综合业务管理系统、文物安全风险大数据分析及预警控制(智能感知)、采集的藏品文物信息用于博物馆馆藏藏品的研究和利用、文物无损检测分析、3D打印、文物数字化储藏柜架囊匣、博物馆智能照明、文物库房安全智能化监控、文物展陈安全智能化监控、文物运输安全全程智能化监控等。[①]

[①] 叶阿娜.博物馆馆藏文物数字化保护研究——以中国闽台缘博物馆为例[J].泉州师范学院学报,2021,39.

数字化传播：藏品文物的数字化，为博物馆传播工作的开展起到了很好的作用，博物馆依托自媒体平台及新媒体矩阵，宣传本馆的特色展览、社教活动等，发布文物多维度信息展示、自由组合互动式展墙、高端触摸屏、虚拟现实展示、AR技术、VR技术及全景漫游、博物馆新媒体传播、移动终端传播导览、数字化文化创意产品开发等。

数字化宣教：为实现博物馆的社会功能，做好博物馆的社会教育工作，根据博物馆策划的展陈、馆藏特色文物等内容，积极策划社教活动，增强到博物馆受众的互动体验感，增强博物馆的宣传教育性。

数字化服务：观众接待服务数字化管理，对到博物馆参观的观众进行数据分析，分析到馆参观受众的年龄构成，到馆参观人员的来源等，采取智能导览的方式，应用多种形式的智能导览，方面博物馆受众自主选择参观博物馆的路线。博物馆受众可以通过线上互动的形式，增强博物馆受众的互动性和体验感。以博物馆的数字资源，丰富博物馆社教活动的开设内容等。

2. 对数字化保护技术进行有效运用

博物馆馆藏藏品文物的数字化保护工作的开展，相关工作人员应该对数字化保护技术进行充分运用，具体分为以下六个环节。

第一，不同类型的可移动文物应该使用不同的信息采集方式，需要根据可移动文化特点制定出具有针对性的信息采集规范以及收集标准。另外，相关工作人员还需要制定出不同类型的数据库框架。

第二，相关工作人员需要对目前所存有的可移动文物背景信息进行收集，从而为更好地进行数字化保护提供可靠依据。

第三，相关工作人员需要利用高精度图像技术对目前所存有的可移动文物高保真图像进行有效获取，并且需要使用不同数字化处理方式进行有针对性的处理。通常，工作人员所采用的数字化处理方式主要有两种：一种是二维平面文物保护，主要是指对字画等文物进行数字化保护的方式，利用高分辨率设备对这些文物的高保真图像进行有效采集；另一种是三维立体文物保护，主要是指对瓷器等文物进行数字化保护的方式，利用三维激光扫描成像技术对这些文物的三维视频图像采集，同时利用相关软件创立出相应的三维虚拟模型。对于处于二维和三维之间的可移动文物，比如兵器，则需要将以上两种方式进行结合，从而使其得到有效的数字化保护。

第四，需要相关工作人员利用现代信息技术以及相应设备对目前所存有的可移动文物成分以及材料等进行全面采集，比如利用便携式测色仪以及微型光纤光谱仪对可移动文物的颜色信息进行充分采集。

第五，需要相关工作人员认真完成可移动文物数字化保护信息数据的录入。

第六，对该保护成果进行充分利用。

3. 建立一套完善的环境监测以及调控系统

可移动文物的数字化保护主要体现在各种现代化系统运用方面，比如为了对可移动文物的存放环境进行有效控制,需要利用现代先进传感器技术等为其建立一套完善的环境监测以及调控系统,保证可移动文物的存放环境符合要求。另外,通过该套系统,还能够对存放环境进行实时监督,一旦出现异常问题,相关工作人员能够及时发现,保障可移动文物得到科学有效的数字化保护。

4. 对数字化安全防范设备进行充分利用

对可移动文物进行数字化保护的过程中,不仅需要科学规范的文物管理制度的制约,还需要对数字化安全防范设备进行充分利用,比如先进的防火、防盗以及防震等设备,保证可移动文物存放环境受到监控,提高文物的安全系统,促使文物得到科学预防以及保护。

第三节 数字化技术与文物本体保护

激光扫描遥感作为一种新兴的测绘技术,在数据获取上具有传统测绘技术无法比拟的优势,能够满足数字化采集建筑文物信息的要求。利用 BIM 技术建立建筑文物三维模型,不仅能够实现对建筑文物视觉上的浏览,同时能够对建筑文物的年代、材质、施工工艺等属性信息进行输入,实现对建筑文物视觉和文化价值的统一有效管理。因此,激光扫描遥感结合 BIM 技术对建筑文物进行本体保护是一种全新有效的方式。

一、激光扫描遥感原理及应用

(一)激光扫描遥感工作原理

依据激光测距的原理,激光扫描遥感在仪器内部发射激光,根据激光发出到返回的时间计算出时间差,利用激光传播的速度与时间差确定出仪器与目标的距离,进而推算出被测目标表面点的三维坐标信息。针对扫描的区域,该技术使用的测距方法为脉冲测距法,除了这种方法外,还会采用干预性测距及激光三角等不同的方式。

(二)激光扫描遥感的应用

激光扫描遥感作为现代测绘领域的新技术,与传统测量方式相比,具有显著优势。可以在扫描的时候,不与物体的表面相接触,就能够完成对藏品三维信息的采集。随着仪器技术的不断进步以及各行各业的科研和工程技术人员的不断探索,激光扫描遥感正逐渐取代一些传统的测绘手段,应用前景广阔。目前主要应用在以下几个领域。

文物领域:遥感激光扫描在文化遗产保护领域开展得比较早,是主要应用领域之一。遥感激光扫描的问世为建筑文化遗产保护提供了技术支持,可以快速高效地获取被测物体表面的浊点数据,避免二次破坏。利用点云数据可以构建详细的 3D 模型,还原建筑文化遗产的结构状态,为后期的归档和修复提供数据支撑。

地形图制图：利用遥感激光扫描结合后处理软件，通过简单的数据采集、拼接、转换操作，即可获得大比例尺地形图。与传统利用全站仪进行野外数据测量相比，遥感激光扫描具有效率高、内容全、结果多样、智能化等优点。

变形监测：遥感激光扫描可以从变形体上密集的点云中获取大量数据，而不是少量的监测点，获取的信息量大，可以充分显示局部和一般变形。

其他方面：遥感激光扫描还用于土方工程和体积测量、数字城市的 3D 建模等领域。

（一）建筑文物本体保护的实现

对于受损建筑的文化遗产，利用遥感激光扫描和 BIM 软件获得的点云数据，构建三维模型以及建筑文化遗产的形状、尺寸、材质、结构等数据。建筑物被扫描和拍照。建筑文化遗产本体的保护主要可以从以下几个方面进行。

一是"非接触式"测量，可防止对建筑文化遗产的进一步破坏。通过获取建筑文化遗产数据，测量人员无需直接接触建筑文化遗产，避免了测量过程中对建筑文化遗产的触摸，减少了对建筑文化遗产的二次破坏，开展了对建筑文化遗产的保护。

二是全面、高精度的数据采集，为良好的建模提供数据。建立文化遗产的 3D BIM 模型，离不开准确、全面的数据支撑。遥感激光扫描不仅可以准确扫描建筑文物的详细部位和复杂件，而且在获取几何图形时，还可以获得反射强度和颜色信息。

三是 BIM 软件应用对建筑文化遗产进行了实际的本体保护。BIM 软件构建的 3D 模型不仅可以展示建筑文化遗产的形状、大小、结构数据等几何信息，还可以添加年代、类别、材料、建筑文化历史等一系列属性信息。文化遗产，同时实现"意"的完整性，对建筑文化遗产的真实本体进行保护。

四是建筑文化遗产数字化建模实现了永久保存。数字数据可永久保存，不存在纸质数据失真等问题，查阅方便。当需要保护和改善建筑文化遗产时，可以随时调取和查阅数据。一些没有得到保护和修复的建筑文物在时间的洗礼下可能会永久丢失，而数字模型的存在使得参观和研究这些建筑文物成为可能。因此，数字模型的建立有利于建筑文化遗产中嵌入的建筑文化的传承与发展。

（二）建筑文物信息统计与表达

3D 建筑文物模型绘制完成后，可以在 Revit 软件中轻松计算建筑遗产信息，为建筑遗产保护、修复和研究提供数据支持。

（三）建筑文物 BIM 模型的其他应用

借助 BIM 软件对建筑遗产进行流畅的 3D 建模，不仅真实地再现了建筑遗产及其组成部分，还存储了建筑遗产各个维度的详细数据，为建筑保护和修复提供了最详细的数据。此外，建筑文化遗产 BIM 模型还有以下应用。其中之一是旅游业的发展。将 BIM 模型与虚拟现实等技术相结合，塑造虚拟旅游，体现足不出户旅行的愿望。观众只需点击鼠标，即可清晰地看到建筑文物的原始历史展示，还可以从建筑文物中了解历史文化信息，让参观者身临其境，节约成本，扩大实体博物馆。即使有些建筑文物因没有及时修复而不再存在，虚拟旅游仍然可以提供参观和观赏这些建筑文物的可能性。未来，人们足不出户就能参观博物馆，领略建筑遗产的艺术风貌和文化魅力。二是图像输出。对于已建立的建筑文物的 3D 模型，可以在后期渲染后生成 3D 渲染。此外，平面图、立面图、剖面图和详细的建筑遗产图像等二维图像和数据也可以很容易地以多种常见格式导出和保存。为后续建筑文化遗产修复提供数据保障。

（四）建筑文物虚拟修复

随着时间的推移，受诸如历史、政治等社会因素的影响，许多建筑文物都受到了不同程度的破坏。事实上，由于国家文物保护管理办公室资源有限，不可能修复所有受损的建筑文物。根据我国旧建筑"建法"，在 BIM 中创建建筑文化遗产库，对受损建筑文化遗产进行虚拟修复。同时，通过建筑文化遗产对称、几何结构、参照同一时期同类型建筑的原则，完成建筑文化遗产的虚拟修复。

1. 虚拟技术及虚拟修复

虚拟现实技术是在相关技术的支持下构建虚拟环境，使人有身临其境的感觉。该技术由软件和硬件两部分组成。近年来，虚拟现实技术不断发展，美国、英国和日本等许多国家都使用虚拟现实技术，利用数字技术修复建筑文化遗产是其应用之一。

建筑文化遗产虚拟修复是指通过计算机软件对建筑文化遗产受损部位进行修复、维护和修复。进行虚拟修复，必须提前建立现有建筑文化遗产的三维模型，收集详细的建筑文化遗产数据，结合相关数据，利用计算机软件对现有建筑文化遗产进行虚拟修复损坏的部分。

2. 虚拟修复的意义

虚拟修复成本低，只需在软件中进行建筑文化遗产的修复、维护和虚拟修复，解决了国家文化遗产保护管理部门资金不足的问题。虚拟修复是传统建筑文化遗产修复方式的进一步延伸。与传统修复方式相比，这种方法可以更多地保护建筑文化遗产，大大提高了建筑文化遗产的保护和管理水平。

在建筑文化遗产修复过程中，通过三维 BIM 模型的形成，对建筑文化遗产模型进行修复、维护和虚拟修复。使用修复后的 3D 数字模型可以为建筑文化遗产的实际物理修复、勘测和保护提供准确的数字信息。

凭借快速高效的数据采集和遥感激光扫描非接触式测量等优势，可以数字化保存建筑遗产的几何尺寸、外观和形状，并利用数据创建遗产的三维模型。将修复后的建筑文物放置在其实际所在的 3D 建筑场景中，不仅可以单独拾取展示，还可以让建筑文物更加完整和谐，而且还可以增加漫游等操作，可单独展示，多方位动态建筑文化遗产，支撑建筑文化遗产旅游发展。

第四节　数字化技术在文物保护中的意义和前景

一、使用数字化技术来保护博物馆文物的现实意义

(一)有助于针对各类文物的历史信息进行数字化存储

文物本身所承载的价值与意义与文物藏品产生的历史文化与时代价值有很大关系,针对博物馆内藏品文物的保护工作,总结出一套适合不同类别文物的保护办法,能够加强对文物本体的保护,通过对文物本体的数据采集,可以精准地留下文物的信息。这种工作方式是对文物的保护性数字采集,对文物的保护、研究和利用工作有很好的促进作用。

(二)有利于拓宽文物的展览范畴

受众走进博物馆参观游览,会受到诸如展线设置、展期限制等客观条件的限制,无法全面的了解博物馆的馆藏,特色展览举办的时间较短,只有很少的受众群体有幸观看展览,博物馆数字化的过程,也是扩展文物展陈形式、拓宽展览覆盖面的有效形式。博物馆通过对展厅、重点文物信息的采集,通过互联网的形式,为受众提供,观众可以通过多种形式获取官方提供的资源和信息,获取自己想要的知识,拓宽兴趣面。

(三)有益于促进馆际间的文物资源共享

文博单位之间举办交流展是促进文物展览展示、吸引更多文博受众的重要方式。传统的交流展览,需要经过严谨的文物审批程序、文物运输保险、展陈布撤展等流程。而且,长距离运输文物,有可能造成文物的损坏。为避免这种现象,运用藏品文物的数字资源,通过展板、互动多媒等形式,举办数字展览,用数字技术呈现的形式举办展览,实现馆际之间的合作。

馆际之间的数字资源互通,在确保资源安全、服务于受众的前提条件下开展数字展陈,文博单位能够为增强国家文化软实力贡献自己的力量。这种交流形式,能够促使各博物馆依托自身优势,采集藏品信息,博物馆数字化达到一定程度后,文博单位必然走上一条建设智慧化博物馆的道路。

二、基于数字化技术进行文物保护需要遵循的规范要求

根据 2022 年国家文物局最新统计数据,我国共有博物馆 6183 家,根据全国第一次可移动文物普查,全国可移动文物数量为 1.08 亿件/套,近年来,"文博热"风靡,综艺节目《国家宝藏》《假如国宝会说话》《考古发现》等,为文博圈吸引了更多的受众。文博单位信息化建设日渐完善,博物馆门户网站及自媒体平台的建设,让博物馆可以自主地进行本馆的信息宣传工作。博物馆数字化建设的推进,让博物馆从业人员和有需要从博物馆获取信息来源的博物

受众,通过博物馆的平台进行信息查询,为博物馆从业人员提供了便利,且提高了受众参观博物馆的满意度。

(一)结合本地实际

数字化博物馆的建设,是博物馆发展到一定阶段的必然选择,博物馆行政及业务工作,通过 OA 系统实现协同办公,能够提升博物馆不同部门之间在协作过程中的工作效率。通过对馆藏文物的数字化采集及馆藏藏品资源库、数字资源库的建设,能够令博物馆从业人员更好地管理好、保护好、研究好馆藏藏品。博物馆的数字化建设,应从本馆实际出发,立足本馆特色,细化本馆藏品的分类,进行深入研究。

(二)及时确立建设内容

博物馆进行数字化建设,主要通过两个方面来实现。第一是搭建博物馆需要的藏品管理系统平台,根据本馆文物藏品的数量、工作业务开展方式、平台使用等情况,建设有利于本馆工作的藏品管理系统及数字资源系统,方便本馆人员使用和社会服务。藏品文物的数字化采集,多从文物的基本信息录入、图像拍摄、三维数据采集等方面开展,将本馆的信息进行统一管理,能够为博物馆从业人员在举办展览、科学研究、文创研发、社会教育等方面提供便利。文博单位的数字资源,要采用多处备份的形式,确保信息数据的安全性,博物馆藏品文物的数字化采集,对文物数据的精准留存,是文物收藏、保护的一道有力保险。这些内容都是博物馆数字化建设过程中需要涉及的。

(三)开发可靠的数据库

博物馆藏品管理资源库及数字资源库的建设,要以确保藏品数据及相关信息的安全性为前提,确保系统的稳定性和可拓展性。根据博物馆工作内容,对藏品数据平台的不同模块进行进一步修改和研发,提升平台的稳定性。

(四)创建实用的文物展示网站

随着信息技术的普及,全国博物馆评估定级要求中,拥有自己的门户网站已经是一个博物馆最基本的条件之一。博物馆的数字化建设成果,通过网站的形式进行展示,受众通过互联网,从官方网站获取文物有效信息用于研究、欣赏,对博物馆举办的展览活动的资讯和情况进行掌握,是博物馆网站存在的意义所在。

三、博物馆文物保护中数字化技术的妥善性应用建议

在博物馆中,无论是行政工作还是业务工作,利用互联网技术及相关平台、软件,可以大大提升博物馆不同部门之间进行协同办公的工作效率,单位可以形成自上而下的管理秩序。有效、高速的信息交流,能够提升员工的工作效率。

(一)创建高端实用的数字化管理系统

藏品管理系统及数据系统的建设,要因"馆"制宜,杜绝千馆一面的现象,不同博物馆的文

物藏品类别、重点业务内容等各不相同，对数字管理的系统要求也各不相同，要根据不同馆的情况，建设适合本馆使用的数字化平台系统，将数字资源上传到系统平台，通过不同的权限，进行藏品资源的管理和使用。

(二)提升文物的保护和管理效率

文博单位建设好自己本馆的藏品管理系统、数字资源系统后，可有效地对本馆的数字资源进行线上管理，藏品信息以统一的格式上传，藏品的图片、视频、文物信息采集资源、考古线图、六视图等资源按照固定模块上传到藏品系统的固定位置，有利于文物展陈、修复、文创研发等工作的开展。数据库的建设要与时俱进，根据博物馆的需求，进行不断的升级、更新和调整，以适应博物馆的成长需求。

(三)增加对文物的研究深度

文物藏品资源的数字化采集过程，是全面、精准获取文物本体状态的基础工作。开展文物数字化采集工作后，制作出来的数字资源，可用于科学研究、文创研发、社会教育等。文物本体的数字化采集工作，从文物本体出发，针对文物本身的数据进行精准测量，能够为博物馆留下文物的准确数据，这些数据，这是文博单位做好文物保护、文物研究利用的根本保障。

第八章　孔子博物馆数字化建设与文物保护管理实践

第一节　孔子博物馆及其数字化建设

一、展厅数字化展示

孔子博物馆于 2013 年初动工，2019 年 9 月 6 日正式开馆运行。上行展厅为"大哉孔子"基本陈列，由序厅和五个部分构成，序厅通过多媒体投影对孔子进行总括性介绍，五个部分内容分别为孔子的时代、孔子的一生、孔子的智慧、孔子与中华文明、孔子与世界文明。下行展厅为"诗礼传家"基本陈列展，分余荫百世、孔府档案和阙里遗风三个单元。另外设有临展专题展厅。展陈以文物和艺术场景为载体，以高科技为手段，以服务大众，特别是青少年学生为主要目标，突出互动体验与感悟。部分文物的历史价值通过上述技术实现了复苏、延续和传承。见图 8-1。

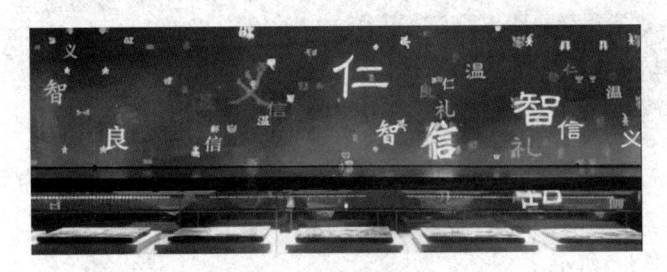

图 8-1　孔子博物馆设计图大型多媒体影像互动

二、官方网站及微信

孔子博物馆根据业务发展需要，开通了官方网站及微信公众号。如图 8-2 所示。官方网站和微信公众号是孔子博物馆和线上观众沟通互动的一个最直接的窗口，便于孔子博物馆在线向社会公众展示孔子博物馆深厚的历史文化底蕴和丰富的馆藏珍品。自官方网站和微信公众号上线以来，受到了中外观众的普遍欢迎，观众可以通过官方网站、微信相关渠道和孔子博物馆互动，也可以通过官方网站、微信了解孔子博物馆的展览和其他公共服务信息，此举成为孔子博物馆线上展重要手段和不可缺少的环节。[1]

---

[1] 孔德平.中国古籍珍本丛刊孔子博物馆卷 23[M].北京:国家图书馆出版社,2019.

博物馆数字化建设及藏品保护利用与研究

图 8—2 孔子博物馆官方微信

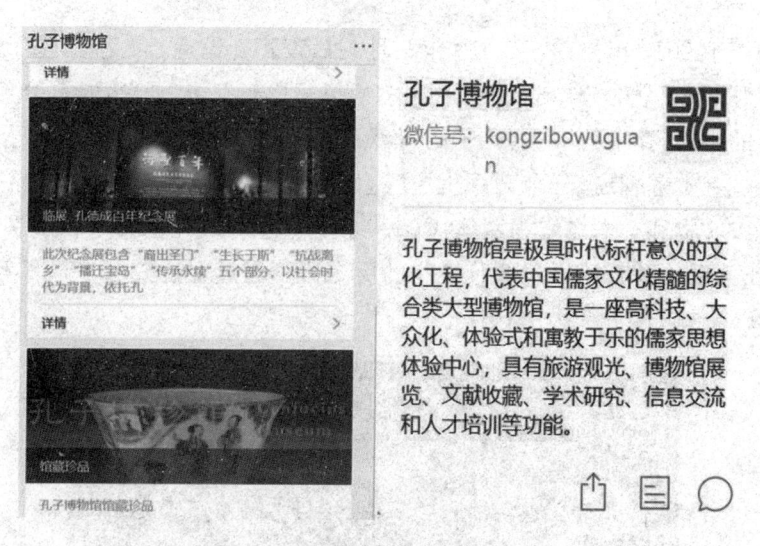

图 8—3 孔子博物馆官方微信(续)

三、基础硬件及网络建设

孔子博物馆已配备了台式计算机、便携式笔记本电脑等数字化办公硬件,并为馆内工作人员提供互联网接入服务,通过网络提高了办公效率。孔子博物馆的工作人员在办公区内实现了互联网接入上网,确保了数字化办公和信息的及时沟通,具备了对数字化资源管理和应用的硬件和网络条件,具备了开展数字化保护工作的基础网络软硬件条件。

第二节 文物数字化信息采集与加工

文物数字化数据需通过采用各种高科技、高精度的数据采集设备进行获取,如文物三维扫描、文物二维扫描、文物360°环拍、文物遗址360°全景拍摄、重点文物遗址三维扫描、展厅

360°全景拍摄等。通过数据采集取得相关文物及空间的数据信息、高清影像数据,获取三维模型数据、三维彩色模型数据,并通过专业数据管理平台进行管理以及分析应用,从而为数字化保护及数字资源管理系统建设提供数据基础。

三维数字化采集主要使用三维激光扫描技术,该技术通过内部的激光脉冲发射器向目标物发出激光脉冲,通过反光镜旋转,发出的激光脉冲扫描被测目标,信号接收器接收来自目标体返回的激光脉冲,通过每个激光脉冲从发出到被测物表面返回仪器所经过的时间可以获得被测物体到扫描中心的距离,同时扫描控制模块可测量每个激光脉冲的水平扫描角 α 和竖向扫描角 β 后,处理软件自动解算得出被测点的相对三维坐标,进而转换成绝对坐标系中的三维空间位置坐标或三维模型。

此次采集将获取完整而精细的藏品三维数字模型、纹理影像,经融合处理生成精准的三维模型等,总体技术路径分解为外业数据采集、内业数据处理两个层次。需要记录信息的工作节点,将各类先进技术运用其中,完成藏品的原始精细数据采集。[①]

孔府档案是极为珍贵的历史财富,是中国最大家族遗存的、系统地反映一个家族活动的历史记录,内容包括衍圣公封袭、祀典、先贤、宗族事务、家谱编纂、属员、庙庭官员及府内官员的铨选,各项租税的征收、徭役任使、刑讼案件、各种灾情记录及府内庶务文书等。是研究孔氏家族的可靠史料,对研究当时社会状况及经济关系等具有重要参考价值。

本项目将通过实地"不接触"扫描等先进数字化采集技术和采集方法,获取孔府档案类文物的原始数据信息,实现孔府档案类文物数字化采集、加工、制作,并在展览展示、科学研究与考古修复工作中充分利用数字化资源,为国内外观众传递更丰富的孔府文化信息,为孔府档案类文物保护、利用和修复提供数据支撑。

采集孔府档案类文物高清存档级数字化资源,可实现孔子博物馆原件的集中保护,更好地用数字化手段构建与传承孔府文化。孔府档案类文物数字化工作,对新形势下做好这一珍贵历史财富的集中保护与发掘利用工作有深远的历史意义。

孔子文化是中华民族文化的主干,孔府档案是孔子文化最直接最生动的代表,加快孔府档案文件级目录编撰、题名工作,及时进行数字化保护工作,推进孔府档案的数字化建设,实现孔府档案文物长久有效地保护,加强对孔府档案的研究利用,是历史赋予我们的使命,文博工作者应不负重托,不辱使命,努力将工作做好。

孔府档案类文物数量庞大、内容丰富,从保护传承视角看,采用数字化建设方式对孔府档案类文物珍品进行集中数字化保护工作,是后续开展孔府档案类文物数字化保护、研究、展示工作的基础。

数字化形成的孔府档案类文物成果具有客观、准确、无差别化等多重特点,其记录成果将有利于孔子博物馆集中建设孔府档案类文物的高清存档及数字化资源,有利于孔府档案类文物线上展示和数字化传播,有利于孔府档案类文物数字化资源和档案的全面构建与传承,还有利于助力民族文化遗产的全面发掘利用。

综上所述,本项目具有较强的可行性,符合当前国内博物馆数字化保护发展需求和技术

---

① 刘冬雪.古籍数字化信息采集技术研究[D].北京:北京印刷学院,2017.

发展水平,不但能对孔府档案类文物起到有效的数字化保护效果,而且能为孔子博物馆后续的文物数字化工作奠定良好的基础,满足专家学者、参观者以及专业研究人员的信息利用需求,使孔子博物馆文物保护和文物数字化利用阶段性达到新高度,最终一级一定程度上提高孔府档案类文物的数字化保护水平,使孔子博物馆的数字化保护能力再上新台阶,充分发挥孔府档案类文物传播的大众性、传承性和时代性。

第三节 文物数字化保护管理平台建设

一、概述

文物数字化保护管理平台将以数字化数据为支撑,为博物馆各个业务部门提供对应业务信息,极大地方便博物馆日常工作的展开。专业的数据存储方案设计和应用平台开发,构建标准规范、功能全面的博物馆文物数字化保护管理平台。在平台设计与开发时,与博物馆已有信息管理系统进行数据和功能对接,形成统一的数据和管理平台,避免形成信息孤岛。同时,根据博物馆的业务模式灵活定制系统业务流程,更贴近用户所需日常业务工作。系统提供符合文物局标准的数据接口,能与国家普查系统对接。[①]

此次项目主要开发一套基础管理平台,包含四个子系统:藏品综合信息管理子系统、藏品数字资源管理子系统、陈列展览管理子系统、藏品修复保护管理子系统。同时整个平台使用统一数据管理,确保各系统之间数据充分共享,避免出现数据不一致等问题。

二、基础架构

孔子博物馆文物数字化保护管理平台主要用来支撑、存储、管理、展示孔子博物馆文物数字化信息资料。孔子博物馆文物数字化保护管理平台采用了统一开放的设计架构,各种新型数字化应用可通过标准化接口快速接入,并形成孔子博物馆的数字化管理、数字化保护以及数字化展示、移动管理及展示等创新应用,孔子博物馆文物数字化保护管理平台整体架构由基础层、数据层、应用支撑层、应用服务层四层组成。基础层包括功能性基础硬件设备、信息化网络设施以及操作系统和云平台,这是孔子博物馆文物数字化保护体系建设的基础支撑。数据层包括数字化信息数据库、应用展示数据、平台配置数据库三部分。应用支撑层和应用服务层实现文物数字化存储、管理、检索、保护、展示等业务应用,展示部分包括虚拟文物展示、数字孔子博物馆 App 开发以及多媒体互动等,见图 8-3。

孔子博物馆文物数字化保护管理平台可以有效地整合孔子博物馆数字化信息数据,并进行利用和管理,提供统一的数据存储、数据调用、数据应用和展示支撑环境。平台根据孔子博

[①] 游越.数字化保护在博物馆馆藏文物中的应用[J].现代交际,2021,(21):236-238.

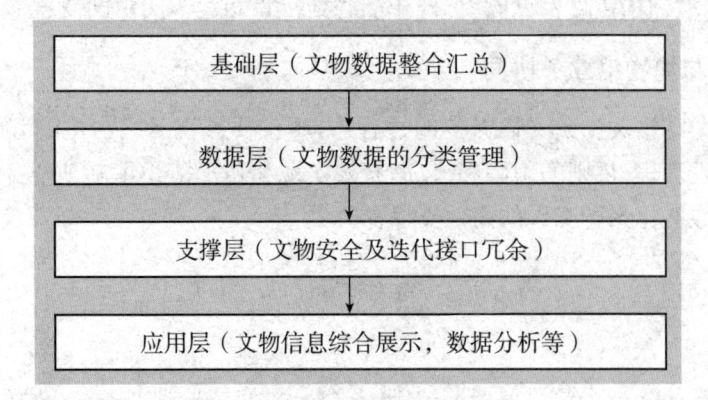

第八章 孔子博物馆数字化建设与文物保护管理实践

```
┌─────────────────────────────────┐
│  基础层（文物数据整合汇总）      │
└─────────────────────────────────┘
              ↓
┌─────────────────────────────────┐
│  数据层（文物数据的分类管理）    │
└─────────────────────────────────┘
              ↓
┌─────────────────────────────────┐
│  支撑层（文物安全及迭代接口冗余）│
└─────────────────────────────────┘
              ↓
┌─────────────────────────────────┐
│  应用层（文物信息综合展示，数据分析等）│
└─────────────────────────────────┘
```

图8—3 基础构架

物馆文物数字化保护信息管理及展示功能需求定制开发，集智慧存储、智慧管理、智慧展示为一体，同时可以利用手机客户端实现移动端的快捷操作。

三、设计原则

(一)实用性

孔子博物馆文物数字化保护管理平台应在国家文物局统一标准和规范下进行设计和开发，同时实现孔子博物馆自身文物数字化保护资源的个性化需求。技术指标应参考国标及相关行业标准，并结合现状采用先进可靠的设备和技术，确保平台的实用性和成熟性。

(二)安全可靠性

孔子博物馆文物数字化保护管理平台必须要达到较高的安全标准，提供良好的安全可靠性策略，支持多种安全可靠性技术手段，制定严格的安全可靠性管理措施。

(三)开放性

孔子博物馆文物数字化保护管理平台系统应基于国内外业界开放式标准，进行全国范围统一规划，为孔子博物馆未来的数字化保护工作及文物修复工作奠定基础。

(四)可扩展性

孔子博物馆文物数字化保护管理平台系统应具备灵活的可扩展性，能够兼容以孔子博物馆为主体的其他平台，方便博物馆业务需求的变化，迅速地支持新业务的能力。

(五)可伸缩性

孔子博物馆文物数字化保护管理平台应具备良好的可伸缩性，系统性能及并发处理能力，对主机设备具备平滑的扩展能力。

(六)易使用性

孔子博物馆文物数字化保护管理平台应易于使用与维护，便于馆方信息化管理人员的操作和管理,具备良好的用户操作界面、人性化的管理工具和完备的帮助信息。

(七)云平台与博物馆业务协同

在参与孔子博物馆文物数字化保护的过程中,不仅要重视云平台的建设,还要高度重视对数字化体系管理流程、规则的理解和梳理,有效实现和孔子博物馆其他业务的协同,保证对孔子博物馆文物数字化保护工作的高效支撑。

四、架构设计

孔子博物馆文物数字化保护管理平台中,系统平台总体包括四层:基础层、数据层、支撑层、应用层。各层具体概述如下。

(一)基础层

基础层包括功能性基础硬件设备、信息化网络设施,这是孔子博物馆文物数字化保护体系建设的基础,也是孔子博物馆数字化保护的主要数据来源,是孔子博物馆文物数字化的操作系统和云平台。

(二)数据层

数据层包括数字化信息数据库、应用展示数据、平台配置数据库三部分。这层抽取了文物数字化信息数据库和应用展示数据库两个核心数据库,支撑各类数字化应用的核心数据需求,一方面为文物数字化信息的存储、管理、检索和调用提供了强大的支撑能力,另一方面保证了文物数字化展示应用的实现、标准化和互通互联。按照孔子博物馆文物数字化采集需求,利用扫描仪等专业设备,获取孔子博物馆可移动文物和不可移动文物数据成果,以及360°环拍和博物馆航拍成果。

(三)支撑层

根据孔子博物馆的管理和应用需求,提供有拓展性的业务应用功能,包含引擎、移动应用服务、虚拟文物展示应用管理、对外服务接口、内容管理等。

(四)应用层

应用层以数据层和支撑层为基础,重点梳理孔子博物馆的管理和展示需求,包括数字资源管理系统以及孔子博物馆数字展示系统、馆藏文物管理系统等。

五、开发环境

(一)网络环境

移动互联应用实现了孔子博物馆文物数字化保护管理平台的 M/B/S 自动整合生成技术,实现了适合于各主流操作系统的行为模板抽象集成,对于逻辑、流程图、信息交互和用户终端管理等各项功能,显著提高了应用的实现效率,并完整实现了与现有的 B/S 技术的无缝融合,为信息架构向互联网发展提供了强有力的技术保障。

(二)编程框架

孔子博物馆文物数字化保护管理平台使用 B/M/S 超编程框架:用以支持对于虚拟文物展示应用(B/S)和移动应用(M/S)的高效编程框架。应用先进的超编程(元编程,MP)技术,将包括业务和逻辑程序在内的程序流作为对象,元数据解析编译器使用模板产生暂时性的源码,然后再和剩下的源码混合并编译。业务和逻辑超编程处理构件与超编程框架配合方便地实现对于业务和逻辑程序的超编程处理。①

(三)功能封装拓展

基础平台为上层各种功能提供了良好的封装运行系统和各类专业的协议和接口处理。孔子博物馆文物数字化保护管理平台实现的基础平台包含四个方面,协同应用、移动互联、融合通信和物联应用,可以组合使用,广泛地支持 Android、IOS、M2M、CTI 等。孔子博物馆文物数字化保护管理平台,采用协同应用基础平台,功能实现从应用到移动互联应用,可叠加引入移动互联应用基础平台。在数据逻辑层建立业务逻辑数据库,包括数据共享、模板、类型、状态、归档、配置等,为业务功能实现,为孔子博物馆提供一体化的功能数据和逻辑支持。

(四)系统测试

孔子博物馆文物数字化保护管理平台使用自动化测试工具,使用指定的测试计划,对系统进行功能测试、健壮性测试、性能测试、交互测试、安全性测试、完整性测试。

1. 功能测试

测试孔子博物馆文物数字化保护管理平台的需求功能是否正确。

2. 健壮性测试

测试孔子博物馆文物数字化保护管理平台在异常情况下能否正常运行,是否有容错性能和恢复能力。

3. 性能测试

测试孔子博物馆文物数字化保护管理平台处理事务的速度检验性能是否符合需求,得到某些性能数据供后期分析。

4. 用户界面测试

测试孔子博物馆文物数字化保护管理平台的易用性和视觉效果等。

5. 安全性测试

测试孔子博物馆文物数字化保护管理平台防止非法入侵的能力。

6. 完整性测试

测试孔子博物馆文物数字化保护管理平台是否完整。

---

① 杜越.智慧博物馆建设中的藏品管理研究[D].上海:上海大学,2021.

六、共性支撑

（一）数据接口支撑

为了保证孔子博物馆内部各应用之间的数据交换方式更加标准规范，平台在设计时，应充分考虑接口协议、接口安全与接口性能等因素，保证接口服务的稳定性、健壮性和安全性。同时考虑到提高平台功能的可持续延展性，孔子博物馆文物数字化保护管理平台内部各应用之间将预留标准化接口，以方便未来孔子博物馆开发。例如，数字化保护之类的软件，与平台数据之间进行标准化的协作与交互。

（二）数据存储与分析支撑

考虑此次孔子博物馆的文物数字化信息数据比较庞大，涉及三维扫描、环拍、航拍三种不同方式及类型的采集，因此孔子博物馆文物数字化数据按照类型的不同，分别存放在关系型数据库集群以及非关系型数据库集群中，以便于检索和分析。分布式存储还将建设灾备、容错方案，保证孔子博物馆文物数字化保护管理平台数据服务的高可用性和可靠性。

（三）消息推送服务支撑

对于孔子博物馆文物数字化保护而言，数字化保护、数字化管理、数字化利用与展示业务，均需要有相应的通知机制，比如文物数字化信息状态通知、入库时间通知、面向观众的展示消息通知等。孔子博物馆文物数字化保护管理平台通知推送服务需要解决：统一的后台数据过滤、事件解析、消息队列、多管理员的普适性、及时性以及高性能；建立管理员基本信息库以便推送不同的消息内容；通过文物数字化数据的信息检索、筛选、整理，提供所需要的相关内容，并根据需要下发通知。

第四节 文物数字化信息展示及利用

利用采集获取的文物数字化信息数据，将原本静止的文物和沉睡在库房中的文物通过数字移动导览系统和 AR 数字图录等形式展现出来，开展数字化宣教工作，提升博物馆数字化展陈水平，让观众更好地了解文物和历史，将博物馆所承载的历史文化进行广泛的数字化宣教和数字化传播，使文物数字化保护成果的利用水平和效益最大化。[1]

---

[1] 白鹏飞，刘宗元. 博物馆数字化建设与博物馆信息传播[J]. 大众文艺，2014，(23)：199—200.

一、孔子博物馆数字移动导览系统

(一)移动导览系统概述

孔子博物馆移动导览系统的主要目标是完成一个基于三维互动技术的移动交互导览系统,系统将开发 IOS 和安卓两个版本,在现有微信公众号的基础上进行完善和革新,提高孔子博物馆的社会服务水平和数字化宣传教育能力,增强对青少年观众的吸引力。

系统结合本次采集的文物数字化信息,综合应用多媒体、移动互联等关键技术。让参观者可以通过手机对文物及相关信息实现多感官的互动体验,同时通过人机互动等方式展现孔子博物馆展品的文化价值,增强参观者的主动探索精神,引导参观者对文物、展区文化内涵进行深入了解,在此基础上,通过大量扫码数据的积累,为博物馆的展陈管理决策提供数据支持和参考。

(二)移动导览系统功能

1. 孔子博物馆主页

功能说明:观众来到孔子博物馆后,系统自动定位到"孔子博物馆"欢迎界面。呈现孔子博物馆欢迎词,观众点击开启自动语音讲解,欢迎词向观众实时讲解孔子博物馆一个多世纪的历史变迁。观众走到博物馆文物前,系统自动感应,观众即可收听当前文物的语音讲解,犹如导游在身边一样,自动灵活。

2. 孔子博物馆地图

功能说明:观众点击开启自动语音讲解后,实时定位观众位置,红色闪烁点代表观众当前位置,并播放当前文物的语音讲解,随着观众的走动实时切换讲解。

3. 孔子博物馆文物介绍

功能介绍:除了自动语音讲解,观众也可手动查看文物介绍,包括文字和图片两部分。观众还可在家参观孔子博物馆,同时可以在文字介绍右上方收藏喜欢的文物,还可以转发朋友圈及微博、QQ 等。

4. 孔子博物馆文创产品推送

功能说明:观众在感兴趣的文物旁边停留较长时间时,系统自动推送与此文物相关的文创衍生产品,并弹出各个文创产品的相关介绍。观众可以在线上购买此产品,也可以在线下文创商店购买,同时可以将喜欢的文创产品转发朋友圈及微博,为产品做宣传和推广。

5. 孔子博物馆路线规划

功能说明:点击开启自动语音讲解后,界面下方显示景区推荐参观流线。观众可以手动滑动浏览,也可随意走动,等待系统自动讲解。左上角可根据观众喜好自动规划参观路线以及定位当前位置。

6. 孔子博物馆文物展厅概览

功能说明:观众开启自动语音讲解后,点击界面上方可显示整个孔子博物馆或景区的讲解点,可以手动点击查看讲解。

7. 孔子博物馆公共服务

观众点首页下滑,获取博物馆其他公共服务、其他接口进行规划预留。

二、孔子博物馆 AR 数字图录

孔子博物馆 AR 数字图录将充分利用本次采集的数字化数据成果,使移动互联网技术、计算机图形图像技术和文物数字化数据结合起来,开发出新型数字化视觉体验模式。游客通过手机摄像头扫描带有文物图像的载体,就可以在手机终端或其他移动终端上体验文物的 3D 效果及相关的图文、音视频信息,大大丰富了游客的参观体验。除此之外,游客还可以通过孔子博物馆 AR 数字图录将文物带回家细细观赏,使更多的人在家也可以听到、看到、触摸到文物,提升了博物馆的社会教育功能和数字化数据的利用率和使用范围,真正实现了将"孔子博物馆带回家"。

第五节　孔子博物馆数字化保护存在的问题

一、保护级数字化资料稀少

孔子博物馆馆藏文物数量大、品类多,对儒家悠久的文化有极高的历史价值和研究价值。孔子博物馆保存着大量珍品文物,虽然孔子博物馆已经采集部分文物的图片资料,但因为资料只用于馆内的宣传展示,因此这部分资料属于展示级别。馆内相对缺少高精度级别的保护级文物数据资料,无法满足数字化数据要求高的业务需求。例如,原始数据的留存和文物修复保护等工作。在文物库房现有保存条件下,随着时间的推移,馆内的珍贵文物很可能还会面临未知的腐蚀和损坏,虽然孔子博物馆已经在能力范围内极大程度地对馆藏文物进行了保护,但是还是无法大范围地遏制文物的自然腐蚀。更为忧心的是,这些珍品文物全部没有数字化资料,因此,急需对这些珍品文物进行保护级三维数字化资料的采集和保存。

孔府档案是中国山东曲阜孔府留存的孔氏家族在各项活动中形成的私家档案。所藏档案起自明嘉靖十三年,迄于 1948 年 7 月。内容包括衍圣公封袭、祀典、先贤、宗族事务、家谱编纂、属员、庙庭官员及府内官员的铨选,各项租税的征收、徭役任使、刑讼案件以及各种灾情记录及府内庶务文书等。《孔子世家明清文书档案》已整理 9021 卷及散档 46374 件,共 304643 件。[①]

孔府档案是极为珍贵的历史财富,它是中国最大家族遗存的、系统反映一个家族活动的

---

① 黄雨涵.博物馆馆藏文物的数字化保护[J].大众文艺,2021,(17):27—28.

历史记录,是研究孔氏家族的可靠史料,对研究当时社会状况及经济关系等具有重要参考价值。

孔府档案为纸质文物,属于有机类材料,随着岁月的流逝,由于内在因素(酸的作用和材质的变化)和外在因素(温度、湿度的剧变、光的照射、虫蛀霉变及机械的磨损等)而呈现劣变现象,致使纸张变色、发脆,甚至一触即破无法阅读。"纸寿千年,绢寿八百",传统的文物保护技术与方法只能最大限度地延缓文物的老化、破损速度,其原件载体的最终消失是不可避免的。

综上所述,因主客观原因的限制,目前,孔府档案并未深入进行数字化保护工作,但比较乐观的是现阶段孔府档案类文物状态相对稳定,可以借助数字化保护方法,永久留存孔府档案类文物的数字化档案。此项工作不仅可以最大限度地减少对孔府档案类文物的翻阅引起的物理磨损,有效地保护孔府档案类文物,还可以保证纸质文物以最为保真的形式永久的保存下来。此外,基于纸质文物"修旧如旧"的保护理念,这些数字化档案资料也将为后来的展示及修复工作提供宝贵的数据资料和重要的修复依据。因此,孔府档案类文物的数字化保护工作刻不容缓、迫在眉睫、亟待进行。

二、数字化资源管理方式传统

博物馆在管理馆藏文物本体数据、多媒体数据、二维平面数据以及设计展示内容、展陈方案、通知公告、文创作品时,需要经常对这些数据进行录入、检索、使用。目前孔子博物馆的现状是从以往的资料或者文档资料中查找资源,查找途径、手段非常单一且效率不高。因此,需要开发建设孔子博物馆珍品文物数字化保护信息管理系统,统一管理和利用孔子博物馆数字化采集数据,便于孔子博物馆管理人员调取数字资源、多媒体数据、三维数据等资料,用这些数据资料更好地服务于孔子博物馆文物的保护修复、设计宣传、展陈展示、沟通交流、文创研发等工作。同时对博物馆的数字化资源进行统一的录入、检索、使用和管理,做到管理方便、检索有序、数据安全、利用合理。孔子博物馆珍品文物数字化保护信息智能管理系统的建设使用,将有效提高孔子博物馆文物管理和保护工作的整体水平,使孔子博物馆文物工作有质的飞跃,不仅能减少重复工作的时间,方便孔子博物馆工作人员查找相关数据,增加文物管理人员的工作效率,加强录入、检索、存储等各环节的管理工作,而且能够有效地保护和利用孔子博物馆珍品文物的数字化资源,确保资源使用规范和数据安全。

三、数字化移动导览服务欠缺

孔子博物馆虽然开通了官方网站和微信公众号,对观众进行了线上展示和宣传,弘扬了中国儒家传统文化,但因为新馆刚刚投入运行,各方面服务还在逐渐完善和建设之中,所以还没有线上导览系统为观众进行移动导览服务。因此孔子博物馆还需要开发一套智能的、易用的移动导览系统,为观众进行导览服务。导览系统建设完成后,将和官方网站和微信公众号进行对接。服务于孔子博物馆线上和线下观众,观众不仅可以在馆内享受导览服务,也可以通过官方网站和微信公众号导览功能进行线上参观。

孔子博物馆珍贵文物数字化保护项目的实施建设，按照"总体规划、适度超前、分步实施、构建规划、坚持特色、创新发展"的总体策略，以及"智慧保护、智慧管理、智慧服务"的原则进行设计，采用国家统一的数字化技术框架标准，构建文物数字化保护体系。

使用当前先进的数字化采集技术，采集孔子博物馆部分珍贵文物的原始数字化信息，加工形成文物三维模型及其他可视化数字资源。利用大数据、移动互联网等现代先进技术手段，开发建立孔子博物馆数字化保护管理平台，智慧管理孔子博物馆文物数字化资源信息，为文物保护修复等奠定数据基础和平台支撑。同时建设数字化相关配套设备，完成移动导览系统的建设，实现馆藏文物从采集、加工、存储管理到数字化利用的全周期管理，提高孔子博物馆的可持续数字化科技创新能力、文物数字化保护水平和博物馆数字化管理水平。

项目将梳理孔子博物馆文物保护信息化需求，充分形成博物馆现有数字化建设基础，综合应用数字化信息采集技术、数据挖掘等数字化资源处理技术、新型数字化陈列展示与互动技术、移动互联网等新一代通信技术在内的现代先进技术手段，建设一个遵循文物数字化保护建设标准、充分互通互联、具备可扩展和环境适应性、能够快速分析海量数据并进行智能决策、智慧观众服务的文物数字化保护和利用体系，实现文物数字化资源管理的统一化、集中化、标准化，管理工作精细化，提高和提升孔子博物馆的文物数字化保护和利用水平。

第六节　孔子博物馆数字化建设的对策及展望

一、强化博物馆数字化建设的服务职能

（一）树立服务于公民的服务观念

公共文化服务是政府提供公共服务的一部分，是政府主导、社会参与形成的满足公众文化需求，保障公众文化权益的各种公益性文化机构及服务的总和。推进公共文化服务数字化建设是《关于加快构建现代公共文化服务体系的意见》中明确提出的任务，博物馆数字化建设作为公共文化服务数字化中的重要组成部分，其工作的核心是向公民提供文化服务。[①]

根据新公共服务理论，政府服务的对象不是某些特定的服务对象，而是公民。因此，发展博物馆数字化建设所关注的不应只是"顾客"的短期利益，而是公民的共同利益。博物馆数字化建设作为政府向公众提供公共文化服务的一种方式，服务的对象是公民，博物馆领导者和工作人员应深刻理解公民权、重视公民权、保障公民的基本文化权利。以公民为服务对象是博物馆数字化建设的核心，从事博物馆数字化建设的领导者和工作人员要树立以公民为中心

---

① 刘效廷，闫俊，张晓瑜.浅析数字化博物馆建设中的问题与对策[J].汉字文化，2019，(03)：113－114.

的服务观念,从思想上深刻理解并明确自己的服务对象,关注他们的需求,致力于不断提升公共文化服务质量。

(二)完善博物馆数字化体系建设

由于中国博物馆的数字化是由博物馆自发实践的,实践走在了理论的前面,所以博物馆数字化建设缺乏宏观规划,缺乏标准规范,存在一定的盲目性、随意性,难以保证博物馆数字化建设的项目的质量,也难以契合公众需求。

博物馆数字化的目的在于提高博物馆工作效率和对公众的服务水平,应将数字化技术引入博物馆的收藏、保管、研究、展示等各项工作中。目前孔子博物馆数字化建设主要分为数字化保护、数字化管理和数字化展陈三大部分。由于前期缺乏长远的整体规划,开发各个数字化项目的软件供应商采用了不同的技术方案,各个数字化项目的软件之间难以协作和升级,在整体体系框架不清晰的情况下,数字化项目建设的深度和广度也十分有限,没有清晰完整的体系框架,难以覆盖到公民宽广的文化需求。仅仅建立数字展厅、票务系统等数字化的平台,是对博物馆数字化的内涵理解趋于表面的体现,虽然用了数字化的技术但没有用好数字化技术。孔子博物馆应将面向公民用户的数字化软件和面向博物馆内部工作人员的数字化软件都囊括在博物馆数字化建设的工作任务中,站在更高的角度对博物馆数字化建设的内涵进行整体全面认识,馆内工作人员作为公民的一部分,也需要重视对数字化应用的需求。全面分析梳理已有数字化项目,从内部管理和外部服务等多方面规划建设完善的体系,完善内部管理的数字化应用,建立全馆计算机网络系统、藏品管理信息系统、内部办公自动化系统、馆内安全监控系统等一系列用于提高博物馆办公效率的数字化工具,完善外部服务,建立涵盖资讯传播、数字展示、参观导览、社会教育、学术交流、休闲娱乐等板块内容,充实数字化在博物馆全方位服务的应用。

完善博物馆数字化体系建设,深化服务于公民的理念,拓展数字化建设的深度和广度,从而向公民提供更加完善的博物馆数字化文化服务,满足群众多样多变的文化需求。

(三)优化博物馆数字化建设项目质量

优质的博物馆数字化项目是博物馆数字化建设的目标,是博物馆履行公共文化服务职能的保障。孔子博物馆可以借鉴吸收其他领域的做法,总结经验教训,完善制定项目管理制度,提升博物馆数字化建设质量。针对目前孔子博物馆出现的硬件设施损坏、更新不及时,以及软件卡顿、资料缺失等问题,不仅要及时整改完善,还需制定数字化建设的项目质量管理标准。前期建设要对质量进行把关,应当制定数字化建设项目的质量管理办法,明确项目监控流程、监控方法、监控责任等,使管理和监控工作流程化、规范化。设立第三方监理制度,利用独立的第三方机构为工程建设提供规划与组织、协调与沟通、控制与管理、监督与评价等方面的监理服务,对项目实施进行有组织、规范化的监理。此外还要重视后期维护和提升,持续对前序项目进行定期的维护,使之长期正常运行,而不应是昙花一现的形象工程。提高孔子博物馆数字化建设质量,向公民提供优质的数字化公共文化服务,强化孔子博物馆的服务职能。

二、以公共利益为目标进行博物馆数字化建设

(一)加强工作人员的公共利益意识

新公共服务理论肯定了公共利益在政府服务中的中心地位,公共利益指导公共行政人员的决策和行为,公共行政人员必须建立集体的、共同的公共利益观念,要创立能够让公民明确表达共同价值并产生关于公共利益的集体意识的舞台,进行广泛的对话和评议。当前的孔子博物馆数字化建设中,数字博物馆、VR 游等项目实施人员主要还是根据本领域内技术发展趋势进行开发建设的,一些数字化项目建设完成后受众面较窄、使用人数少,服务于公民的服务意识还有待加强,缺乏广泛的公众对话和协商,忽略了公共利益的重要性。因此,博物馆数字化建设过程中,公共利益应该处于中心地位,博物馆数字化建设的管理人员和技术人员应不断强化公共利益意识,不只是完成工作任务,满足小部分群众需求,而是以追求公共利益为目标,对博物馆数字化项目进行开发、管理、使用和维护。

(二)增加资金投入

孔子博物馆作为非营利的文化机构,自 2008 年全国实行免费参观制度后没有门票收入,其运营经费主要来自财政拨款。经费不足是我国大部分博物馆存在的普遍问题,很多博物馆缺乏资金进行博物馆数字化建设。博物馆数字化工作需要巨大的、连续的资金投入,目前孔子博物馆的资金投入倾向于文物征集经费、陈列布展等项目,对数字化建设的投入还明显不足,资金是目前孔子博物馆数字化发展的最重要制约因素,关系到博物馆数字化发展的未来。

根据新公共服务理论,追求公共利益是博物馆数字化建设的目标,因此政府部门应该增加对博物馆数字化建设的经费投入,促进博物馆数字化建设,实现公共利益。此外,博物馆可以通过发展文化产业拓宽资金来源。随着经济的发展,人们在文化领域的消费理念也发生改变,公众愿意对感兴趣的博物馆文创产品付费。博物馆通过藏品资源和展览创意开发文创产品,也能扩宽资金来源,从而获得更多的资金投入到数字化建设中。此外还可以动员志愿者等社会各界力量,共同参与文博事业的发展。博物馆可以与有意捐助文化事业的企业或个人联合开发数字化项目,进而缓解博物馆的资金短缺问题。

增加资金投入,更好地对博物馆数字化项目进行建设,提高数字化项目建设的质量,从而为实现公共利益提供保障。

(三)将考核与公民满意率挂钩

根据新公共服务的理念,博物馆的服务对象是公民,公民是博物馆公共服务质量的最重要的监管群体。多数博物馆数字化建设过程往往没有重视公众的多样化需求,缺少服务群体的满意率监督评价体系,没有公民评定标准。适当增加社会公众对博物馆的"满意率调查"评定,可以改善博物馆的数字化建设,保证博物馆的社会功能、文化服务得到提升。

目前,孔子博物馆的绩效考核制度主要考察对日常工作的完成率,还没有引入公众满意率对考核的影响机制,因此应尽快制定公民满意率指标,建立群众评价反馈参与的绩效考核

机制,将公众满意率与公共文化服务绩效考核结果挂钩,将评估结果与人事任免、评先奖优相挂钩,从而促使博物馆数字化建设重视公众意见。

三、加强公民参与博物馆数字化建设

(一)增加公民参与的环节

新公共服务理论认为公共利益不是由个人利益聚集而成,而是基于共同价值观的对话,因此公共文化服务的提供者不仅要对观众的要求作出回应,还要与公民建立信任与合作关系,要求公民能够参与到博物馆数字化建设政策的制定和执行等流程,孔子博物馆要建立反映公民文化需求的征询反馈制度。对于全体公民,博物馆应在实施博物馆数字化项目的各个环节中向公民提供发表意见的途径,让公民广开言路,政府应吸取公民提出的好的建议和想法。尤其做需求调研,必须有公民参与其中,让公民充分发表意见,使公民参与到博物馆数字化建设的设计、决策、运行、维护等多个环节,充分表达对博物馆数字化建设各个环节中的需求和建议。

(二)拓宽公民参与的途径

新公共服务理论提倡建立一种以公共协商对话和公共利益为基础的公共服务行政,其中公共利益是共同价值观进行对话的结果,当今世界越来越多的人希望参与到影响他们生活的各种事务活动中,在博物馆数字化建设中不仅服务公众还需要依靠公众。没有公共文化服务的提供者和接受者相互沟通与协调就没有高质高效的公共文化服务。

公共利益不是公共行政人员管理公共资金的副产品,公共行政人员需要提供平台让公民表达他们对博物馆数字化建设的利益需求。目前孔子博物馆的公民参与途径主要有电话、展厅咨询服务台、官方网站、网络问政平台等渠道,这些渠道反馈的问题主要还是游客在展厅游览过程中遇到的服务问题,博物馆数字化建设的公民参与程度还十分有限。随着公民参与意识的提高,公民参与的形式也应变得更加多样化,拓宽公民参与途径是有效提高公民参与度的办法。通过借鉴国内外经验,孔子博物馆可以建立社会组织、公民调查、公民小组讨论、网络论坛、服务供给与绩效测量、社区座谈等途径收集公民意见,拓宽公民参与博物馆数字化建设的途径,让公民通过各种渠道可参与进来,提高公民参与度。

(三)加强宣传鼓励公民参与

2019年国家文物局在《关于推进博物馆改革发展的实施意见》中提出要深化博物馆供给改革,将"政府端菜"的形式转变成"群众点菜"的形式,丰富博物馆文化内容,改变博物馆文化传播形式和手段,实现博物馆"以需定供"的服务模式,增强博物馆与公民的互动性。从新公共服务理论中能得知领导者的职能是服务的观点,因此博物馆领导者、工作人员应根据意见及时提高服务意识,根据社会需求、群众需求,将博物馆建设成契合公民需求的数字化公共文化服务场所。没有公民参与就无法准确了解到社会需求、群众需求,但目前存在着公民意识不足的现象,公民没有认识到自己在行政过程中的角色,大部分人觉得博物馆数字化建设与己无关,只有在碰到问题的时候才想到反馈。

公民参与博物馆数字化建设的前提是公民具备一定的参与意识,要求提高公民的政治素养和知识储备。一方面,孔子博物馆可以通过多种渠道进行宣传,利用传统媒体、新媒体、孔子博物馆"一官两微"等平台宣传公民参与的意义和好处,帮助公民培育参与意识,增加公民参与博物馆数字化建设的积极性。鼓励公民参与到博物馆数字化的设计、决策、运行、维护等多个环节,让更多的公民履行公民责任,将他们对博物馆数字化建设的见解和意见表达出来,共同参与公共文化服务数字化建设。另一方面,新公共服务理论认为政府应具有回应性,工作人员应以热情欢迎的态度来接收公民提供的意见,根据这些意见分析总结,改进博物馆数字化建设的工作并向公民进行反馈。公民的意见被重视和采纳,能够促使公民更加积极地参与到这个过程中,从而不断推进博物馆数字化建设的改进和发展。

四、重视对工作人员的培养和激励

(一)加强数字化人才队伍建设

新公共服务理论中有一重要观点是重视组织内部人的因素,随着博物馆数字化的发展,数字化人才是博物馆数字化建设过程中不可或缺的力量。在促进博物馆文化数字化所需的人才方面,国外已经出现文化ICT顾问的职业,主要是负责博物馆的数字战略和技术资源的规划,在博物馆与外界之间发挥着调解作用,能够与不同的利益相关者进行交流,对于所有想应对数字化转型挑战的博物馆来说,这种人才都是具有战略意义的。目前大部分从事博物馆数字化建设的人才多是计算机专业背景,没有文博专业和管理专业的背景知识,复合型人才缺乏,因此孔子博物馆可以设置ICT文化岗位,依托高等院校、博物馆协会等相关学术机构,培养具备文博专业知识、数字化技术专业技能和管理能力的复合型人才,加强数字化人才队伍建设。

(二)重视数字化人才培训提升

随着博物馆数字化建设的不断深入,各项数字化建设工作对数字化人才提出了更高的要求,博物馆数字化建设相关项目的管理人员和实施人员掌握相应的信息技术开发方面的能力,才能更好地参与到数字化建设中。信息技术日新月异,新技术、新平台不断涌现,每年一次的培训频率无法跟上技术更新的步伐。要求博物馆数字化工作人员不断更新自身的知识,了解最新的行业发展态势。因此孔子博物馆要有针对性地对工作人员进行数字化技能培训,提高数字化技术理论水平和操作能力,为工作人员提供良好的学习提升平台,全方位、多方面地对工作人员进行能力提升,还应积极鼓励工作人员参与国内的学术交流会和培训班,通过对外交流提升自身建设。此外,还可以选派工作人员到数字化建设先进的博物馆以及软硬件开发公司交流学习最前沿的数字开发技术,提升博物馆数字化人才的专业能力。

(三)建立数字化人才激励机制

新公共服务理论中提出,政府应当吸引行政人员从事公共服务,提高行政人员服务的积极性。要促进博物馆数字化建设,一方面政府部门还需要深化人事制度改革,研究出台政策性文件,切实保障博物馆在选人用人、职称评审、岗位设置等方面的自主权。实行全员聘任制、员工竞聘上岗等措施,促使从事博物馆数字化建设的工作人员积极提高个人业务能力。另一方面,还可以进行薪酬制度改革,对于公民满意率高的数字化建设项目的工作人员进行物质奖励,将绩效工资和人员的工作能力挂钩。此外,还可以通过荣誉对数字化建设有贡献的工作人员进行精神奖励,并将荣誉与年度考核、晋升相关联。通过提升数字化人才专业能力,激励人才敬业负责,提高博物馆数字化建设水平,从而提高公共文化数字化服务水平。

第九章 数字化与博物馆藏品利用

第一节 博物馆藏品利用概述

长时间以来,博物馆基本功能被定义为收藏、研究和教育三项。随着社会发展的进步,以及社会大众不断提高的物质文化需求和对博物馆期望值的提高,博物馆的功能发生了巨大的转变。2022年5月9日,国际博物馆协会公布了最新的两个博物馆定义,这两个呼声最高的定义为:博物馆是常设的非营利机构,面向公众,为社会服务,它以专业的、符合道德且可持续的方式研究、收集、保护、阐释和展示物质和非物质的文化与自然遗产,致力于提供教育、深思和欣赏。博物馆以具有包容性、多样性和参与性的方式进行运营并与社区和公众进行交流。这个定义强调博物馆是非营利机构,面向公众并为社会服务。第二个定义为:博物馆是为社会服务的非营利性常设机构,它研究、收藏、保护、阐释和展示物质与非物质遗产,向公众开放,具有可及性和包容性,促进多样性和可持续性。博物馆以符合道德且专业的方式进行运营和交流,并在社区的参与下,为教育、欣赏、深思和知识共享提供多种体验。这个定义强调博物馆是为社会服务的非营利性组织,主要的功能是研究、收藏、保护、阐释和展示物质与非物质遗产。

两个定义虽然强调的重点不同,但无一例外地都提到了博物馆的功能是阐释和展示文化与遗产并运用于欣赏、教育和深思等,这些都是博物馆藏品利用的方式和方法。尤其是第二个定义更是指出了博物馆是为大众提供知识共享,这也是当今博物馆的一项重要功能。相对于博物馆的发展来讲,博物馆的定义是相对滞后的,这两个定义中新加入的很多功能在当今博物馆日新月异的发展中早已经实现,比如知识共享、社区服务等等。通过对最新的定义的解读,不难发现博物馆的收藏和研究功能依旧没有太大变化,变化最为显著的就是藏品利用,藏品的利用从原本的教育扩展为对物质文化和非物质文化以及自然遗产的阐释和展示,为社区服务,并提供教育、欣赏、深思以及共享知识等服务。当然这两个定义并不能完全包含博物馆的所有内涵和外延,也缺乏对特有地域博物馆功能的阐述,不过从整体来讲,这两个定义都是相对科学和符合实际的。

我们在这里花大篇幅来讲博物馆的定义,原因在于,博物馆的定义是对博物馆功能的总结和指导,也是今后一段时间博物馆发展的方向。最新的定义对博物馆利用花了很大的比例内容进行阐述,可见博物馆的利用功能的重要地位和今后发展的广阔前景。博物馆的利用归根到底是博物馆藏品的利用。提到博物馆,一般群众都会联想到"文物"这个词,并普遍认为博物馆里所收藏的所有物品都是文物,但事实并非如此。

博物馆除了收藏文物之外,还收藏有各个类别的非藏品,自然和地址博物馆还收藏有动植物标本、矿物标本等藏品。由此可知文物与藏品的概念是不相同的,它们有交叉也有差异,同时文物和藏品的内涵和外延也不是一成不变的,而是时刻处于变化中,有时两者还会互相转变。

一、藏品、文物的概念

(一)藏品的概念

藏品是指收藏单位、收藏者为了社会教育、科学研究、欣赏、兴趣、投资理财等目的,搜集、保藏的物质和非物质文明遗产、精神文明和物质文明见证以及生物、地质等遗产。藏品内涵极其广泛,无所不包,凡收藏单位、收藏者有意识主动搜集、保藏的所有物品,包括物质的、文化的、有实体的、无实体的都是藏品,几乎将自然界和人类社会所有出现过、存在过的所有物品全部囊括其中。既可以是古代文物也可以是近现代艺术品、纪念品、生活用品等;既可以是古代动植物化石、有机宝石,也可以是现当代动植物标本;既可以是古代留存下来的服饰、生活用品,也可以是现当代烈士、英雄、名人所穿衣物、所用物品,甚至是身体组织;既可以是有形的实物,也可以是虚拟的、数字的信息。总之,藏品的概念及其广泛,尤其是近些年来数字化技术的发展,数字资源、数字藏品、数字信息成为收藏的热点,这也是数字化发展对博物馆和收藏界带来的新革新和新血液。

(二)文物的概念

文物的概念前人有过非常多的定义和论述,同样"文物"这个词汇在我国也有着悠久的历史,它最早出现于《左传》:"文物以纪之,声明以发之。"这里的"文物"指的是礼乐制度用于别尊卑、明贵贱。相同的典故还有很多,如杜甫诗《行次昭陵》、杨万里《题望韶亭》诗等等。晋代葛洪《抱朴子·诘鲍》:"冠盖旌旗则有文物之饰。"南朝梁刘勰《文心雕龙·章表》:"诗云'为章于天',谓文明也。其在文物,赤白曰章。"指的是装饰与文彩,除此之外"文物"一词还指车服旌旗等仪仗之物、文人、文士、文化悠久等含义,都与现在的内涵相去甚远。唐代诗人杜牧在《题宣州开元寺水阁阁下宛溪夹溪居人》诗中写到"六朝文物草连空,天淡云闲今古同",这里的"文物"指的是历代相传的文献、古物,与现今的含义较为接近。唐颜师古《等慈寺碑》:"即倾许之人徒,收亡隋之文物。"文天祥《跋诚斋<锦江文稿>》中的:"呜呼!庚申一变,瑞之文物煨烬十九。"中的"文物"也是同样的意思。

可见,我国古代对"文物"的表述是非常丰富的,与现当代的文物内涵有巨大的差异。到了民国时期,出现了"古物"这个概念,指的是古器物,并颁布了《古物保存法》,明确了古物的概念,认为古物是指与考古学、历史学、古生物学以及其他文化有关的所有物品。这个概念与现代的文物概念接近但在内涵和外延上仍有不小的差异。1935年成立了"北平文物整理委员会",研究管理范围包括祭器、礼器、古代建筑及其他历史文化遗存。"文物"一词正式以现代文物的概念开始使用,一直延续至今。

现当代文物的概念前人有过非常多的论述,但是不能达成统一。新中国成立以来非常注重对文物的管理和保护,制定了多项文物保护法规,并于1982年出台了《中华人民共和国文物保护法》，后经历 1999 年、2002 年、2007 年、2013 年、2015 年、2017 年多次修正和修订。虽然文物保护法没有给文物下定义，但是给文物的范围作了明确的界定。在 2017 年最新的《中华人民共和国文物保护法》第二条中规定，中华人民共和国境内，下列文物受国家保护：

1. 具有历史、艺术、科学价值的古文化遗址、古墓葬、古建筑、石窟寺和石刻、壁画；
2. 与重大历史事件、革命运动或者著名人物有关的以及具有重要纪念意义、教育意义或者史料价值的近代现代重要史迹、实物、代表性建筑；
3. 历史上各时代珍贵的艺术品、工艺美术品；
4. 历史上各时代重要的文献资料以及具有历史、艺术、科学价值的手稿和图书资料等；
5. 反映历史上各时代、各民族社会制度、社会生产、社会生活的代表性实物。

具有科学价值的古脊椎动物化石和古人类化石，同文物一样受国家保护。

由上述表述可知，文物包含的范围是非常广的，同时界定化石类不属于文物，但是同文物一样受到相应的保护。

（三）藏品与文物的关系

从上文中藏品和文物的界定我们可以发现，藏品的概念更为广阔，内涵变化性也更大，其概念不稳定，随时处于变化之中，如新近出现的数字藏品就是典型的新生事物，也是刚被藏品的一个概念；而文物的概念相对狭窄一些，内涵变化性不大，概念的稳定性较强。从 1982 年我国制定《文物保护法》开始到 2022 年，文物的界定变化并不明显，偶尔的修订也是在界定文物的时间截点上。比如前些年文物基本截止在 1919 年以前，但是近些年，尤其是全国第一次可移动文物普查以后，文物的时间截点基本稳定在 1949 年以前。当然，今后这个时间还会有所调整，但是就藏品的概念来讲，文物的概念是非常稳定的。另外，藏品的概念包含文物的概念，文物是藏品的一个类别，就全球博物馆和私人藏家来看，文物在藏品中所占的比例也是有限的。同时，文物在各类博物馆藏品中的占比有很大差异，比如在自然博物馆、地质博物馆中文物的占比就是非常小的。但是在历史类博物馆中，文物的占比又是非常大的，甚至有些占比可达将近百分之百。

二、藏品的特点

藏品因具有一定的收藏价值，有许多特殊属性和特点。藏品与文物具有不可分割的天然联系，所以同时具有文物的相关特点。另外藏品概念的广延性和对文物概念的包含性，又导致其特点与文物不尽相同。在这里，笔者就藏品的内容内涵，结合文物的特点，探讨藏品的特点，这对今后藏品的管理与研究都将具有重要的意义。

（一）物质性与非物质性

首先文物是有形的、可触摸的，而且形态是多种多样的，既有立体的又有平面的，包括建筑、金属器、玉器、陶瓷器、家具、服饰、书画、竹木器、漆器、骨角牙器、印玺牌符等等，有可移动文物和不可移动文物。无论是哪种、哪类文物，都是用一定的物质资料建造、制作的，即便是书画也是在纸张、丝织物等载体上绘制和书写的,离开了物质材料,文物将不复存在,这是文物的物质性。

就藏品而言,绝大部分藏品与文物一样被认为是物质的,包括藏品本身、标本、化石、文物时间截点之后的具有历史、文化等丰富内涵的物品等等。这些都是物质的,是毋庸置疑的。需要讨论的是数字藏品、信息藏品究竟是不是物质的。一般认为,数字藏品、信息藏品是无法触摸的,是非物质的。但是考虑其本质,离开了物质载体数字信息将不复存在。按照以物质为载体创造的精神文化财富这个逻辑来推论,数字以及信息藏品也是物质的。物理学家沃普森就认为信息是物质的第五种形态。沃普森以质量——能量——信息等效原理为理论框架,将广义相对论以及信息处理相关的基本能源成本等物理理论相联系,认为数字位具有质量,应该与固体、液体、气体和等离子体一起被视为物质,并设计了新的实验,或可证明信息及数字的物质属性。

(二)时代性

不包含时代信息及特征的藏品是不存在的。从文物上讲,一切文物都具有物质载体,而物质载体就具有鲜明的时代性,人们不可能创造出超越时代的物品,也不可能用当时不存在的物质创造物品。另外,任何文物都携带着当时的技术特征和工艺特点,也承载着当时丰富的历史文化内涵,包括造型、装饰手段、装饰特点、装饰材料、用途等等,都具有深深的时代烙印。藏品同样具有着相同的特点,藏品首先是物品,所有物品都不可能超越时代,没有时代的物品是不存在的。比如数字藏品出现在数字技术之后,这就是藏品的时代性,数字藏品不可能出现在数字技术之前,这在时间逻辑上是不能实现的,是矛盾的。藏品的时代性从不同的侧面展现着当时的经济、政治、技术、文化、思想、艺术、信仰、风俗等社会生活的方方面面,这也是藏品承载的历史文化价值,这些历史信息赋予了藏品珍贵的历史价值,也是藏品的重要特性。

(三)不可再生性

可能有些人不太理解藏品的不可再生性,藏品那么广泛那么多,尤其是数字藏品和信息藏品都可以无限复制和翻刻,怎么会是不可再生的呢?我们先将藏品的不可再生性放下,探讨一下文物的不可再生性,在此基础上再探讨藏品的不可再生性应该会更容易理解。文物具有时代性的特点就决定了文物是不可再生的,文物被创造出来的所有技术、物质载体以及创造者都随着历史的逝去而远去。即便现在有了复原的技术及手段,但是创造的环境、所用的物质不再相同,另外,所谓的复原技术也未必真的是原本先民所用的技术。哲学有一句话,人不可能踏进同一条河流,讲的就是类似的道理,即便复原的物品也不是原物品,世界上没有相同的两片树叶说的也是这个道理。探讨了文物的不可再生性,藏品的不可再生性就相对好理解了。首先,可触碰的藏品与文物一样是不可再生的我们比较容易理解,正如再多的凤蝶标本也都是独一无二的,所有的物品不会完全相同,它们是无法再生的。另外数字藏品和信息藏品等虚拟藏品同样也是不可再生的,先说信息藏品,比如音频,音频在翻录的过程中无论技术如何都是会有所损坏的,即便进行修复,但修复的也已经与原版不再相同了,所以说每一件音频藏品都是独一无二。那我们再来看数字藏品,数字藏品从制作上来说应该是完全相同的,但是从哲学的角度讲它们又不可能是完全相同的,其中必定是有差异的,在无限的复制过程中是会出现极其细微的变化的,另外每一个数字藏品都具有独特的、唯一的身份标识也就是NFT,从这个角度讲,数字化藏品也是不可再生的,每一件都是独一无二的,正是因为独有性和不可复制性,数字藏品才具有收藏价值,否则它不过是无数相同复制品中一个,毫无收藏价值。也正是藏品的不可复制性,要求在藏品保管和保护上要规范程序、严格管理。

(四)不可替代性

基于藏品的历史性和不可再生性,我们可以清楚地认识到藏品具有不可替代性。因为每一件藏品都是独一无二的,是独特的历史条件下以特有的物质和时代技术,创造地包含了当时的文化、政治、思想、信仰等理念的物品,因此它们是不可替代的,复制的、翻刻的同样不行,这就是藏品的不可替代性。

藏品的不可替代性是独特的,藏品一旦损毁,即便被修复,其历史价值也会随之发生变化。同时,藏品的价值是不断累积的,这也决定了藏品的不可替代性。比如,乾隆皇帝收藏的前代名人字画,因其被乾隆皇帝收藏过,除却作者本人的艺术价值之外又附加了乾隆皇帝的收藏价值,这就更体现了藏品的不可再生性及不可替代性。

三、藏品与博物馆功能

博物馆的迅速发展和当代群众对美好生活的向往,对博物馆提出的要求,现今的博物馆已经成为了集教育、休闲、审美、娱乐、传播等多种功能的集合体。从最新的博物馆定义可以看出当代博物馆行业对自己的定位和发展趋势的清醒认识。博物馆,从名称就可以看出是以物为基础的,博物馆功能的发挥也是要建立在藏品的搜集、保管和研究的基础上的,博物馆的核心是藏品,离开了藏品,谈博物馆的任何功能都是镜花水月、不切实际的。同时,离开了藏品,博物馆也是无法存在的。本部分内容探讨的是藏品与博物馆功能,因此,本部分所有藏品概念,包括文物概念均指博物馆藏品及博物馆文物。

(一)藏品的价值

正如前文中所说的,藏品是博物馆赖以生存的基础,离开了藏品,博物馆将无法存在,正所谓皮之不存,毛将焉附。除此之外,藏品还具有其特有的价值,这与藏品所蕴含的历史文化信息及用途等息息相关。一般来讲,藏品具有历史价值、艺术价值以及科学价值,但是,需要说明,并非所有藏品都同时具有三种价值,部分藏品仅具有其中的一项或者两项价值,但这并不妨碍它们作为藏品的本质属性。

1. 历史价值

历史性是藏品的一项重要的特征,同时历史价值也是藏品一项重要价值。博物馆所收藏的藏品是为了体现博物馆特有的功能而搜集的与之相关的、在一定时期内,人类为了满足自己的生产、生活、审美等诸类需求而制造出的、被打上了时代烙印的实物史料,以及动植物、矿物质标本和音频、视频、影像、数字资源等有实体和无实体的所有集合。这些藏品无论属于何种门类,无论有无实体,都能够起到佐证历史、纠正历史以及补充历史的作用,也就是传统意义上的正史、补史。区别不过是时代不同、类别不同、证实的历史时段不同而已。比如恐龙化石证实的是恐龙时代,早期鸟类化石证实的是后恐龙时代,猿人化石证实的是人类的早期阶段,青铜器、陶瓷器证实的是人类的文明时期,现当代动植物标本证实记录的是当代的历史和即将成为历史的今天,仅此而已。藏品的历史价值与文物的历史价值是类似的,但还是有一定区别。文物包含了人类的劳动,在历史价值上内涵更为丰富。文物的历史价值在于,研究文物可以让人们了解历史时期的方方面面,帮助人们还原历史的部分面貌,了解古人的生活、饮食、信仰等等。与古人对话,这样才能找到自己的根,才能知来处明去处。另外文物还有证讹的作用,举个小例子,清中期以来,所有关于孔兴燮表字的记载都是"起吕",但是笔者通过对孔府旧藏印章的研究发现有一枚印章印文是"超吕",经过笔者多方查找文献,最终证实这枚印章就是孔兴燮的表字印,这将流传了三百余年的讹误进行了匡正,这就是文物的证史作用。补史作用例子也有很多,比如夏商周断代工程取得的成果所凭借的文物资料,正是有了这些文物的证明,才打破了西方一百年来的傲慢和对中国夏商历史的否定。文物的历史价值是非常重要的,甚至可以说是核心价值,相应的藏品历史价值虽然现在无法确定为核心价值,但是随着文物价值的推演,其历史价值也当为其核心价值。

2. 艺术价值

绝大部分藏品都具有一定的艺术价值,而文物一定是具有艺术价值的。我们先说文物的艺术价值,有些人可能认为有些文物奇丑无比,不具备艺术价值,而事实上无论是多么难看的文物,无一例外都具有一定的艺术价值。因为,无论美丑它们都包含了先民的审美取向,先民之所以要把它们做成这个样子,都是先民在有意识或者无意识的情况下制作的。当然有些文物做出来的样子可能与先民们心里所想有很大的误差,但是通过类比我们可以看出它们原本被设想的样子,在艺术价值之外还包含了社会学意义。我们看到的大部分文物在我们看来都是美的,但有些确实不在我们的审美观念上,这也显示了艺术的变迁和人类审美的变化及多样性,同样具有非常高的艺术价值,是研究艺术史和先民审美特征的重要物质载体。非藏品一般也是具有一定的艺术价值的,之所以非藏品会被收藏,很大一部分原因就是它们具有艺术价值。现当代艺术品里面的绘画、雕塑、书法等等,另外动植物标本的收藏最初也源于其美丽的外表,也是饱含艺术价值的一类藏品,虽然后来许多的标本收藏是为了进行科学研究和记录生物多样性,但也不能抹杀其原本就具备的艺术价值。数字藏品和信息藏品很大一部分也是因为其艺术价值而被收藏的,比如歌曲录音、电影原声带、文物的图片及三维模型等等,都具有非常高的艺术价值。这些藏品能够给人们带来美的享受,带来审美愉悦,同时也会给人们艺术启发,在审美中放松心情、在审美中提高美学素养、在审美中思想得到升华。同时,这些藏品也是研究艺术史的重要史料,并给后人以参照,从而获得艺术创作上的灵感。

3. 科学价值

文物在科学价值上具有普遍性,同时藏品也具有科学价值的普遍性。我们先来看文物的科学价值,文物是时代的产物,它们凝结着时代的科学技术水平、科学认识水平、制造水平以及生产力水平,蕴含着那个时代的科学技术信息。比如在前陶器时代,人们没有掌握烧制陶器的技术,也就无法烧制陶器,前陶器时代也就不会存在陶器。同理,在人们还未掌握铁器制造技术和铜器制造技术之前,也不会出现人造铁器和铜器,这也是文物的历史性所蕴含的信息。通过了解我们可以对文物进行断代,确定文物的年代也可以通过其当时的科学技术,这是一个相互作用的过程,也是一个互证的逻辑关系。我们再来看藏品的科学价值,同藏品的艺术价值一样,这里的藏品我们指的是非藏品。与文物性质一致但在文物时间截点之后的藏品与文物一样具有科学价值应该是容易理解的,不需要进行论述。我们在这里对动植物标本和矿物以及古生物化石和数字藏品、信息藏品进行简要说明。动植物标本、矿物、古生物化石的科学价值从认识论来讲,对其的识别和定性本身就是科学技术发展的结果,如果科学技术未达到,人们对于此类藏品是根本无法识别的。另外,从研究层面来讲,这些类别的藏品科学价值更是显而易见的,它们具有重要的科研价值、对研究生物学、古生物学、地质学、史前时代等等,都具有重要的实物价值。数字藏品及信息藏品的科学价值显而易见,之所以在这里单独列出来,是因为这类藏品蕴含了最为前沿的技术和科技,也是藏品收藏、研究和博物馆发展的前进方向。

(二)藏品与博物馆的关系

正如前文所说的藏品是博物馆发挥功能的基础,没有藏品博物馆也将不会存在。我们还要理清博物馆藏品是如何在博物馆中发挥功能的。最新的博物馆定义认为博物馆是常设的非营利机构,是面向公众的,是为社会服务的,而途径就是通过搜集藏品、研究藏品并阐释藏品,从而达到对物质的和非物质的文化遗产以及自然遗产对公众展示,从而达到提供教育、引起深思和供给群众欣赏的作用。另外,博物馆要做到知识共享,而知识共享的前提是研究和真理甚至是数字化。博物馆的藏品数量和质量因各个博物馆的规模大小而不同,而且差异很大,但是无论是一般的陈列馆、县级博物馆还是大至国家馆,或者是名列世界排名前茅的博物馆都必须通过的藏品的搜集、研究、整理甚至数字化等手段才能够充分发挥博物馆的功能,从而体现博物馆的价值,展示藏品的风采。

现代意义上的博物馆,在最初的发展阶段从普遍意义上是为贵族和所谓的社会上流人士服务的。我国最早的博物馆普遍被认为是最初的孔庙。据文献记载,孔子去世后,孔子的弟子因为过于思念孔子,于是就在孔子生前的住所内放置孔子生前所用的物品、所穿的衣物,并进行祭奠缅怀,这就是孔庙的雏形,也是博物馆在我国最初的形态。但是在漫长的历史长河中,我国并没有产生现代意义的博物馆,从西方的博物馆来看,最初的博物馆是为精英阶层服务的。经过长期的发展,进入20世纪后,博物馆的贵族属性逐渐降低,其服务大众的功能逐渐凸显,收藏、研究、展示、教育等功能开始被提及并逐渐确立成为了博物馆的核心功能。在当时的历史条件和社会环境下,这些功能是符合当时社会发展的,也是符合群众要求的。博物馆事业发展到21世纪以后,博物馆的公益性和服务性被广泛关注,对历史文化的传承和教育功能的承担得到强化,从以研究性为核心的价值导向开始向以服务为核心转变,由高高在上的象牙塔开始对接大众文化、大众审美,真正完成了从服务精英阶层到服务人民大众的华丽转变。成为了社会大众的文化学习课堂,由殿堂转换成了课堂,真正开始发挥博物馆在社会中应该承担的功能。博物馆也逐渐从以收藏为重点转向以展示为重点,博物馆的工作重心也从"以物为重心"改变为"以人为重心"。博物馆工作也不再是单纯的藏品库房管理、做做账目，整理整理文物，也不再是自己圈内的学术成果的无声展示会。博物馆也不再是孤独的自嗨，而是彻底走下了神坛，真正变成了一个共同学习、共同探索的平等场所。蓬皮杜博物馆馆长蓬杜·于丹是一位非常具有前瞻性的博物馆专家，他曾经说过博物馆不再是存放那些已经失去了社会功能的作品的祭坛，而是艺术家们与公众创意会面的地方。在1972年召开的"圣地亚哥圆桌会议"上，学者们对博物馆的功能和社会作用也进行了深刻的反思，深入讨论了博物馆将如何全面而深入地渗透到社会生活之中。从20世纪70年代以来诸多学者专家对博物馆功能的探索和探讨还有很多，这也最终催生了最近的博物馆定义。

  博物馆除了作为物质基础的藏品之外，还包括馆舍建筑、文物橱柜、工作人员、展厅、展具等等，离开了这些，只有藏品，博物馆也是无法存在的，说到底，藏品是博物馆的物质基础，人才是博物馆发挥功能、产生作用的灵魂。博物馆的藏品需要人去搜集、整理、研究，只有通过深入研究并以合适的方式解读、阐释、展示出来，藏品的功能才能发挥，博物馆的功能才能实现。那么藏品与博物馆的关系究竟如何界定呢？

  首先，两者是相互依存、相辅相成的。藏品是博物馆存在的物质基础，没有藏品就没有博物馆，离开藏品谈博物馆本身就是荒谬的、不可理解的。博物馆功能的实现也有赖于藏品的研究、解读和阐释。同样，藏品发挥价值也需要博物馆提供平台，离开了博物馆专家的深入研究和解读，藏品的价值就得不到挖掘和开发，藏品就是一个普通的物品，将会被尘封，无法与人发生关系，也无法发挥其应有的价值。比如，藏品被私人收藏，秘不示人，除了收藏者能够部分认识到藏品的价值，其他人是无法看到、无法欣赏、和无法研究的，这样，藏品的价值就会大打折扣，会造成珠玉蒙尘的可惜局面。同时，藏品想得有效利用还需要依托博物馆提供的经费、设备等各种硬件条件，如果缺少了这些条件的广泛投入，藏品只能被存放于博物馆的库房之中，其价值也得不到应有的体现。因此，藏品和博物馆是相辅相成、不可分割的，合则两利，分则两害。

  其次，从某种角度上讲，两者是局部与整体的关系。从世界范围看，绝大部分藏品都是被收藏于博物馆或者具有博物馆性质的馆舍中的。从这个角度讲，藏品可以说是博物馆的组成部分，藏品与博物馆是局部和整体的关系。除了藏品之外，博物馆还有馆舍、人员、组织架构等其他内容，而且藏品及博物馆还依赖于这些内容发挥价值和功用。藏品是博物馆的一部分，与博物馆的馆舍建筑、人员、组织架构等等共同组成博物馆整体。认识到这一点，我们在发挥藏品及博物馆功能的时候就要认真、科学地处理藏品与博物馆的关系，将藏品和博物馆的价值和功能发挥到最大。

  随着新世纪博物馆学的发展，学界除了关注博物馆与藏品的关系之外，还广泛关注博物馆与环境的关系、博物馆与文化多样性、博物馆与大众等诸多方向，最新的博物馆学定义也提到了博物馆应具有可及性和包容性，博物馆应当促进多样性和可持续性以及服务社区、服务大众，这都是博物馆近些年和今后要关注的领域。正是因为对这些领域的广泛关注，也向博物馆提出了更高的要求。

四、藏品利用存在的问题及西方先进经验

(一)藏品利用存在的问题

历经中华人民共和国成立、改革开放以及 21 世纪新发展这三个重要的节点,我国博物馆事业实现了跨越式的发展成果。博物馆已然成为了人民群众文化娱乐生活、精神文化生活中浓墨重彩的一笔。对博物馆内藏品的有效利用,自新中国成立以来就受到了高度重视,笔者在前文中也介绍了目前我国博物馆中利用藏品的众多形式以及方式方法,但是,我们无论在指导思想、利用效率以及利用形式上都与西方发达国家有一定差距。我国博物馆藏品在利用上仍然具有很多局限性,在指导思想和利用形式上还需要在今后工作中进行提升。

1. 藏品展出率偏低

国内的大型博物馆或者知名度较高的博物馆包括故宫博物院、南京博物院、上海博物馆、河南博物院等,虽然这些博物馆举办的临时展览次数相对较多,在藏品利用上走在国内前列,但是相对于巨大的馆藏量来讲比例较低,仍然有较大提升空间。其他中小型博物馆藏品的利用率更加不理想,有些中小型博物馆的藏品常年封闭在库房里,沉睡在橱柜里,得不到有效利用。在 2014 年"加强文物合理利用工作交流会"上,就博物馆的藏品展出率提到了对央地共建的九个重点博物馆进行调查统计的结果,得出的统计数据是展出率普遍在 1.2%~5%之间,平均值低于 2.8%。同时部分小型博物馆和新建馆因为藏品数量和类别的不足,无法支撑本馆的基本陈列。大馆的藏品除了小部分精品被展出之外,绝大部分藏品都被封存于库房之中,无法展出,无法被看到,无法被欣赏。

卢浮宫馆藏文物包括艺术品、文物等共计约 40 余万件,并且开放了相当数量的展厅,同时定期更换展品、积极举办特色展览、专题展览等,其藏品的利用效率基本达到了 60%。艾尔米塔什博物馆拥有 270 余万件藏品,它开辟的展厅有 350 余个,数量惊人,其藏品的利用率亦是名列前茅。卢浮宫、艾尔米塔什博物馆与故宫博物院、中国国家博物馆同为世界著名博物馆,每年度接待大量访客,但是通过对比,可以发现,我们在文物利用率上存在严重不足,我们需要认清现实。同时部分博物馆在初建时就没有做好职能定位,在藏品征集上也存在着一定偏差,所征集的藏品重复、不够典型、不能全面反映本馆的性质职能,导致藏品虽然数量较大,但是可以展出的并不多,藏品不得不沉睡在库房,无法展览。

2. 馆际间差距大

正如上文所说的,大型博物馆馆藏量大,财政支持有力,可以举办较多的藏品特展。但是中小型博物馆,无论是人员、经费还是藏品数量,都无法与大型博物馆相比,有的仅能维持基本的运行,有的博物馆甚至连基本运行都无法做到。

首先,中小型博物馆藏品数量一般较少。与故宫博物馆、中国国家博物馆动辄百万藏品的博物馆相比较,许多博物馆藏品数量不过数千件。笔者曾经调查过一个地市的博物馆文物藏量,作为地市级的博物馆其文物藏量不过 2000 余件,且质量不高,其开馆十多年来,举办的临时展览不过十余次。其下辖的县市藏品数量更是少得可怜,多者不过百余件,少者仅有三

十余件,而且藏品极为单一、没有特色,根本无法支撑展览,更别说举办文物特展了。

其次,中小型博物馆一般经费都比较有限,展厅面积较小、展柜达不到文物陈展的要求等。在种种不利条件的制约下,中小型博物馆的基本陈列效果往往都不太理想,加上藏品数量较少、品类比较单一、缺乏特色等,导致中小型博物馆的基本陈列观赏性不够,很难吸引大众走进博物馆。另外,因其经费有限、展柜达不到文物展览的要求等限制因素,即便是想引进特色展览也是心有余而力不足,导致长期没有新的展览,群众失去兴趣,不愿意进博物馆。

最后,中小型博物馆工作人员不足。部分中小型博物馆仅有工作人员十余名,甚至有些博物馆工作人员还不到十人,馆内的正常工作根本无法开展。有些博物馆人员数量本来就很少,又因为不受重视,部分工作人员还要被抽调到其他单位工作,甚至有些博物馆常年只有三两名工作人员值守,除非有重要接待任务,其他时间根本就不开馆。另外,中小型博物馆专业技术人才缺乏,高学历、高素质的专业人才比例相对较低。馆内人员对藏品缺乏研究,导致藏品的价值得不到挖掘和发挥。

总之,中小型博物馆处境非常不乐观,若想从整体上提升我国博物馆藏品的利用率,博物馆行业形成齐头并进、百花齐放、欣欣向荣的局面,中小型博物馆是一个需要投入更多人力、物力和精力的重点领域。

3. 管理上存在的问题

我国博物馆的组织机构一般包括陈列部、研究部、保管部、宣教部、社会服务部等部门,彼此密切相关,共同做好博物馆藏品的保管、研究、征集、展览、讲解以及社教等各项工作。博物馆内部分工是实现博物馆功能的必要形式,随着分工的越来越细,分工带来的信息不畅和对互相工作的不理解同样制约博物馆功能的实现。博物馆存在的问题主要表现在以下几点。

第一,处理藏品"保"与"用"的关系时存在一定的矛盾。藏品保管部门的主要职责是保护文物的安全,实现文物的科学管理,做到账目清晰、账物相符、文物分类合理、保管得当。陈列部门主要职责是做好文物展陈、撰写陈展大纲并进行形式设计。通过这两个部门的职能我们可以发现,它们本身的职能具有一定偏差。保管部门为了文物的安全,会选择尽量移动文物,降低藏品的使用频率来保障其安全性,但这对于陈列部、宣教部等其他部门可能会带来不便,陈列部如果要做展览就必须要提取文物,而且还要在展厅中展示,这就是由于工作重点与工作目标不同导致的矛盾。各部门能否处理好这些关系直接影响到藏品的利用,每个博物馆都要制定相应的藏品管理制度,这套制度应当是以"保障藏品安全"为最高标准制定的,但是又要切实关系到藏品的利用,毕竟只有被利用的藏品才是具有价值的藏品。

第二,馆内分工过细,缺乏交流。比如陈列部门需要撰写陈展大纲,但是陈列部门并不保管文物,对文物并不熟悉,因此常常不具备撰写陈展大纲的能力,保管部门虽然保管和研究文物,但是从其本身的职能上讲,它并不承担陈展大纲撰写这项工作,这就是部门职能划分上出现的问题。这个问题的解决办法往往是藏品保管部门直接撰写陈展大纲,陈列部门负责形式设计,这种方法虽然解决了大纲的撰写问题,但是导致保管部门的工作量大大增加,而陈列部门的职能以及承担的工作却在减少,变得越来越没有存在感。长此以往,如果没有相应的激励机制,将导致员工的不满,工作量大的认为自己付出太多,没有得到相应的待遇而感到委屈,工作少的认为自己的价值没有得到体现,缺乏存在感,也感到落寞。同样宣教部、社教部、后勤部等等在工作地推进中同样都会面临种种问题。博物馆衍生品的开发由文创部门负责，但是文创部门的同志常常对藏品不熟悉、对藏品研究不深，不知道该如何下手。但是如果还让保管部门的同志进行参与开发和利用的话，保管部门的同志只能超负荷劳动了，这对保管部门及文创部门的同志都是不公平的。正如前文所说，这种过细的分工导致了博物馆各部门之间缺乏必要的交流，导致藏品在利用上的不流畅。

4. 外部缺乏合作交流

伴随社会发展一体化、全球化的历史进程，博物馆之间也开始了相互合作。我国许多大型博物馆之间、我国博物馆与国际博物馆之间形成了广泛的合作模式，调借各自馆内珍品举办藏品特展进行合作的形式已屡见不鲜。就孔子博物馆而言，自2018年开馆至今，就与国家博物馆、山东博物馆、故宫博物院、徐州博物馆、喀什博物馆、阿克苏博物馆、衢州市博物馆等诸多博物馆进行了多次合作，举办了大量的合作展览，活化了藏品，也发挥了藏品所应该发挥的价值。虽然当今博物馆的馆际合作已经成为常态，但是，有部分博物馆仍然思想较为保守，这些博物馆或者担心藏品在出借过程中遭到损毁，或者担心博物馆的文化遗产被上级文物部门调拨而无法归还，或者将博物馆的藏品视为"私有财产"，宁愿收藏而不是借出。这些博物馆的观念保守、狭隘，不仅阻碍了自身的发展，直接导致博物馆资源无法共享，也影响了我国博物馆行业利用馆藏的整体效果。

(二)西方博物馆的先进经验

在这方面，美国大都会艺术博物馆、卢浮宫以及大英博物馆等主动探索利用藏品的实践活动，为我国博物馆藏品利用提供了先进经验。西方国家博物馆利用藏品的先进形式主要可以分类两类：一是与学校、社区教育对接和筹措资金；二是利用藏品筹措必要的经费。这些先进经验无论是对我国博物馆自身运行还是开展日常工作，包括发挥社会效益、发挥博物馆功能都产生了积极影响。

1. 利用藏品与学校教育、社区教育对接

西方国家利用博物馆藏品开展学校教育和公共教育的历史悠久，博物馆资源与学校和社区教育的融合比我国更为紧密。19世纪，美国学者乔治·布朗古特提出未来博物馆发展应以服务为导向，为学校教育和公共教育提供多种形式的服务。1910年，博物馆教育先驱H. W. Kent倡导博物馆利用其全方位的资源为师生提供教育服务，并认为通过区域教育管理系统的支持和参与，推动博物馆与学校结成伙伴关系。英国于1988年制定了"国家课程"，认为博物馆教育和学校教育可以结合起来，成立了"国家课程委员会"（NCC）。

大都会艺术博物馆有大约100个与中小学教育相关的项目，其中小学24个，高中35个，现在有100多个。此外，在每个项目中，都有一个合适的课程计划。根据学生在校课程进度制定，如与当地大学合作开设"视野与空间"课程。老师在博物馆里教学生，引导学生从不同的角度看古代雕塑，了解空间构成。宾夕法尼亚大学博物馆与当地中小学合作，根据学校课程进度设计参观路线，并允许参观学生参与调查并填写调查表。古根海姆博物馆实施的"通过艺术学习"项目已有30多年的历史。古根海姆博物馆社会教育工作者根据学校需求与学校教师共同参与课程内容的开发，并提供给学生学习和使用。美国自然历史博物馆在校园活动中为数百所学校的学生提供社会教育活动,并根据不同学生的不同价值观和兴趣准备不同的藏品。旅游博物馆通常在学校呆一天,随行的博物馆工作人员将首先在课堂上向学生介绍巡回博物馆的藏品和先验知识。学生分组参观,在社会教育团队的指导下,允许接触某些物品,并填写博物馆工作人员发放的表格进行自我探索和学习。芝加哥菲尔德自然历史博物馆推出"教育资源贷款计划"已有 100 多年的历史。芝加哥菲尔德自然历史博物馆根据博物馆的文化遗产藏品和展品设计了 900 多个展柜和 150 多个体验箱。学校教师可以通过在博物馆官网注册,免费借用这些展示盒和体验盒。每次借用的展示盒和体验盒,可在规定时间内归还。大英博物馆还推出了面向中小学和大学学校的藏品租赁服务项目。博物馆工作人员选择合适的藏品出租和借出,并根据博物馆展示和研究的需要定期更换。需要租借藏品的学校必须先向博物馆提出申请。申请通过后,学校可根据不同学科、学生和教师的需要,派人到博物馆直接挑选文物。位于雷丁的大英博物馆也延续了近一个世纪的藏品出租服务。博物馆每年生产约 4,000 个"借阅箱",并将这些借阅箱借给当地学校供教学使用。

美国在 20 世纪后期还产生了一种新型的学校——博物馆学校,如纽约市博物馆学校,它与布鲁克林博物馆和南街海港博物馆有着密切的合作关系。学校教师可以灵活利用这两个博物馆的特藏进行教学,学生也可以在博物馆上课,挖掘自己在历史、艺术等方面的潜力。

西方博物馆教育与公共教育之间的联系通常在非传统场所的公众中进行,从而扩大了接受公众,特别是那些因特殊原因而被社会边缘化的人群。例如,苏格兰格拉斯哥博物馆服务处推出的"开馆"服务。该项目主要由两部分组成:一是可借给社区团体的 20 件文物展示系统,二是为活动准备的一系列操作工具和设备。可以说是参与社区教育的先行者。什罗普郡、赫里福德郡和伍斯特郡的县博物馆联合开发了一个"移动博物馆",其中包含有关展品的信息。"移动博物馆"主要为偏远社区提供展览服务,推广公共考古、文化遗产的历史知识。这个"移动博物馆"举办的一个非常有趣的展览是"咀嚼:古今食物简史"——展览内容包括文字和图像等考古资料,以及包括原件和复制品在内的丰富实物收藏,让平时难以进入博物馆的公众能够近距离地看到博物馆的考古研究成果。

2. 利用收藏筹集资金

西方博物馆的经费来源与中国博物馆有些不同。我国公共博物馆的运营资金主要依靠政府财政拨款。西方国家除了国家博物馆外,其他隶属于地方政府的博物馆在很大程度上依靠自己的资金维持运营。资金将对于中国博物馆未来的转型具有重要意义。

(一)与企业合作

以大英博物馆为例,大英博物馆以其丰富精美的藏品和系统化的服务理念而享誉全球。利用大英博物馆藏品筹集资金已经相当成熟。资助大英博物馆的"全球伙伴关系"计划,致力于大英博物馆藏品的研究、保护、展览、推广和其他方面提供财政支持。如今,大英博物馆的全球合作伙伴包括摩根士丹利、汇丰控股和 BP 能源等共 14 家世界知名公司。这些公司每年为大英博物馆提供 35,000 英镑或三年内 94,500 英镑的财政支持。当然,在提供财政援助的同时,公司还将获得大英博物馆藏品资源共享权。

博物馆的藏品库和藏品保护部门一般不对外开放,但该公司的成员每年可以参观一次,博物馆的专业研究人员为参观者提供专业知识。此外,这家公司的员工还可以免费参加大英博物馆举办的专题展览。大英博物馆还将为工作人员的家人和朋友提供数百个额外的免费条目。这些员工还可以在大英博物馆商店享受文创产品等10%的折扣。"全球合作伙伴"公司不仅有机会分享大英博物馆藏品资源,还获得了良好的声誉。大英博物馆在博物馆的网站上挂着这些受资助公司的名称。浏览该网站的访问者可能会看到这些公司的名称。这些企业都赢得了良好的社会声誉和口碑,它们承载着"声誉价值",可谓"名利双收"。除了获得公司的资金支持外,大英博物馆还为个人开放了会员制。个人每年支付2,000英镑的费用即可成为大英博物馆的成员。他们还借此机会分享藏品并参与博物馆活动。但仅针对开放程度。当然,与企业协会略有不同。

(二)组建利益协会

北美国家的博物馆,包括加拿大、墨西哥和美国,会根据藏品的不同类型、特点和受欢迎程度,组成不同的兴趣协会,并向会员收取一定的会员费,如埃及收藏协会、亚洲收藏协会和瓷器协会、青铜协会等,协会不仅可以帮助博物馆筹集资金,还可以获得知名度。比如加拿大皇家安大略博物馆收藏了很多精美的中国文物,从青铜器到陶器,从玉器到壁画,再到殷墟甲骨,内容全面、精美。很多观众都被精美绝伦的中国藏品所吸引。针对这种情况,安大略皇家博物馆成立了一个对中国藏品感兴趣的协会。协会会员可以支付一定的费用,在仓库中参观更多中国文物,享受其他人无法享受的特殊待遇。

(3)文化产业市场化

近年来,我国博物馆大力开发文创产品,但与欧美国家相比,仍有不少不足之处。就美国博物馆而言,它们通常作为商业机构运作,将自己视为属于文化领域的商业"产业",并引入市场化运作。我的国家博物馆将自己定位为"文化管理机构",本质上不参与商业运作。美国博物馆市场化运作最突出的特点是其文化产业的特点,他们具有强烈的品牌意识,并努力维护自己的形象和声誉。在此基础上,他们设计了一个代表自己形象的博物馆品牌标志,并将标志印在博物馆产品、员工名片、宣传材料等上。博物馆文化衍生品的发展不仅是表面的模仿,更要立足于博物馆藏品的独特性,并根据藏品的内涵、装饰和造型,针对不同的流派、不同的时代、不同的层次进行设计,并带有文化本身的良好产品。例如,在史密森尼博物馆的商店秘密指南中,购物者可以选择自己的主题,并在这些主题下选择人群评级、系列评级和价格评级。史密森尼(Smithsonian)受文化启发的设计理念是"从收藏中汲取灵感"。通过对博物馆藏品的深入研究和分类,博物馆的文创人员开发出能够体现馆内展品特色的文化遗产,如美洲印第安人系列、非洲艺术系列、美洲艺术等。美国国税局还对每个博物馆进行年度审查,以验证这些文创产品确实与博物馆中具有不同特征的藏品密切相关,并且有良好的执法机制。因此,博物馆从馆藏中开发出来的文化衍生产品,无论是从博物馆本身的角度,还是从政府层面,都保证了非常值得中国博物馆研究的特色和品质。

第二节　数字化引发博物馆藏品利用新态势

笔者通过对国内外藏品利用的情况系统地梳理,看到我国的博物馆在藏品利用上仍存在着很大的问题。一是藏品的利用率偏低,二是地域间博物馆藏品利用不平衡,三是博物馆内部沟通不够流畅。对国外博物馆的梳理我们可以看到,国外的部分博物馆无论是从理念、结构设置、陈展方式方法、推介手段等都有值得我们学习借鉴的地方。因为国家的重视和政策的支持,当今是博物馆大发展时期,博物馆的数字化进程也迅速推进。博物馆数字化工作不仅仅是一个博物馆的数字化,不单单是把藏品进行数字化采集制作这么简单,而是通过藏品的数字化确实能解决很多存在的问题。比如陈列部门不保管文物、对文物不了解的问题。在博物馆数字化后,我们可以通过个人账号进入藏品数据库,对每一件藏品进行细致地研究,解决陈展大纲撰写部门职责不明确的问题。另外博物馆的数字化还包括办公系统的数字化,各个部门、每个人的工作会在办公系统上显示,大家通过对各个部门和每个人工作内容的了解可以打破隔阂、消除误解、互相理解、增进信任、加强合作,全馆上下一盘棋。在这种精诚合作的氛围和模式下,博物馆工作一定会做到最优,藏品利用前景也将是非常明朗的。关于数字化对博物馆藏品利用上的推动和促进作用从下面几个方面进行探讨。

一、藏品数字化对构建科学收藏体系的推动作用

上文提到我国很多博物馆因为在建馆之初并未明确自己的立足点和承担的具体职能,在文物收藏和征集上"胡子眉毛一把抓",入藏了大批与本馆职能不符的藏品,这些藏品只能尘封在库房内,无法发挥作用。因其与本馆的职能不相符合,对其的研究也非常有限,可能仅仅是做了登记。但是随着数字化工作的推进,就可以对这批文物进行系统的整理。通过整理可以明确其具体类别、文化内涵、藏量规模等等,可以指导下一步的文物征集,完善藏品科学体系等各项工作。

(一)为未来征集藏品提供依据

我国博物馆的藏品资源分布不均,基层博物馆的藏品数量远远少于大型博物馆。前文也讲到,基层博物馆和中小型博物馆藏品数量严重不足、结构不合理,能够上展的藏品甚至不能撑起基本陈列,但是仍有一部分藏品因为与陈展内容不符无法展出。这就形成了藏品虽然不足,但仍有藏品无法上展、无法被群众看到的矛盾局面。为了充实馆藏,基本上所有的博物馆都需要进行藏品征集,尤其是基层和中小型博物馆。这些博物馆因为种种历史原因,对自己的藏品研究都不够深入,没有系统地整理过自己的藏品,对自己博物馆需要征集哪类藏品也不是非常了解。但是通过数字化工作,一是对自己的藏品进行了系统整理,加深了对自己藏品的了解,二是数字化之后的藏品有利于藏品的科学分类,可以通过任何一个关键词进行检索,从而形成一种分类。这样可以非常清晰地了解到博物馆相关文物的馆藏数量及基本情

况。对基本情况进行科学统计,根据统计数据制定本馆的征集计划,以此充实藏品数量,并运用于陈列展览。

(二)完善藏品体系

一个成熟的博物馆,自身相关的藏品体系一定是完备的。正如上文所提到的,通过藏品的数字化,我们可以清晰地对自己的藏品进行任意分类,可以很明晰地看到自己的藏品结构有哪些缺陷,哪些方面是需要进一步完善。我国现当代博物馆的藏品数字化的比例并不高,文物档案盒文物信息大多还是记录在纸质的档案卡、账目之上。但是纸质的档案资料是无法提供快速检索和多功能、模糊检索的,只能一页一页地去翻阅,非常不利于藏品的管理和研究。通过数字化的藏品就有了一个电子凭证,而且这个凭证是具有许多关键词,比如一件文物名为"清雍正粉彩牡丹纹折沿瓷碗"的关键词有哪些呢,我们来给它分解一下:"清""雍正""粉彩""牡丹纹""折沿""瓷""碗"。短短的一个名称可以分解成至少7个关键词。当然如果进行模糊搜索会更多,它的关键词还可以有"清瓷碗""雍正瓷碗""雍正瓷""清瓷""雍正碗""粉彩瓷""粉彩碗""牡丹纹碗""折沿碗"等等,而且通过每一个关键词检索都会形成一个类别列表,这样我们对自己的藏品将会非常熟悉。一目了然地认识到博物馆的藏品结构,对本馆藏品体系的完善将会是极大的促进,而且是科学合理的统计基础之上的。如果博物馆的藏品能够全部进行数字化,那将大大提高我们的工作效率和工作成绩,博物馆工作将会迎来一个质的飞跃。

二、实现藏品资源共享

"资源共享"这个概念最初是由图书馆界的学者在二十世纪五六十年代提出来的,最初指的是图书馆之间相互分享各自馆内的图书资源,后来学者将"资源共享"这一概念扩展成一种工作模式、工作方法和工作理念。博物馆藏品资源的共享最初是在馆际之间进行,各个博物馆之间为了弥补藏品资源的不足,通过文物交换、拨交的形式达到资源的补充和平衡。近些年通过和其他博物馆进行深入合作,利用临时展览或者巡展等各种形式展开文物共享,馆际之间由此形成良性互动,达到了资源互补的最初目的。具体的模式为由核心博物馆利用自身的资源优势、研究等优势来促进激发基层博物馆的活力,由单体的博物馆进而联结成博物馆系统,发挥博物馆整体影响力,虽然取得了一定的成绩,但是以展览为核心形式的馆际资源共享离实现藏品资源共享的最终目标还有一定的距离,这个问题还需要博物馆展业人员进一步研究,从而探索更为深入的馆际之间、公众之间藏品信息和资源的共享。博物馆藏品信息的数字化工作就极大地推动了博物馆资源共享工作的诞生和推进。

(一)推动公布藏品目录

故宫博物馆在推动藏品目录上是走在前列的。2004至2010年间,故宫博物院进行了第五次藏品摸底工作,在这个基础上,故宫博物院的同志们依托这次藏品清查,组织人员进行认真的编目工作,规范了藏品的命名,补充了器物基本信息,明确各个要素排列顺序,并对制作工艺、器型的表述等制定了统一的标准,编订了《故宫博物院藏品总目》。

自 2013 年 1 月 1 日起,故宫博物院官方网站首次公布了《故宫博物院藏品总目》,共计 18 类,662784 件,既包含一、二、三级珍贵文物,也包括一定数量的一般文物和各类标本,共分为铜器、珐琅等 18 类。这次公布后又承诺将会继续公布剩余几类藏品的目录。2014 年 1 月,故宫博物院依照承诺又公布了 22 类藏品,新增加了古建筑、古籍文献、漆器和陶瓷 4 类藏品;到 2015 年,公布的目录又由 22 类增加到 25 类,新增添绘画、法书、碑帖 3 类藏品。至此,故宫博物院内所有类别的藏品目录已经全部对外公布完毕。

故宫博物院公布藏品信息目录在国内博物馆属于首例,也为其他博物馆推动文物藏品信息共享作出了表率。中国国家博物馆也在 2018 年 5 月 18 日向公众公布了首批 25 万余条、30 万件余藏品信息,2019 年又向公众公布了 48 万件套藏品信息,已公布藏品总数达到 78 万余件,而且还在继续整理公布。藏品信息的公布,既满足了大众研究的需求,又方便其他博物馆查询藏品信息以进行合作交流,同时使博物馆的藏品工作处于社会各界监督之下,更有利于藏品的良性管理。从现行的国际博物馆协会相关章程可以看出博物馆公布藏品目录,保证公众的知情权,与国际博物馆协会的要求是契合的。从国际视野来看,国际上许多博物馆都已展开此项工作,如大英博物馆不仅公布馆内藏品的信息目录,而且还附有收藏每件藏品的原因。

目前,我国的博物馆界一定程度上还存在"狭隘"的观念束缚,不愿将馆内的藏品信息进行公开。故宫博物院和中国国家博物馆公布目录的举动也意在推动其他博物馆的效仿,从而实现各馆藏品信息资源的大整合。就现今的情况来看国内博物馆公布藏品目录任重而道远,这需要各博物馆人士对馆内藏品的整理、归档、编目、藏品信息的数字化等等。

(二)推动藏品信息资源共享

上文中谈到了藏品总目的公布将会对馆际交流合作,群众及学者的研究等具有重要的意义和价值,但是仅仅公布藏品目录对满足大众和研究者的需求还是远远不够的。只能看到目录,了解藏品的名称数量、尺寸等等基本信息,却见不到文物的样貌,这样对于馆际合作、学者研究具有非常大的制约性。因此,藏品目录公布的同时,也催生了藏品信息资源的共享。

实现藏品信息共享是比实现藏品目录共享更为复杂和艰辛的一项工程。藏品目录共享的前提是藏品基本信息的采集和编写正确、账物相符,藏品的信息共享的前提却是在藏品基本信息采集和编撰正确的基础上进行藏品二维影像和三维数据的采集以及三维模型的制作,而且要建立科学、完整、安全的藏品数据平台。换一种说法就是要实现博物馆的数字化,包括藏品的数字化和藏品管理系统的完善、对外平台的科学搭建等等。由此可见,博物馆数字化是藏品资源信息共享的前提,需要做的工作非常繁琐与严谨,而且要万无一失地保证文物数据的安全,不被不法分子窃取和盗用。即便这项工作难度非常大,在文化共享、数据共享的发展大浪潮下,这项工作也是必须要做的,而且还要做好。这就要求我们博物馆从业人员广泛地吸取国内外博物馆的先进经验和理念,脚踏实地、兢兢业业地做好各项相关工作,同时还需要政府政策、财力等的大力支持。由上文可以得出结论,藏品信息的共享是建立在博物馆数字化的基础之上的,藏品资源的共享可以提供更全面、更广阔的利用空间。每个博物馆的藏品信息资源都是全国藏品信息系统的"子系统",查询和使用资源可以按照相关程序进行调用,真正实现全国藏品的互联共享。

由于单个博物馆财力、人力、物力、技术上的局限性,这项工作还需要国家文物部门统一进行部署,由国家文物局牵头,形成一个全国范围的"博物馆藏品信息数据库"。这个数据库从 2012 年 9 月开始,以 2016 年底完成的全国第一次可移动文物普查工作建立的可移动文物普查平台为基础。此次可移动文物普查工作涉及 102 万个国有单位,并建立了全国可移动文物信息登录平台与数据库,颁布了馆藏文物登陆规范,规定了馆藏文物登陆的主要信息包括:概述、基本信息、管理信息、影像基本信息。每件藏品都会生成一个唯一的 22 位编号,相当于文物的"身份证"。这次普查数据库的建立为下一步全国范围内的藏品信息资源数据互联、共享提供了数据基础以及丰富的实践经验。今后数据库建立完善后应不仅对博物馆行业内开放,更要对全社会公众开放。

三、推动藏品社会化

藏品社会化可以广泛地吸收社会力量参与博物馆工作,也可以使公众参与到博物馆工作的方方面面,这样既符合博物馆宗旨,又可以吸收公众建议,改进博物馆自身工作中存在的弊端,更好地服务公众。但是考虑到文物安全,又不能真的让公众进行文物操作,或者进入文物库房近距离地观摩、欣赏、研究文物。这就形成了一个难以调和的矛盾,博物馆的数字化恰好能解决这项原本难以调和的矛盾。我们将从以下几个方面阐述推动藏品社会化的具体做法。

(一)开放线上文物库房

因为藏品的唯一性和不可再生等的内在属性,博物馆藏品库房一直是博物馆管理工作中最为重要的一环,是安全级别最高的地方,这也是观众所无法涉及的区域。除了文物保管部门的工作人员,其他人员也无法进入。在大多数中小型博物馆中,由于陈列室、经费和研究能力等原因,除了基本的展览和偶尔的临时展览,大部分藏品都存放在藏品库中,无法满足公众和学者的需求。西方国家的观念和我们有很大的不同,英国、美国、法国等国家的博物馆都允许社会研究人员和专业学者到博物馆观察和研究馆藏。如果社会研究人员需要参观,也可以向博物馆提出申请,正常的参观请求通常会在很短的时间内得到回复。考生参观期间将有博物馆工作人员陪同,考生还可在合适的条件下拍照、做笔记等。我国博物馆出于对文物安全的考虑,一般不允许非博物馆人员进入仓库。在博物馆内,博物馆工作人员一般享有优先审查博物馆藏品的权利。但由于博物馆工作人员的研究能力、研究方向和研究时间有限,部分藏品还没有得到充分研究,不利于馆藏的利用和转化。近年来,为创造条件、积极探索和提高博物馆藏品的利用率,让人们有更多的机会接触藏品,了解文物库房的管理,我国多家博物馆开始尝试开放库房管理场地,如,早在 2014 年国际博物馆日到来之际,5 月 17 日,南京博物院启动了"文物开放日"活动,通过南京博物院官网评选出 100 名参观者作为本届国际博物馆日的代表。邀请公众进入仓库参观。为保障文物安全,这批参观者在博物馆工作人员的带领下,分批进入收藏库,参观了扫描室、消毒室、摄影室、修复室等地点。先后学习关于博物馆库房工作、概况、工作流程等,让公众真正了解南京博物院藏品的保存状况。这是南京博物院自成立以来首次向公众开放中央仓库。南京博物院对媒体表示,如果第一次尝试成功,未来将频繁开展文物库的开放工作,并表示未来将开展各种文物保护实验、文物的保存空间及文物库房的样子纳入到公众参观的范围之中。2014年6月8日,广西博物馆还首次启动了"文物仓库开放日"活动。专家带着15户家庭参观了文物库房和实验室,帮助他们了解了存储管理藏品的程序、方法以及藏品文物的存放方法。

由少数博物馆开放库房的情况我们可以认识到,这项工作是非常有意义的,而且取得了非常好的效果。但是我们还应该看到,开放库房也仅仅是选了有限时间,选了为数不多的观众进行参观、观摩,全国绝大多数的观众无缘进入库房学习参观。博物馆根本没有办法保证观众的参观量,也无法为学者提供研究的便利。而且,目前开放文物库房只是少数博物馆开展的特定活动,在我国属于初步尝试阶段,这就需要我们逐渐摸索出既能惠及大众又能保证藏品安全的道路。

博物馆的数字化就是一个非常好的解决方法。博物馆数字化不仅仅包括藏品的数字化、藏品管理系统的建立,而且还记录了所有的工作流程,包括藏品入藏、提取、摄影、拓印等等。博物馆的数字化还应进行库房的数字化,库房的三维结构、橱柜、藏品所在的位置、藏品的数字化编码等等,通过平台可以看到所有的藏品保存位置和方式,还有温湿度的监控、藏品的状态等等,不进入库房却完全对库房的一切清晰明了。数据平台建立后,观众可通过端口进行有权限的安全访问,对感兴趣的文物随时可以调取文物信息,包括基本信息、图片信息、三维信息,彻底解决大众的观览需求和专家学者的研究需求。需要强调的是涉及库房安全的核心信息一定要进行处理,不可随意观览。

线上库房的开放,可以尝试"由点到面"的开放形式,先面向藏品保管部门以外的工作人员,然后以此向对博物馆有过贡献的人士包括学者、研究人员等预约开放,使博物馆藏品得到更多的深入研究,博物馆还可以利用这些成果回馈社会公众。在证明前期的开放无安全隐患后,再选择继续扩大开放对象,最后过渡到全方位对社会放开。

(二)创办多样化协会

博物馆的数字化工作虽然有利于将博物馆推向社会化,但博物馆的数字化还需要社会层面的大力支持。博物馆数字化以及今后要做的智慧化博物馆都需要大量的资金,需要投入大量的人力、物力和技术,仅通过博物馆本身的力量是办不到的,而政府财政也无法支撑国内所有的博物馆,这就需要博物馆积极寻求社会力量。其中创办会员制度、成立多样化协会就是推动藏品社会化进程有效方法。1924年中华博物院制定了我国第一个博物馆会员制度,积极吸引社会力量参与到博物馆工作中,具有十分重要的开创意义。现今我国部分博物馆开始尝试设立会员制度,并按照会员级别收取一定的会费,根据会员级别开放馆内资料、藏品和数据。但我国大部分博物馆目前还没有建立会员制度,即便是建立了会员制度的博物馆也没有对会员进行明确的兴趣分类,活动都是面向所有会员开展的,没有针对性,效果也不太理想。

针对这种情况,博物馆可以通过调查的方式来了解会员和准会员以及潜在会员的兴趣,将他们的兴趣点与馆内藏品资源相匹配,创办包括陶瓷协会、书画协会、青铜器协会、玉器协会等不同种类的多种协会。各协会根据自身的特点招纳会员，并根据会员的需求与馆内资源，定期邀请会员参加相关的文物知识讲座，以及参观库房、实验室等活动。协会还要承担举办酒会、慈善晚宴等活动，加强与会员的沟通和联系。需要注意的是各协会的主理人员要对各自领域的内容具有较高研究能力，并及时了解领域内学术动态，把握活动方向。

在博物馆会员制度基础上创办各种协会不仅可以提高馆内藏品的利用率，推动藏品资源的社会化，还可以增加博物馆的亲和力与社会影响力，更多地吸引普通大众去主动了解博物馆、认识博物馆。

我国博物馆的资金来源大体分为三种：政府财政拨款、博物馆自营收入以及社会捐赠。其中，国家财政拨款占绝大部分。西方国家的博物馆资金来源大体可以分为四类：社会捐赠、博物馆的自营收入、政府财政拨款、博物馆投资盈利。从结构上来看，西方博物馆的资金来源虽与我们差异不大，但是比例结构却差异巨大。与西方博物馆资金来源结构相比较，我国博物馆资金的来源主要靠政府财政拨款，而西方国家博物馆则多采用多种形式并利用藏品资源筹措资金。我国博物馆尤其是公立博物馆在独立筹措资金上的能力还非常薄弱，我们要打开思路、学习先进经验，广泛筹措资金用于博物馆日常管理和藏品研究、展览、数字化等工作。而这些工作的目的最终还是与社会接轨，与群众接轨，并服务大众。

第三节 博物馆藏品展览与展示

博物馆展览价值的传递过程包括两个方面，即上述博物馆藏品的学术研究、内涵意义的传播、转化和传播学术成果，使之为社会大众所接受。变形设计也是诠释学概念中"翻译"的一个维度，是对"理解"的诠释，在大众容易理解的信息中。这种变形的设计是对博物馆展览的普遍诠释。藏品以其精湛的做工和极高的审美价值，早已为大众所推崇，博物馆藏品不仅是社会记忆的信息载体，更是一种交流方式。连接未来，这是在时间上的沟通，也是纵向沟通。它还可以沟通各个地域的民众与文化，使其互相了解、互相借鉴，这是地域上的沟通，也是横向的沟通。虽说藏品其价值是客观存在的，但藏品本身不能够进行完整的表达；不能够直接成为过去和未来、人与人之间的沟通媒介，其包含的信息、意义等都需要我们去深入挖掘，并进行正确的阐释。博物馆从业者就是翻译者，他们通过对博物馆藏品的研究、解读和阐释，博物馆藏品被大众认识、认知、理解，从而达到藏品和历史和大众的沟通。在博物馆举办的藏品展览中，如果藏品不加以说明，公众就难以真正了解、认识和理解，也就失去了藏品作为交流手段的功能，因此博物馆藏品必须以科学合理的方式展示。而正确的解读方式，只有这样才能被大众理解、认可和欣赏，这也体现了对学业成绩的创造性展示和转化，是阐释藏品内在价值和内涵的最重要手段。博物馆展览设计者需要以一种人们容易理解和喜爱的方式来解释它们的内涵。只有这样，才能向公众介绍源远流长的历史、奇异而神秘的文明、丰富多样的学科和产业。在这种情况下，收藏品的价值和媒介的功能将对社会产生影响。

一、体验式参与式设计转型路径

参与式设计转化法是指公众可以在博物馆展区直接创作、交流甚至分享展览内容的一种展览设计形式。在参与式改造设计中,每个观众都是一个创造者,观众可以将自己的想法、观念和创意,体现和传达给博物馆内的其他观众。同时,观众还可以与其他观众讨论他们所看到的、听到的、感受到的、所想的。这种交流是指博物馆内自发的社会活动,包括公众与藏品之间、公众之间、公众与博物馆工作人员之间的交流,以及展览中的经验分享。参与式设计转化法是在收集信息的基础上,根据对本体的学术解释、传播和衍生信息的结果,以更直接、更有针对性的方式进行转化,使公众能够获取更多信息。参与式设计改造的目标是满足观众积极参与展览的需要,也能够更有效地传播展览的内容。[①]

(一)藏品信息的可选择性转化设计

博物馆如何应对多样化和不断变化的观众的兴趣和需求?博物馆的展品设计师、藏品保存人员和社会教育工作者将通过多种方式满足观众的需求,如多重空间设计、与藏品相关的互动体验装置以及丰富多彩的活动。从这个方法开始,大众从自身做起解读各种不同的信息。因此,要为每一位观众提供正确的内容和需求,不仅要考虑到不同类型观众的需求,还要考虑到观众的兴趣会随着社会的发展和内容的更新而变化。首先要明确的是,博物馆具有教育功能,服务于人类社会,传递馆藏藏品和知识信息。因此,首先要做的就是对博物馆藏品信息进行多设计改造,通俗易懂地解释本体及其传播,丰富藏品信息,使藏品信息有针对性、趣味性、和伙计们。根据不同的受众推荐,不仅能让观众在观展后收获颇丰,还能让观众在展会期间保持愉快的心情。

一些解读需要围绕博物馆的"对象"进行思考,也就是多维馆藏的设计,对于每一个馆藏,都可以从多个角度分析大量的信息。例如,我们可以从设计者的角度进行解释,或者从本体信息、流通信息和派生信息的角度进行解释。一般来说,人们会在他们感兴趣或与探索相关的事物上寻求更多的关注。因此,需要站在受众的角度思考,考虑需要传递的内容是否符合受众的需求和兴趣,以及提供受众可以获得的检索机制,以向公众展示信息。博物馆展品中最常使用的语音解说器可以帮助处理大部分内容,但仍不完美。我们可以更新它以获得更多音频指南和多屏说明。过去,我们参观的博物馆展品的说明卡大多以纸板的形式出现,但他们带来的内容往往不能满足不同观众的需求。但是需要注意的是,多频语音翻译和多屏解说板设备中的信息内容最好不要超过 5 到 6 种,因为选项太多,观众可能会遇到问题。例如关于玉器的陈列,大多数博物馆将玉器的基本信息,包括名称、形状、大小、字体和基本形状的描述等都写在文字说明卡上,公众无法阅读并了解玉器是什么,它们的功能是什么,它们的价值是什么,它们包含着什么样的文化内涵。良渚博物馆在这方面做得非常出色,不仅在文字说明板上清楚地展示了玉器的基本信息,而且还通过多媒体来说明它们的使用位置、功能和相

---

① 苏逸文.大数据背景下博物馆展览策划的分析与思考[J].文化创新比较研究,2019,3(14):146-147.

关的文化内涵。

推荐功能是指根据个人数据自动发送内容的机制。它基于独立的输入模式和行为生成模式。以淘宝 APP 为例,应用程序会推荐用户喜欢的物品类型和购买价格,以推荐您可能感兴趣的物品。APP 要求您先注册一个账号,然后根据您输入数据的完整性,推荐您可能感兴趣的物品,通过购买物品,建立新的关系。随着使用越来越频繁,用户的个人资料会越来越完善,越来越成为个性化和独特的推荐功能。此推荐功能旨在向观众呈现更有效且不那么晦涩的体验。在使用推荐功能时还有一个需要考虑的问题,即与观众兴趣相关的推荐可以让观众仅仅站在他们最喜欢的陈列柜或收藏品前,而无法获得其他收藏品可以得到的惊喜体验。所以在 West Library Matters 里面有个"不推荐"的功能,这个功能就是根据用户的书单偏好推荐一个最不相关和最不感兴趣的书单。当一个非推荐选项被添加到个人推荐中时,它可以对博物馆展品产生不同的影响,并给观众带来不一样的观展体验。

(二)问题设计式转化方法

参与式设计的本质是让公众参与展览。美国历史博物馆新南方莱文博物馆(Levine Museum of the New South)举办关于早期分裂斗争的临时"勇气"展览,包括将公众与博物馆联系起来的展品。独特的方法——"谈话圈",称为"谈话圈",是一种将同一类型的观众聚集在一起,并邀请他们以非新教和平等主义的方式交流和讨论种族隔离问题的形式。因此,展览不仅是一种向观众灌输大量内容的方式,更能激发观众的讨论和尊重,倾听观众的想法和问题,回答观众的提问和想法。

激发观众讨论的最简单、最有效的方法是将他们并排放置。这里的平铺并不是像我们经常看到的那样把物品整齐有序的摆放,而是把几个不相关的物品放在一起,把这些不相关的物品组合起来,具有刺激性、相关性和最新性。展览还可以创造新的流通信息,产生新的意义。并置的方法通常具有暗示性,观众可能会想,"把这些东西放在一起有什么意义?""为什么要自己放在这里?""为什么不在这里放点别的东西呢?"当观众觉得该项目的外观与他们过去想象和看到的"习惯"不同时,就会出现很多问题,他们会找到机会与其他观众交流自己的感受。西方博物馆正在举办一个临时展览《对比:视觉实验》,作品成对挂在墙上,两件作品之间粘贴了一张卡片,上面写着:"在这两件作品中,你可以清楚地看到左边那张改了构图,右边那张改了好几处?""你对左边的工作比对右边的工作更感兴趣吗?"像这样的开放式或教育性问题可以让观众进行对话并更深入地了解作品。例如,在中国的良渚博物馆游戏室项目中,使用多媒体触摸屏设计了一个问答游戏,公众在选择答案的同时,也记住并加深了博物馆展览陈列想要传达的内容,增强了参观博物馆的娱乐性。

(三)观众参与藏品信息阐释转化

公众参与信息采集的解读和转化是指博物馆与公众协同创作展览信息,特别是形成能够满足公众需求、让公众参与展览、发挥作用的作品、一种为公众带来新体验的方式,以及主体参与信息对象可以与每个观看者的行为交织在一起。通过不断的积累和不断的变化,展览的内容最终可以被展示、分享和重构。观众不仅可以与朋友甚至陌生人聊天讨论展品,还可以在博物馆的指定空间分享自己的经验,参与新展品内容的创作与协作。

在新时代新技术的推动下,博物馆展览也在进行技术转型,新媒体技术的引入加速了博物馆展览的转型。科技的运用打破了藏品与人和展览空间之间的"距离感"。因此,打破物理障碍并与公众一起创造,需要改变藏品与观众之间的关系,并在藏品之间建立新的关系。公众是观察者,是展览内容的一部分。身临其境的展览"未来游乐园——城市艺术绘画"利用新媒体艺术来表达生活中的某些事物。技术与艺术相结合,观众参与数字绘画创作的作品在技术上是设备。在数字显示屏上展示数字作品,让每一位参展商成为展览作品的创造者。随着参展商和照片数量的增加,展示变得更加丰富,城市生活的未来充满希望。错综复杂的立交桥,高楼大厦,远处的山河,空中飞舞的飞机和不明飞行物,地面上飞驰的各种汽车。这不仅是人们对未来城市的想象,也是人们对未来生活的向往。这种参与式的设计模糊了观众和展览之间的粗略界限。观众不再是一个观察者,而是一个创造者,带来了人类与展览之间更自由、多维度、更深层次的交流。曝光在不可预知的轨迹上不断变化,直到曝光结束才能看到完整的曝光图像。

二、促进多感官获取信息的通感阐释转化

随着科技创新带来的沉浸式体验,观众不再被动接受设计师设计的信息秩序和知识结构,而是涉及感性、感官、艺术和本体社会的多方面、多层次的体验。因此,当代博物馆展品开始更加注重视觉、嗅觉、听觉、触觉等感官体验的融合。强调多感官对学习、认知、情感等的潜在影响。"多传感器"的概念在当今博物馆领域的影响力越来越大。博物馆开始关注视觉之外的各种感官体验的认知和情感属性,如听觉、嗅觉和触觉本体,并正在探索将多感官体验应用于博物馆展品以激发即时感受的适当技术和方法的访客。并形成更好的体验感和认知。人的感觉系统会感受到一定强度范围内的刺激,以多感官的方式传递和捕捉它想要传达的信息的本质,感官的结合将达到最有效、最大的交流效果。展览。基于从集合中完整提取信息的感官认知设计途径仍然存在。只有通过解读一个集合的多维信息,我们才能更多地发现哪些感官被用来充分表达它;在历史展览中,通过加入各种嗅觉因素来唤起观众的情感共鸣、渴望、厌恶、恐惧等情绪,这种多感官的联系可以加强展览的信息传递和观众个人情感的震撼力。人体本身就是一个天然的信息接收系统。多传感器是利用人类视觉、听觉、嗅觉、触觉和味觉之间的信息互通和转换,当两种或多种感官相互补充、影响和改变时,它们可以刺激大脑对原有记忆碰撞,产生新的联想和想象。

(一)视听联觉设计转化

工业革命的到来扩大了人类的感知领域,而当前的信息革命让我们体验到了感官、接受能力和接收能力的快速扩张。博物馆展览中的多感官表达可以涉及整个公共机构,并渗透到要传达的信息中。在观众的五种感官中,既减少了观众的认知困难,又丰富了展览的信息传递率。在表达视觉元素的同时,还要注意其他感官的表达,这也能满足不同观众的感官需求,帮助观众。说明性信息的认知维度更为重要,因为受众的多感官参与充分唤醒了受众对身体

感知的加工过程,同时强化了受众对说明性信息的记忆,强调了说明性传播的深度。

听觉在各种感官的使用中起着重要的作用,也是感官之间相互联系的焦点。以通感铃变换设计为例,通过大脑中的通感将可听的铃铛和声音转换成视觉场景,从而激发观众对非凡的铃铛表演的思考。解释视觉信息并结合抽象的听觉语言。视听联觉是展览中常用的展示方式之一,可以极大地拓展观众的想象空间,达到"耳眼对讲、音视频交流"的转化效果,提高展览公众的认知功能,吸引观众的眼球。

(二)触觉到视觉设计转化

在科技进步的推动下,越来越多的技术被应用于包括展览领域在内的各个领域。科技与艺术的融合为展览创造了许多可能性。新媒体展"未来游乐园"利用新媒体技术呈现信息,将通过触觉和视觉设计向公众展示。当观众触摸墙上的象形文字时,会产生一种动态的图案,以各种元素的动态形式展现出原始象形文字的时代气息。当你触摸这些象形文字时,古代世界的气氛就更浓了,山川河流,大象野马奔腾。例如,当你点击象形文字"火"时,喷泉会产生火并逐渐向外扩展,如果你在路上发现一棵树,它会着火并可能在燃烧过程中倒下。象形文字"水",当你再次触摸水源时,它会产生水并熄灭燃烧的火,整个生态系统是建立在远古时代的气氛之上的。因此,视觉化的设计不仅让观众获得了很多关于象形文字的知识,也让观众感受到了美丽的文字错觉世界。

多感官交流的真正含义是将观众与展览场地连接起来,观众通过信息的传递与传播者进行交流,创造互动,让传播者和接受者都感到满足。因此,传播者不仅要考虑自己的感受和思想,还要考虑接受者即听众的感知和情感体验。传播者不能忽视受众"感官体验"的重要性。观众的情感体验,缩小藏品与人的差距。在展览中,利用图像、声音、气味等来触发观众的记忆,并通过环境中一些具有时代感的元素和氛围,如场景、音乐、某个时代的物件等,增强受众对不同信息的体验感使用能力,加强信息的输出和展示记忆。

随着认知的多感官功能在博物馆展览中的不断发展,多感官功能的使用可以从不同的方式中看到,并共同作用、相互影响。

三、以空间体验为导向的"境"的设计转化

随着数字化的快速发展,人类的消费形式开始趋向感性消费。在数字时代,我们必须更加关注人类在使用产品的过程中所产生的感性和精神价值,构建两者之间更加和谐感性的关系。引入"环境"设计转型路径,该路径不仅旨在诠释藏品本身的信息维度,还旨在诠释展览场地的空间和总体氛围。价值是公众的心理支持,让公众与展览更加和谐,从而更明智地接收展览想要带给公众的信息。

(一)情境构建设计转化

"境"字有两层含义:一是人的情绪,是知觉的心理支持,是人的心理活动对行为的反应和对客观事物的知觉;二是环境气氛,在一定的角度看是一个相对的外部空间,是人与人之间交

流和互动的空间。情境是指人与环境通过生理刺激或物理刺激产生的互动关系,不能具体指特定的空间环境,也不能认为是环境中产生的一组无形的反馈知觉。要形成一个"情境",必须将空间、人物和情感三个要素构建在一起。这三个元素共同构成了情境的中心内容,并相互作用构建了丰富的情境空间,强调了空间对人的情绪的影响。情境的基础是对人的一定空间的情感调动,与人产生情感联系的效果。这样的情境空间有自己的灵魂和性格,可以唤醒观众的思想和期待,让观众对场所产生认同感。语境设计广泛应用于产品设计、教育、展示等诸多领域。随着语境设计的逐步发展,各领域的语境设计逐渐向宽广、深层次的方向发展。语境设计方法可以摆脱传统的观点,考虑受众的感受,从而有效地传达信息。文脉设计的运用可以满足现代社会的需求,满足社会对物质文化和精神文化的双重追求。情感设计的出发点是让观众对展览空间中展示的内容产生情感共鸣,营造具有互动氛围的展览情境,让观众主动探索展览信息。

语境设计的本质是在空间、人、情感之间建立联系,心理认知是基于视觉感知对空间的更深层次的感受和探索,是一种以视觉感知为导向而产生情感的心理活动。认知心理学家认为,人类的认知过程是指信息的接收、存储、转换、提取和输出。在情景设计中,设计师将自己的设计思维应用到展览中,营造特定环境的氛围,而观众则利用自己对环境的认知,通过内部的思维过程来输入、改变和发出信息。对空间情境的感受和反应,这个过程涉及情境设计的转换过程。同时,个体思维的差异导致了多种情境认知和情感体验。因此,在语境设计中,设计师必须关注不同受众的需求,为受众呈现不同的体验。

(二)意境构建设计转化

意境来源于中国传统美学思想,在诗歌、绘画、音乐、舞蹈领域使用广泛。意境构建特征是虚实相生,它由两部分构成,一是实境,一是虚境。实境是虚境的载体,虚境通过实境的具象来表现。在博物馆陈展设计中,尤其是中国的陈展设计中多有体现。比如展厅里面的留白,展板的美术设计等等,都包含有意境构建的元素。意境由作品与欣赏者两者的融通才能最终体现,它既是美学的表达,也需要观展者具有一定的审美能力。

第四节 博物馆藏品与社会教育

一、博物馆社会教育功能的特性分析

博物馆最核心的功能就是教育,因此教育在博物馆工作中占有极其重要的地位。上文中对博物馆教育功能已经有了一定的论述,我们在这里对教育尤其是社会教育进行集中论述。

(一)教育功能的直接性

博物馆收藏和陈列的藏品都是中华民族在五千年的发展历程之中,遗留下来的精神文明和物质文明遗产。这些藏品通过博物馆人员的整理、研究,做成展览,使来馆参观的公众获得文化熏陶与文化浸染;通过社教活动走向学校、社区,直接与群众、大众进行交流。从这两个方面看,我们可以发现博物馆里的藏品与其他的文化教育媒介并不相同。一般的媒介是将信息层层处理加工之后,以间接的方式为观者展示,如书籍、报刊等媒介。而博物院中的展品、藏品则是以最为直观、最为原生态的方式直击观者的内心。任何的语言在这些本身就承载了中华优秀文化精髓的精美展品面前都显得苍白和多余。另外,随着科技发展,数字化技术的逐渐成熟,博物馆通过数字手段,充分利用现代信息技术,更加形象、深入地解读藏品、解读文物,尽可能多地向社会公众提供最为原始的、最为真实的知识信息。这种直接的、不加修饰的的教育方式给受教育者带来最为深刻的影响,这也是其他的教育形式所无法比拟的,是博物馆藏品独特的价值所在。

(二)教育功能的多样化

博物馆通过各种各样的展览对藏品进行展示,体现了博物馆教育的多样化,同时博物馆还开发了各种各样的社会教育活动,诸多有趣的互动游戏和互动体验。比如孔子博物馆每年都会举办很多各种各样的展览,有跟年俗有关系的《孔府过大年》展览,有与服饰发展历史有关系的《明代服饰展》,有与我们生活息息相关的《餐具展》,也有展现对外交流的《亚洲文明展》,有大家都感兴趣的《货币展》,也有金石爱好者喜欢的《印章展》,各种各样的展览,在博物馆中层出不穷,为大家提供了诸多文物观展体验。与这些展览配套,博物馆还会推出各种各样的社会教育活动,比如,面点制作、制作萝卜灯、剪纸、茶花、制作拓片等等,各种各样,层出不穷。为来馆参观和参与活动的的公众奉献上一场华美、丰足的文化教育大餐。同时,博物馆类型多样大致可分为历史、自然、科技、艺术、民族、民俗、军事等等。每一类博物馆都会因为历史、地域、民族等特征而各有不同,带给公众不同的体验。除此之外,博物馆还可以结合布展主题,邀请相关领域的专业人士为来馆参观学习的公众作主题报告。同时,博物馆也会配合展览制作出版一些书籍,这也是教育多样性的一种体现。

(三)教育功能的广泛性

博物馆作为一个公益性教育机构,有教无类,是把每一个与博物馆相关的人员包括参观者、社会活动参与者、线上浏览者等等作为教育对象的。从某种角度讲,博物馆是普世的,受众不受年龄、性别、地域的影响。受众来到博物馆的区域时,打开博物馆的网站时,打开博物馆的公众号时,搜索到博物馆人员发表的文章时,便都是博物馆的受众了。然后,通过博物馆讲解人员的悉心讲解、通过网站信息的阅读、公众号内容的浏览、视频号短视频的欣赏,都能够使其了解到每件精美藏品前世今生,了解其背后的故事和当代的价值,从而受到美的感召和知识的冲击,心灵与情操也必然会受到冲击,进而产生对美的向往与追求,产生对祖国历史的无限崇拜,从而更加坚定爱国主义情怀。

(四)教育功能的社会化

博物馆教育功能的社会化与广泛化具有不可分割的联系。从博物馆诞生的本义来看,它存在的价值不仅在于实现人类记忆和文化传承,更在于帮助社会了解文化素养的有效性。维护和利用好承载人类文明进步的各种展品,使文化遗产得以实现。

二、博物馆如何发挥自身社会教育职能

博物馆要发挥自身的社会教育职能,需要通过线上与线下相结合的立体化宣传形式,扩大宣传覆盖面。

(一)通过线上与线下相结合的立体化宣传形式,提升宣传覆盖面

1. 依托线下媒体开展宣传活动

所谓线下媒体,是指传统的纸质媒体,包括以书籍为代表的各类纸质版画。尽管信息技术的发展导致纸质媒体的受众数量呈下降趋势,但中老年群体仍对此类媒体表现出一定程度的依赖。博物馆在日常广告中应注意相关媒体的使用,如举办展览时,可先告知相关媒体和报纸,邀请记者报道相关报道,扩大广告宣传。同时,各地的博物馆必须印制宣传资料,分发给政府机关、企业和机构,也可以与地方电视台合作,拍摄各种宣传自己形象的电视宣传片,以扩大自己的文化。

2. 依托线上媒体开展宣传活动

网络和信息技术现在已经成为日常工作和社会研究中不可或缺的一部分。因此,各地博物馆必须认清形势,依托网络媒体开展广告宣传活动。比如,博物馆可以组织专门的人拍片来宣传自己。开展收藏微电影、录制各种微视频、订阅微信公众号等习惯性的宣传活动。通过微信平台的打造,博物馆将拉近与公众的距离,促进双方交流,帮助博物馆了解公共文化需求,让公众关注其发展。

(二)促进馆校合作,打造学生第二课堂

博物馆社会教育职能的发挥,与学校具有密不可分的关系。现在博物馆的社会教育与学校联系非常紧密、合作频繁,博物馆资源与学校资源可以互为补充,扬长避短。现在博物馆社会教育被称为学校教育的第二课堂。博物馆教育大量参与学校教育,甚至有人说,没有博物馆参与的现代教育是不完整的教育。博物馆教育资源独特,为参观博物馆和参与社会教育的学生提供更多、更直接、更好的学习资源,拓展教育内容,丰富学生知识面,拓宽知识领域。将博物馆教育纳入学校教育计划是当今博物馆的一种趋势。当代社会将博物馆视为"第二"学校,这是对博物馆工作重心的重新定位,定位非常精准。就博物馆的作用而言,博物馆工作人员有责任也有义务为学校教育承担重大责任,成为大学教育不可分割的一部分。对于专项行动,要更广泛地推动博物馆与学校的合作。一是加强联系沟通,从了解学生课程入手,结合博物馆馆藏资源,打造有针对性的社会教育。其次,博物馆要真正成为学校的研究基地,为学生的学习内容和学习资源提供更广阔的空间。通过丰富多彩的社会教育活动和针对性的课程,使博物馆真正成为学生的第二课堂。这样才能充分发挥博物馆的社会教育功能,真正体现博物馆的价值。

(三)开发课程资源的方式方法

博物馆利用藏品开发课程的方式方法是多种多样的、灵活的,不仅局限于文物藏品实物

本身，也包括藏品的二维、三维影像、数字资源、藏品本身的造型、纹饰、铭文以及蕴含的历史价值、艺术价值等等。当然，藏品的实物资料具有最直观、最生动的优点，是开发、开展课程的最好选择。但是基于藏品本身的元素、机构、内涵等也是重要价值资源。总体来讲，社会教育课程的开发包括诸多方面，主要可以分为基于藏品本身以及藏品价值和博物馆特点的社教课程，博物馆参观、讲座和研学等项目。下面我们就对这些项目进行简单的介绍。

1. 利用文物藏品及藏品价值和博物馆特点开展教学

利用文物藏品教学是最常用的社教课程，这种社教课程最广泛也最有效。形式是多种多样的，比如可以制作幻灯片，进入校园进行授课，也可以制作成展板，进入社区讲解。同时我们在进校园和社区的时候为了达到好的效果，还可以以复制品代替实物，现场效果会更好一些。另外一点是基于藏品价值的课程，比如孔子博物馆藏的"商周十供"和雍正画"珐琅五供"，这两套藏品都非常具有文物价值，但是，单纯地讲解文物价值远远还不够，我们要对它的内在价值进行挖掘。这两套文物都是皇帝御赐的，之所以御赐孔庙这两套文物，就说明了清代皇帝对孔子和孔子思想的重视，这与清代重视儒家思想密切相关。同时雍正画珐琅五供还与雍正二年的大火有关系，与孔庙重修密切相关，由此这套文物就活了起来，不再是干巴巴的模样，而是变得生动，也能引起别人的兴趣。还有一类课程是基于博物馆自身特点的，比如孔子博物馆，孔子博物馆不是孤立的，它与三孔世界文化遗产密切相关，而三孔文化遗产的一切也都与孔子博物馆有关系。我们可以延伸到孔府过年的习俗，孔府糕点制作，孔府窗花制作等，这类社会活动课程既有吸引力又活泼生动，具有非常好的传播力。

2. 博物馆参观

博物馆参观现在基本上是每个学校、每个年级和每个班级必须要进行的社会活动。进入博物馆，近距离的与文物互动，这种互动与看文物图片是完全不同的感受。通过人员的讲解，通过小伙伴们的共同讨论，通过老师的现场引导，对文物的认识、对文化的认识以及对过往知识的认识都会有一定的提升。孔子博物馆每年都要接待大量的学生参观团体，为了充分发挥博物馆的教育功能，我们根据不同年龄段的学生形成了不同的接待讲解方案，也取得了非常好的效果。

3. 举办讲座

博物馆承担了一定的社会教育任务，其中一点就是要承担知识、文化、价值的输出工作。除了面向学生之外，博物馆还要面向社会大众，举办讲座就是最为有效的传播模式。孔子博物馆在这方面走得很远，除了定期举办讲座之外，我们还会根据单位的活动增加临时讲座。比如孔子文化创意大赛，为了配合大赛，孔子博物馆策划了专题系列讲座。另外，除了讲座外，还开辟了线上专家直播讲解活动，对展览进行专家直播讲解，取得了非常好的效果。2022年的国际博物馆日，直播数据取得了文化类全国第一的好成绩。遗产日的直播更是又刷新了博物馆日的记录。

4. 开展研学活动

国内不少博物馆都开展了夏令营和冬令营活动。让学生们较长时间感受博物馆的文化氛围和历史氛围，是一项非常有意义的活动，也是我们推崇的。孔子博物馆作为孔子文化的传播平台,我们在开展这项工作的时候用了另外一个名称,就是研学,这个名称对于博物馆来说应该是更合适的。作为优秀传统文化的传播者,我们有义务传承优秀历史文化。对于研学课程孔子博物馆也是做了非常多的工作,比如有《论语》研学、启蒙研学,同时还举行了各种研学仪式,比如开笔礼、加冠礼等等。还开发了射礼的项目,接下来还会开发礼乐文化的相关研学项目,也非常值得期待。

第五节　博物馆藏品的创意开发

现阶段,博物馆衍生产品热潮方兴未艾,各个博物馆无论是中小型博物馆还是大型博物馆,无论是民族民俗博物馆还是历史博物馆,都加入到藏品衍生创意产品的开发大潮中。

一、开发文化衍生产品

博物馆衍生文化产品的开发也是让文物活起来的一项重要内容,这项工作不仅要做,而且要做得群众喜闻乐见。像台北故宫博物院开发的康熙皇帝御笔"朕知道了"胶带,就受到了两岸三地群众的追捧,笔者也是拥趸之一。故宫博物院也以"让文物活起来,让它们与百姓的日常发生关联"为创意,推出了春节系列文化产品,包括红包系列、福筒系列、九阳消寒图系列,以及雍正行乐图周历、雍正美人图台历、故宫日历等,除此之外针对儿童还开发了"萌"系列"宫廷娃娃"等产品,得到了广大群众的喜爱。各地博物馆在这方面也早有尝试,比如推出馆藏文物系列钥匙扣、书签、明信片等等。但是我们推出的产品能否得到群众的喜爱,还需要发挥我们的智慧,要以人为本,真正弄清楚群众喜欢什么、想要什么。故宫博物院的这次创意无疑是成功的,也是值得我们学习的。孔子博物馆也推出了许多大众喜爱的文创产品,比如仁义礼智信系列服装、逢考必过系列文具、商周十供书签等等,都受到了社会的热捧。

开发衍生产品,我们首先要搞清楚衍生产品开发的核心及其与文物之间的联系。文化衍生产品就是根据文物本体包含的内容包括历史的、人文的、美学的、思想的以及价值评价等,通过提取其中的元素、精神等等,再通过物化的手段,用不同形式和不同质料的载体展现文物某一方面的特性、价值、内涵、审美的一类文化产品。开发文化衍生产品是习近平总书记提出的"让文物活起来"的物质转化,也是为了满足人民对美好生活的向往,对更高更好的精神追求的向往,是博物馆利用藏品与公众建立关联的又一重要手段,同时还能够带来可观的经济效益与社会效益。一方面,观众可以将藏品元素或信息带回家,满足观众的审美以及对知识渴望的需求,是博物馆教育功能的有效延伸;另一方面,也可以为博物馆做好宣传,树立博物馆新形象,并能够提供更多经费支持。

需要注意的是开发文化衍生产品要以藏品为根本,要立足于藏品的文化内涵、价值,要实现创新性与文化性的双结合。当代文化衍生产品大致可以分为三类:出版品类、复制及仿制品类、文化创意产品类。

(一)出版品类

出版类一般是根据博物馆内的藏品编撰的书籍、手册、研究报告,以及唱片、录像、电影等音像制品。这类文化衍生产品能够反映出馆内藏品、研究、制作实力,向广大观众提供了大量实物、文献和声音、影像资源。比如孔子博物馆出版的《孔府珍藏》《明代服饰研究》《大哉孔子》《圣迹图汇编》等,其中《孔府珍藏》还获得了国家级艺术类出版大奖提名。另外故宫博物院、国家博物馆、苏州博物馆、陕西历史博物馆等各个博物馆都出版了大量期刊和书籍。

(二)复制及仿制品类

博物馆文化创意产品有一类是文物的复、仿制品。复制品、仿制品是以馆藏文物为底本,进行复制或者仿制的。一般情况下是进行仿制,复制的话需要相关文物部门的审批,而且不可以随意售卖。仿制品可以按照文物的不同比例进行仿制并销售,而且可以使用不同的材质,当然这类产品的售价一般是比较高的,比如孔子博物馆就仿制了清雍正画珐琅五供和商周十供。雍正画"珐琅五供"本体是画珐琅,而且体量巨大,仿制品则使用掐丝珐琅工艺,而且体量较小;商周十供也是缩小了体积,并且没有完全按照十供的样式进行仿制,而是作了一定的调整和改变。

(三)文化创意产品类

文化创意类产品内容就比较宽泛了,它可以提取文物的任何信息,包括纹饰、造型、文字、颜色等等。并利用这些元素进行开发,不拘于形式、不拘于内容,可以天马行空。目前我国博物馆在开发文化创意类产品上主要有两种思路:一是将藏品上的纹饰、图案、铭文等印制在设计的产品上,比如抱枕、服装、茶杯、咖啡杯、床品等等;二是对藏品上的纹样、图案、符号等元素进行有机组合,从而形成新的团、符号和纹样,制成新的产品,也可以直接印制在产品上,包括上文中提到的各种类型。第一类用得非常广泛,比如孔子博物馆的补子服饰,门神帽子,花鸟纹的笔记本,商周十供的书签等等,都是很受追捧的产品。第二类产品运用得相对少一些,比如孔子博物馆从儒家思想中提取的"仁义礼智信",并进行设计,做成了服装,通过对《论语》的提炼做成了《论语手账》,也是非常好的产品,非常受消费者的青睐。苏州博物馆在这方面走得也很远,以馆藏为蓝本设计了很多广受好评的文创产品,受到大众的认可和追捧。

一、文化创意产品的提升途径

近些年来,博物馆在利用文物创作文创产品上已经有了很大的提高,但是还不够成熟,对于文物信息的提取往往还留在表面,不能够深入提取文物信息和价值,而且做出的文创产品往往很雷同,大多都是书签、文件夹、笔记本、丝巾、帽子之类,摆件基本都是仿制品,缺乏创意。现在观众对于这么产品还只是刚接触,还会有兴趣,新鲜劲过后,观众还会不会愿意为这种相对简单的设计买单,是我们需要提前考虑的问题。这一点就需要我们博物馆文创人员在今后的设计中多汲取各行各业的知识,加强融合力度和广度,将馆内文物的独特性与实用性、创意性做到真正结合。下面我们就简单探讨一下文创产品提升的具体途径。

(一)利用藏品数字资源

随着信息技术的不断发展,数字化博物馆建设正处于上升阶段,可以说是遍地开花、如火如荼。数字化博物馆的建立都伴随着藏品的数字化,藏品的数字化又包括藏品三维数据的建立、高清资源的采集等等,同时藏品数字化还伴随着藏品数字化管理系统的建立。这个系统的建立不是简单的一个藏品管理,它改变了以往博物馆所有文物数据只有藏品管理部门和信息管理部门独有的状况。所有人员,包括文创部门的人员都能够通过这个平台进行文物浏览,包括浏览藏品的二维、三维影像,高清大图、线图以及局部纹饰等等,对于开展文化创意工作具有极大的推动作用。另外,三维模型的建立,对于文物的复仿制也是一个巨大的推动。模型的建立使得文物复制或者仿制仅需要 3D 打印就可以初步完成,不需要经过翻模。翻模这项工艺往往不能够精确的做出模型,另外对文物也有一定的损伤。

(二)广泛交流获取灵感

文化创意本就不是闭门造车就能成功的一项工作,需要社会大众以及设计领域的专业人员集思广益。需要设计人员多学习、多交流、多研讨、多培训。人与人之间才能够碰撞出越来越多的火花,才能够创作出好的作品。甘肃博物馆推出了马踏飞燕的布偶,非常呆萌有趣,虽然价格不菲,但备受追捧。它是以马踏飞燕的正面影像为灵感创作的。笔者看到这件产品就想到了前阵子网络上对马踏飞燕的照片为什么都是侧面而没有正面的一个话题讨论,有网友就说到,侧面看是精品,正面看是神经,话虽粗,但却点出了马踏飞燕正面的呆萌形象,不能不让人联想,这个布偶是不是受上次讨论的影响。孔子博物馆近期举办了第一届孔子文化创意大赛,面向社会征集各类文化创意产品,包括孔子文化数字融合类、孔子形象绘画类、孔子文化产品类、孔子文化视觉设计类等等。为了配合这次文创大赛,我们馆还举办了一系列与孔子文化、孔子博物馆文物、文献相关的讲座,目的就是通过更加深入地解读孔子文化,解读文物,为设计者们打开更为广阔的思路,使产品更加有深度和广度。通过对讲座的反响,笔者认为这个方法是正确的而且是我们今后需要坚持的。通过文创大赛,通过大赛选手的灵感碰撞,一定会有大量的精美设计出现。需要注意的是,大赛的优秀设计一定要做好产品的转化,避免成果的浪费。

第十章　博物馆藏品保护管理与研究

第一节　藏品保护中的先进手段

随着科学技术的不断发展和仪器设备的更新换代,越来越多的新技术、新手段被广泛用于文物保护与研究,这些新技术、新手段也是当代和未来文物保护的新方向。特别是近些年来数字化技术的运用,对文物保护与管理研究都产生了巨大的改变。下面我们对几种技术手段进行简要介绍。

一、表面分析技术

表面分析技术指的是利用电子、光子、热能等与物体表面的相互作用,从而测量物体从表面散射或发射出的能谱、光谱、空间分布或衍射图像,以此得到所测物体的表面成分、结构、电子态等信息的各种技术。对文物、藏品进行表面微观形貌观察和显微结构分析的表面分析技术,包括各类光学显微镜分析法(超景深显微镜、金相显微镜、偏光显微镜)、电子探针显微镜分析法、扫描电镜分析法、透射电子显微镜分析法等,是研究文物结构和工艺不可或缺的方法和手段。光学显微镜分析法主要用于对文物外观形貌、老化情况的观察。电子探针显微镜分析法是一种利用电子束轰击固体样品表面,根据微区内所发射出的 X 射线波长的强弱进行元素定性的分析方法,主要用于文物化学成分的精确分析。扫描电镜分析法是利用扫描线圈,对样品表面进行电子束形式扫描,根据信号产生图像,这种方法可以清晰地显示文物的表面状况,主要用于观察损坏文物的断口表面微观形态,从而分析断裂的原因。

二、内部结构分析技术

内部结构分析技术主要包括 X 射线照相技术、超声波无损探伤技术、声波 CT 技术、电子衍射技术、核磁共振法等。X 射线照相技术是根据 X 射线在胶片上的成像原理展示文物的细部结构,一般应用于青铜器、木器、瓷器、漆器或书画类小型文物。超声波无损探伤技术与声波 CT 技术的工作原理类似,都是根据声波在不同介质中传播速度的不同,将接收到的信号进行成像处理,从而发现文物的内部缺陷,一般应用于大型文物。电子衍射技术则是根据运动电子束的波动性,获取文物的微区晶体结构和物相。地面核磁共振法是利用地下水中氢核的核磁共振特性差异来直接探查地下水的地球物理新方法。目前,该方法已成功应用于地下水探测、考古、滑坡监测等领域,并且可以在探查石刻文物是否遭受地下水侵害的过程中发挥独特作用。[1]

三、元素分析技术

元素分析手段主要包括原子吸收光谱法、X射线荧光光谱法、中子活化分析法等。这些分析方法都是通过各种分析仪器对文物的化学成分做定性和定量分析,并根据文物的材质和病害,获取文物的制作工艺并推断年代信息。基态原子(一般为蒸汽状态)吸收特定频率辐射从而被激发至高能态,在激发过程中以光辐射的形式发射出特定波长的荧光。因此只要测出X射线荧光谱线的波长,就可以确定元素种类,这就是X射线荧光光谱法工作原理,同时根据谱线强度与标准样品的对比值,确定该元素的含量。原子吸收光谱法是一种基于自由原子在基态吸收的辐射量与被测元素浓度成正比的原理的分析方法。这两种方法都是基于原子结构分析文物材料和纹理的方法。中子活化分析法是利用中子作为照射粒子的活化分析技术。它的工作原理是根据元素受到撞击后释放出的具有特定能量的伽马射线来确定元素的种类。该方法自动化程度高,灵敏度高,可以同时测量样品中的多种元素。

四、成分分析技术

成分分析技术主要通过X射线衍射、红外吸收光谱、拉曼光谱等进行分析检测。X射线衍射分析法是一种分析晶体结构和物相的方法,主要用于文物中无机化合物的分析。红外吸收光谱分析法是根据每种化合物独有的红外吸收光谱,测定有机化合物及其分子结构的方法,一般用于检测文物中未知物的化学组成。拉曼光谱分析法是通过拉曼散射效应来研究和分析分子振动和转动的信息,从而获得分子结构的一种非弹性散射光谱分析技术,常用于分析文物中的有机化合物和无机化合物。

五、藏品数字化技术

藏品数字化是近些年来新技术发展带来的一种新的文物保护、管理方法,它不仅对文物保护有着重要的意义,同时对文物管理和研究还具有重要的促进作用。藏品数字化的内容在上文中有非常详细的介绍,在这里仅简单介绍这项技术对藏品的保护和管理的促进作用。数字化技术通过详细的信息采集,对文物每个细节都做了细致记录,并通过3D建模手段和贴图技术对文物进行立体还原。通过这项技术可以看出文物的所有细节和病害,在文物保护中具有重要的指导作用。另外,一些残缺的部位还可以通过建模进行3D打印弥补缺陷,为文物修复做好扎实的基础工作。孔子博物馆数字化项目还建立了藏品数据库,将文物二维影像、三维影像以及考古线描图等全部纳入了数据库,这对藏品的管理和研究起到了极大的促进作用。

---

[1] 徐爱娣.浅议藏品管理规范化和信息化[J].文物鉴定与鉴赏,2020(11):100-101.

第二节　玉石器保护管理与研究

一、孔子博物馆玉石器概况

玉石器自古就深受我国人民的喜爱，甚至为其附加了非常多的美好品质，认为玉有"五德"、或者"十一德"、君子比德与玉等等。正因为对玉的喜爱，先民们对玉石器从材料到雕刻题材的选择以及雕刻技术和艺术都倾注了相当大的精力。玉石器也成为了我国古代文化宝库中瑰丽的遗产，是中华文明的组成部分，具有丰富的文化内涵。

孔子博物馆馆藏玉石器3700余件，以孔府旧藏和鲁国故城遗址出土为主。孔府旧藏玉石器多为衍圣公及其家眷赏玩用玉、佩玉以及陈设玉为主。孔府现存玉石器大多为清代，另有部分明代以及高玉石器。鲁国故城是全国重点文物保护单位，是周代鲁国的都城。从1977年开始，经原国家文物事业管理局批准开始对鲁国故城进行了较大规模的勘探和发掘，经过发掘，出土了一批非常精美的玉石器，其中包括战国夔龙谷纹青玉璧、黄玉马、兽面纹玉带钩等。从孔子博物馆玉石器馆藏的来源来看可以分为传世和出土两个类别，传世玉石器与出土玉石器的状态还是有很大差异的。传世玉石器一般包浆较好，玉质莹润，保存状况较好，而出土玉石器经常会出现质地疏松、断裂、沁色等情况。

二、玉石器的保护

出土的玉石器，由于长时间的埋藏，往往会失去原有的半透明润泽感，颜色逐渐变黄、灰、白，另外埋藏环境的元素会沿着玉石器的细小裂隙渗入玉石器本体，这种蚀变现象称为玉石器受沁。通过扫描电镜观察其显微结构，发现受沁后玉石器纤维粗细无明显变化，但结构有变松趋向。此外，温度和湿度的差异对玉石器表面的形态及色泽也有一定影响，土壤的酸、碱成分也会直接导致玉制品的腐蚀和外部形态的变化。

玉石器所含矿物成分绝大部分为硅氧化合物，自身质地较为坚硬，具有耐酸碱的特性，虽然埋藏时间较长，但是大多仍处于稳定的化学平衡状态。出土的玉石器上比较常见的病害状况有土锈、硬结物、沁蚀、断裂等。因为出土玉石器一般仍具有非常高的硬度，因此于其上的土锈、硬结物等等比较容易清除。对于断裂的玉石器也可以采用可逆性胶进行拼对、粘合、修复。具体操作方法为，可先用丙酮清洗茬口，小件玉石器可以直接用可逆性胶快速粘接，胶液不宜过多，用手挤压使合缝严密，停一会儿再松开，逐块粘牢至整体复原，较大的玉石器在黏合时还需要用合适的工具或者设备进行固定，防止黏合不够紧密导致变形。

（一）玉石器的清洁保护技术

出土的玉石器首先要清洁其表面污染物。大多数的玉石器因其质地较好，出土后表面污染物很容易去除，可以用牙刷或软刷子蘸取蒸馏水、乙醇轻轻刷洗，带有油污的玉石器可用丙酮或稀料清理,玉石器缝隙、阴刻纹饰内的污染物、土垢等可用竹签轻轻剔除。部分玉石器出土时已全无光泽、质感被其他矿物质附着,改变了玉料质地,可以用中性的软皂水或5%~10%的氢氧化铵水溶液进行清洗,再用清水冲刷掉余液。较难去除的污染物也可采用局部熨烫法,让锈壳脱水或胀缩而剥离,还可以用超声波清洗机来清洁,但一定要掌握好温度和强度。对于极难去除的污物,如果去除的过程可能会伤及本体,我们将不强制去除。

(二)玉石器修复

古代对断裂的玉石器修复往往是钻孔后再进行缀合,这样虽然将文物组合完整了,但是却对文物本体产生了进一步的破坏。因此现当代文物修复不再采用这种方式,而是用可逆性树脂类黏合剂进行粘连。

1. 断裂玉石器的黏结方法

断裂玉石器的黏结——先将玉石器断口清洗干净,在断口处涂上薄薄的三甲树脂、环氧树脂等可逆性胶类(在黏结前,应将黏合剂勾兑一点与玉石器相同的颜色),黏结时注意断口要严密,并用绳线绑住加压或者通过设备进行固定,这样黏结出来的器物更牢固,对于黏结时流出的胶液应及时用丙酮擦拭干净。

2. 残缺玉石器修补方法

玉石器的残缺部分可先用胶泥雕出与原物相同的纹饰并补配上,然后用石膏或硅橡胶制成模具,用XN304、305聚酯树脂和脱色618环氧树脂加玉石粉配好色,浇铸到模具内,待固化后取出打磨好,再补配黏结到原物上,如果色差较大还需要进行进一步的补色处理。

3. 数字化技术在玉石器修复上的运用

传统的黏合补缺技术纯粹是靠修复师的经验和目测,水平高的修复师可以将文物黏合、修补得非常精细,甚至看不大出来,但是也有部分修复师修复的文物会出现黏合错位、臆想补缺的情况。近年来,数字化技术被广泛的运用于文物修复技术,通过对文物的扫描和建模,可以精准的建立玉石器包括其他文物的模型,而且可以进行放大,让修复师观察的更为仔细,对于黏合文物提供了非常精确的数据。对于需要补缺的文物更是如此,尤其是对称部位的缺失,可以通过3D打印的方式将其打印出来,经过修整、上色就可以进行黏合补缺,结构精准,粘合准确。

二、孔子博物馆玉石器的管理与研究

(一)孔子博物馆玉石器的管理

玉石器石是较为易碎的藏品,在管理上需要特别谨慎。孔子博物馆藏有玉石器3700余件,其中不乏珍品。对于这批藏品,孔子博物馆专门设有玉石器库房,库房内有玉石器专用储藏柜,柜内隔板为木质且包有防滑布。珍贵文物以及部分特殊的一半文物全部配备了文物囊匣,囊匣内有软衬,充分保证了玉石器类文物的安全。另外,库房内有恒温恒湿设备和污染物调节,保证温湿度、环境质量常年符合玉石器保存条件。

除此之外，孔子博物馆的数字化管理系统的建立对藏品包括玉石器的管理都具有极其重要的现代化意义。所有的藏品从入库、出库、出库时间、出库原因、流转经过、归库时间、归库状态等都进行详细跟踪记录，充分保证了藏品的安全，并对藏品产生的价值进行有效统计，为文物的研究提供了技术和数据基础。

(二)孔子博物馆玉石器研究

上文已经提到孔子博物馆拥有馆藏玉石器 3700 余件，其中主要来源为孔府旧藏和鲁国故城遗址出土，另有部分新石器时代遗址、汉代遗址出土和征集、接收捐赠等的藏品。这些藏品共同构成了孔子博物馆玉石器的整体构架。从时间上看，孔子博物馆所藏玉石器从新石器时代到中华民国均有收藏，时间序列完整；从用途看，既有生活用玉包括陈设器、玩器、配饰等等，又有葬玉、殓器、礼器等，用途齐全；从器型上看，有礼器中的玉璧、玉琮、玉璜，也有象征权力的玉戈，实用器石铲、石锛、石斧，还有仿青铜器的玉铎、玉罕，除此之外还有生活所用的各种陈设器包括山子、首饰、玉锁等，器型纷繁多样。从文物保护和管理的角度看，孔子博物馆所藏玉器以出土和传世两个类别分类更为科学合理。

如上文所说出土玉器主要为鲁国故城遗址，其中最具代表性的为大玉璧、玉马和兽面纹玉带钩等。出土玉石器大多制作精美，尤其是代表器，展示了古代先民高超的治玉工艺和艺术水平。传世玉器主要是孔府旧藏，也就是孔府生活用玉。孔府旧藏玉器整体来看并不是特别考究，制作也不是非常精美，应与衍圣公治家严格的家风有关，但是生活气息极为浓郁，从中可以看出衍圣公府的生活状态和精神面貌，具有极为重要的史料价值。

第三节　陶器保护管理研究

一、孔子博物馆馆藏陶器概况

孔子博物馆藏陶器类文物 2000 余件，其中大部分藏品都是出土文物，包括新石器时代遗址出土、鲁国故城遗址出土以及部分汉墓、唐宋墓和明代墓出土。少部分陶器为孔府日用，主要为紫砂器。陶器主要由黏土制作成型，烧造温度大多都在 700℃～1000℃，烧成后器物有一定的机械强度和耐水性，陶器在一般情况下比较稳定。古陶器除少部分传世品外，大部分都来自出土，由于长期深埋地下，易被盐类、矿物质以及其他杂质污染，比如土壤中的钙类、硅类化合物都容易吸附在器物表面，形成覆盖层。因此陶器在出土后首先要对其实施清洁和消毒工作。孔子博物馆的陶器主要来自出土，因此在入藏之前基本都要进行前期的清洁和消杀处理。陶器的消毒处理一般可采用热空气消毒或紫外线杀毒等方法。在对陶器进行清洁时，首先要对它们进行全面、仔细的观察和分析，以确定正确有效的清洁方法和步骤，对破裂的陶器还要进行黏合处理。釉陶、彩绘陶由于埋藏时间较长，受水分、矿物质、微生物以及环境的各种影响，会出现釉面及彩绘剥落情况，需要进行加固。

二、陶器的保护

(一)陶器修复的工具

修复陶器工序繁多,工艺复杂,因此需要的工具也多种多样。常用的工具有毛笔、刷子、刀具、砂纸、调色刀、调色板、调色杯、喷笔、喷枪、容器、镊子、酒精灯、吹风机、电烙铁、夹板、棉布、砂轮、吸水纸、注射器等。

(二)陶器的清洗

出土陶器的污染物主要可分为三大类:可溶性盐类、钙类、硅类难溶物以及腐败物。陶器文物的清洗主要就是去除这三类污染物,常用清洁剂主要有高锰酸钾、草酸、盐酸、甲酸、过氧化氢、氢氧化钠、漂白粉、洁瓷净和洗洁精等。清洁的主要方法有如下几类。

1. 机械清除法

机械清除法是用硬毛刷等对器物表面进行干刷,去除覆盖在器物上的泥土和杂物。对于较坚硬的和沟缝中的污物可用竹签、刀锥等工具进行剔除。这种清除法应注意不可伤害器物,对陶胎严重风化、粉化、酸碱侵蚀的器物,最好不采用此方法,以免损伤器物。

2. 水洗清除法

可用纯净水和蒸馏水等浸泡冲洗器物,去除其表面的污垢和杂物,特别是油垢。大部分陶器都可以采用此法进行清洁,但一些低温烧制的陶器、部分彩陶和彩绘陶器及风化、粉化严重的器物不能用此方法,否则有些彩陶的颜料会酥松脱落,彩绘陶器上的彩绘纹饰也会因为水洗遭到破坏。

3. 有机溶剂去污法

有机溶剂去污法就是用毛笔或棉球等工具蘸取有机溶剂如、乙醇、丙酮等擦拭器物表面,以起到清除杂质和油污的作用。这种方法对传世器物和不宜用水清洗的低温陶及彩陶、彩绘的表面污垢都有效果。

4. 化学除垢法

化学除垢法就是用化学药剂来消除古陶器物表面的锈碱和二氧化铁的污染,常用的方法有酸液除垢法、高锰酸钾去污法和过氧化氢去污法等。

5. 可溶性盐类清洗

陶器中所含可溶性盐类与器物出土地域的地质状况有密切关系,一般主要为 $NaCl$、KCl、Na_2CO_3、$MgSO_4$,以及这些金属阳离子的氢氧化物。含盐分较高的陶器表面会泛白,随着温湿度的变化会出现盐体结晶现象,造成器物表面粗糙,甚至可使表面剥落,同时还会使器物内部松脆、容易碎裂,因此,陶器中盐分必须去除。一般可采用水洗涤的方法。但必须注意器物表面装饰物(如彩绘)能否经得住清洗,否则应先加固保护然后才能清洗。

6. 钙类、硅类难溶物清洗

此类难溶物在博物馆条件下很稳定,对文物也无任何损害,一般情况下不予去除,但若其掩盖了彩陶文物的花纹图案,则必须将之清除,去除方法如下。对石灰质覆盖层,视其厚薄,分别配制1%、2%、4%的稀盐酸溶液擦洗,有时也可加入0.5%的乌洛托品试剂作为缓蚀剂,等图案花纹快出现时,用5%的六偏磷酸钠溶液浸泡,除去剩余石灰质。覆盖层除去后,再用大量清水冲洗。对硅质类覆盖物,一般可用机械法去除,也可用1%氢氟酸溶液擦拭去除,但因氢氟酸有剧毒,应在通风橱中操作,同时,它对陶质中的所有成分均有腐蚀作用,故操作应非常谨慎。

7. 食物腐败物、烟熏污迹清洗

对于有机脂类污垢,可采用脱脂棉蘸酒精、丙酮、乙醚或二甲苯等有机溶剂擦洗去除;对于油烟类污渍可用5%碳酸钠加0.5%的十二烷基苯磺酸钠的热溶液擦洗清除;对于炭黑,可用3%的过氧化氢溶液擦洗,使其氧化去除。

以上是针对几种常见污染物的清洁方法,陶器从装饰手法上可分为素陶、釉陶、彩陶、彩绘陶等,每一类陶器的清洁方法都不尽相同,下面根据陶器的类型对所适用的方法进行简单逐一介绍。

第一,素陶。素指器物表面没有其他材料装饰的器物。因为没有纹饰和彩绘及釉面,这类器物比较容易进行清理,一般用洗涤法除盐即可。具体做法是:把器物放入流动的纯净水或蒸馏水中,洗涤一两天,除去大量的盐分后,再换用蒸馏水或者纯净浸泡洗涤。除盐程度的判断既可利用电导仪测量洗涤液的电导率,也可利用2%的$AgNO_3$溶液测定洗涤中Cl^-浓度。

第二,彩陶。彩陶是在陶器坯体上用彩绘颜料绘制纹饰,然后再入窑烧制,经过高温烧制材料和坯体结合紧密,色彩绚丽。彩陶在我国分布较为广泛,其中河南、甘肃、青海地区数量很多,山东地区的彩陶也具有非常独有的特点。此类器物保存状况较好的可直接用洗涤法去除盐类。对制作相对粗糙而使颜料图纹高于器物表面且很松散的彩陶,如甘肃玉门火烧沟文化类型的部分彩陶,须先对其表面加固后,再用洗涤法除盐,常用的加固剂有2%的硝基纤维素丙酮溶液、2%的可溶性尼龙酒精溶液、3%的乙基纤维素酒精溶液。

还有一些器物由于本身非常脆弱,虽经高分子材料加固表面,仍不能用洗涤法除盐,可用纸浆包裹法。具体做法是:先把滤纸或吸墨纸撕成碎块,放入盛蒸馏水的烧杯中,加热搅拌使其成为纸浆;再把纸浆涂在器物表面等待纸浆干燥,根据滤纸管吸原理,液体和盐类就会从器物内部转移到器物表面,并且在敷纸上结晶,再将敷纸去掉,如此反复数次,即可去除盐分。

第三,彩绘陶器。彩绘陶器是在烧制完成的陶器上进行彩绘,因未经高温煅烧,这类器物的颜料并未与器物密切结合,容易脱落。彩绘陶器在地下埋藏时间较强,因其自身的特点,大多保存情况不佳,坯体完整的数量较多,但是彩绘保存情况堪忧,往往颜料中的胶结材料已老化失去作用,出土后在干燥情况下彩绘颜料脱落起甲,对此类器物,应先进行整修,表面加固后,视其强度选择洗涤法或纸浆包裹法除盐。

第四,釉陶。釉陶指的是陶器表面有一层釉面的陶器。釉陶烧成温度相对较高,如著名的唐三彩素烧温度高达1100℃,其强度比一般陶器高,加之其表面覆盖有一层玻璃质石灰釉或铅釉层,故其稳定性也比一般陶器要好得多。但若釉层不全或不完整时,盐类也会渗入陶体内部,在温、湿度变化时由于盐类结晶作用造成釉层剥落。对此类器物,若釉层与器物结合牢固,可直接用洗涤法除盐,若二者结合很松散应先加固,再视强度情况选用洗涤法或纸浆包裹法除盐。

(三)陶器的黏合

因为陶器易碎的特性,出土陶器大量会出现破碎和残裂情况,黏结陶器就是将陶器破碎或断裂的部位用黏合剂重新正确牢固地黏结在一起,使之复原。在黏结古陶器之前,还须根据破碎部位的形状、颜色、纹饰特点等进行大体分类,初步确定其所在部位,再逐一进行拼接。为了防止在黏结过程中错位,可以在拼对时做上记号。在黏结古陶器的过程中应注意以下几方面的问题:①要把接口清洁干净,否则影响黏结效果;②要注意顺序,黏结顺序可以从上到下,也可以由下向上进行黏结;③黏合剂要涂得薄而均匀;④对于流到接缝外的胶液要及时用有机溶剂擦拭干净;⑤拼接碴口一定要对正挤严,不能有丝毫偏差;⑥在使用非速干胶黏结陶器时,要及时进行定位处理;⑦使用环氧树脂类的黏合剂操作时,要严格按规定操作,按比例调配;⑧黏结陶器的部位要尽量做到准确无误;⑨黏结的环境温度在20℃~22℃,相对湿度在85%以下最适合。在长期的陶器修复中,专家摸索出了几种比较常用的粘合陶器的方法,具体如下。

直接对粘法:即把黏合剂均匀地涂在已清洁干净的接口处,然后将接口正确地拼对在一起,用力按实,再用脱脂棉蘸取少许有机溶剂将溢出的黏合剂擦拭干净。必要时还要对黏结拼合后的各部位进行固定,直至黏结工作完成。

灌注黏结法:即将准备黏结的部位调整固定好位置,再用橡皮泥或打样膏把断口两侧和下面的缝隙堵严,然后将配制好的黏合剂从断缝上方灌入,粘合完成后再将橡皮泥等去除干净。

快速黏结法:是对破坏不太严重的器物进行修复的方法,指的是直接用可逆性胶,比如热固型环氧树脂胶对文物进行快速黏结。

(四)陶器的加固

对陶器进行加固处理主要是针对器物上的裂纹进行预防性处理,防止它继续扩大;对出现风化的器壁或器表即将剥落的彩绘和釉层进行加固处理,防止继续风化和剥落;对完成黏结或补配工艺的器物进行保护性处理,以进一步提高其修复部位的牢固强度;对受力或易破损部位进行预防性加固,其加固的方法主要有如下几种。

喷涂加固法:就是将黏合剂或涂料稀释后,直接喷洒或涂覆在加固处的表面,使用的材料主要有环氧树脂黏合剂、丙烯酸清漆或三甲树脂等。

滴注加固法:就是用黏合剂对器物上非受力部位的裂缝进行滴注,待胶液渗入缝隙后,用软棉布将胶液擦拭干净,直到黏合剂完全固化。

浸泡加固法:就是把整个器物直接放入涂料液中浸泡一段时间,然后将器物取出放入装有少量溶剂的加盖玻璃容器中,使其在饱和的溶剂蒸气条件下缓缓干燥,这种方法主要适用于对风化侵蚀严重的低温陶器的加固,加固涂料可采用三甲树脂稀剂或丙烯酸清漆。

(五)陶器修复补配和补色做旧

文物修复一般分为考古学修复、展览修复和商业修复。考古学修复一般在文物黏合和补配后不进行补色,可以完全看出来哪里进行了修复和补配。展览修复是为了满足观众的审美需求,文物在黏合和补配之后再进行适当的补色,补色的程度可分辨但不明显。商业修复是为了文物出售体现其经济价值,一般情况下会修复并补色得难以辨别哪里曾经修补过。博物馆藏品一般采用展览修复法,也就是要进行一定的补色但必须是肉眼可辨别的。补配残缺器物时要在不损害文物原貌的基础上进行,要尽最大可能地显现文物原来的面貌特征。一般可采用石膏补配,为增强强度,可用3‰的聚乙烯醇溶液或3‰的聚醋酸乙烯酯乳液调和石膏。陶器补配处补色时最好采用矿物颜料,由于它耐性好,不易褪色变色。做好旧色后可用3‰的乙基纤维素酒精溶液等涂刷封护。

三、孔子博物馆陶器的管理和研究

孔子博物馆馆藏陶器类文物2000余件,其中绝大部分都是出土文物,针对这种情况,为了保证文物安全,陶器在入藏前进行了清理和消杀工作。在库房的配备上,孔子博物馆专门设陶器库房,库房内有陶器专用储藏柜,柜内隔板为木质且包有防滑布。珍贵文物以及部分特殊的文物全部配备了文物囊匣,囊匣内有软衬,保证了文物的安全。对于大件的陶器还专门配有大型、重型文物储藏架。另外,库房内有恒温、恒湿设备和污染物调节设施,可以保证温湿度、环境质量常年符合陶器保存条件。

第四节 青铜器类文物藏品保护管理研究

一、孔子博物馆青铜器概况

孔子博物馆藏有铜器3900余件,来源主要为两个方面:一是孔府旧藏,二是遗址出土。孔府旧藏铜器主要包括礼乐器、孔府生活用具等;遗址出土文物主要为鲁国故城遗址出土的周代及汉代文物,另外还有曲阜本地区出土的历代铜器。从数量上讲,孔府旧藏铜器数量为大宗,除因时间太久保存不善导致的部件缺失、变形之外,使用导致的污染、其他病害并不多见;出土铜器则情况较为复杂,包括残缺、变形、污染、锈蚀等等。

二、青铜器保护

(一)青铜器的清洁

青铜器因为长时间的埋藏,器物表面一般都附着有一层污渍,主要有泥土、腐败物、钙类凝结物等,因此青铜器出土后需要进行清洁。青铜器表面附着、沾染的污垢可用纯净水或者蒸馏水洗涤。出土器上的固着物较为坚硬,不易洗掉,也可用蒸馏水浸泡一段时间,然后换用新的蒸馏水洗涤,切忌在清洗时用金属或硬物强行除去固着物,以免损伤器物,藏污纳垢的缝隙部位要用布浸湿后轻轻擦除,如需使用清洁剂,可用不伤器物的洗洁剂浸泡清洗。但需要注意的是,凡是经过清洁剂处理的器物,一定要用纯净水或者蒸馏水漂洗多次,以免清洁剂本身的酸、碱成分对器物造成伤害,经过水洗的器物要放置在阴凉干燥的地方,待水分蒸发或者吹干后再收存。

(二)青铜器去锈

青铜器具有容易生锈的特性,因此去锈是青铜器保护的一项重要内容。古往今来青铜器去锈已经摸索出许多成熟的方法,想要从根本上解决青铜器锈蚀的问题还是需要保存环境适宜。下面我们简单的介绍几种青铜器去锈的方法。

1. 传统去锈法

(1) 醋酸溶液除锈

如果铜器的固化状态良好,有一定的硬度,但铜器表面有锈色,则可以采用这种方法。特殊操作是将铜器皿浸泡在70%的醋酸溶液(蒸馏水)中,用软尼龙刷去除锈迹。

(2) 酸梅膏去锈

操作方法是将生锈的黄铜器皿用稀醋酸溶液浸泡除去淤泥,然后涂上一层醋酸,涂上酸梅膏除去锈迹。酸梅膏由酸梅500克、冰醋酸250克、硫酸铜100克,三者混合搅拌成糊状。此方法不适用于底部浸入水中或底部已凸起的青铜器。

(3) 浆果膏(山梨红)去锈

加入500多克生浆果,去籽,250克精制米醋,250克冰醋酸和100克硫酸铜,一起放入锅中煮至浆果腐烂。冷却后,揉成糊状,搅拌均匀,粘在器皿上除锈。

以上两种果膏煮沸后可以长期使用,红色果膏需要较长时间才能除锈,但柔软不会伤铜。

(4) 碳酸铵除锈

操作方法是将碳酸铵粉碎,过滤,筛成粉末,放入瓷碗中,加蒸馏水调成糊状,用一小块竹子涂在铜锈上,最后用蒸馏水洗净。这种方法要小心,否则会损坏铜。

(5) 用盐酸除锈

操作方法是用60%盐酸蒸馏水,反复浸泡数次,洗去锈迹。最后,用蒸馏水冲洗。采用这种方法的前提是青铜制品具有很强的铜质和良好的机械性能,如果它们腐烂了就不能使用。

(6) 硝酸除锈

操作方法是在瓷碗中混合10%硝酸蒸馏水的溶液,用镊子蘸取棉球在液体中反复清洗铜器的生锈部位以去除锈迹,然后用蒸馏水冲洗铜器。这种方法要求铜要硬,否则不宜使用。

2. 机械去锈法

这种方法常用于已暴露在青铜表面的粉状锈。通常用放大镜或显微镜观察,用手术刀、钢针、凿子、锤子、凿子、雕刻刀和万能笔等,仔细清洁要去除铜绿的部分。超声波振动法也可用于去除青铜上的有害锈蚀。还有一个金刚笔和一个小除锈器,可以用不同型号的小砂轮代替它的尖端。笔头与蒸馏水喷嘴相连。砂轮转动除锈时,可连续喷射蒸馏水,防止锈尘被吸入人体造成损坏。还有超声清洗机,放在黄铜容器中,加入70%的蒸馏水乙醇溶液,用超声波振动清洗除锈。机械方法不能去除有害锈蚀,常与化学除锈结合使用,使两者相得益彰,达到更佳的效果。[1]

3. 化学去锈法

化学除锈是指使用化学溶液去除青铜上的锈迹。化学除锈的解决方案有很多种,我们选几个简单介绍一下。

(1) 柠檬酸溶液

柠檬酸是一种无色晶体、弱有机酸,易溶于水、乙醚和乙醇。用5%浓度的柠檬酸蒸馏水浸泡,可使氧化铜缓慢溶解,对金属的副作用小,可防止铜在浸泡和洗涤过程中受到损伤。

(2) 倍半碳酸钠溶液

将腐蚀的青铜器皿用倍半碳酸钠溶液浸泡,可以代替腐蚀涂层中的氯化物,达到除锈的目的。这种方法的机理是当青铜浸入这种溶液中时,有害的铁锈(氯化铜)逐渐转化为稳定的碳酸铜。一种特殊的操作方法是将等量的碳酸钠和碳酸氢钠混合,将它们溶解在蒸馏水中,制备出一系列5%到10%的溶液,常用溶液为5%。碳酸钠通常含有结晶水(配方中必须考虑到这一点)。在清洗过程中,青铜中的氯离子被去除并放入浸泡液中。这种安全方便的加工方法被广泛使用。这种方法虽然稳定,但需要很长时间,甚至需要一到两年才能完成清洁一块铜。由于氯化物不仅附着在表面,还附着在青铜锈层内部,因此在整个更换过程中可能无法完全更换。这种方法也有一个缺点,就是在置换过程中,会在青铜表面形成像青铜一样的腐蚀层。

(3) 六偏磷酸钠溶液

六偏磷酸钠溶液可以去除青铜表面的钙沉积物。通常浸入5%的六偏磷酸钠溶液中,但速度很慢。对于钙沉积物较厚的设备,用15%的六偏磷酸钠溶液浸泡并加热浸泡液可加快处理速度,但需谨慎使用。

(4) 稀释稀硫酸溶液

镀金铜表面的铜锈可用稀硫酸溶液去除。方法是用镊子夹取棉球,蘸取5%~10%的稀硫酸,涂在铜锈上,即会形成气泡。每次涂抹的面积不得超过$2cm^2$的范围,去掉一部分再去掉另一部分。当没有气泡时,用竹刀适当用力,使软铜绿脱落。去除铜绿后,用饱和碳酸钠溶液中和,最后将蒸馏水煮沸并更换水,冲洗几次。

(5) 电化学法

青铜腐蚀是一种电化学反应,可以通过电化学方法减少。有时设备不能或不需要彻底清洗,只需要进行部分维护。采用电化学还原法去除青铜局部锈蚀时,电解液可用10%氢氧化钠溶液,还原金属可用锌粉或铝粉。特殊操作方法是先将锌粉或铝粉与电解液混合成糊状,然后立即将糊状物均匀涂抹在生锈的铜件上。反应完成后,将糊状物清洗干净,立即用蒸馏水反复洗涤,以除去任何残留物。如果一次不能达到除锈效果,可以重复处理几次。

(6) 氧化银局部密封法

当青铜器的有害锈迹在早期只有几个小点时,可以考虑用氧化银密封。处理方法是先用

---

[1] 刘威. 刍议青铜器文物的腐蚀与养护[J]. 文物鉴定与鉴赏,2020(02):86-87.

细钢针或手术刀去除铜绿,主要是去除有害的灰白色锈,直至出现新的古铜色。剥离条可能比锈迹条稍大,然后用丙酮溶液擦拭孔进行清洁。干燥后,用氧化银和乙醇制成糊状,放入干净的孔中,在潮湿的环境中放置24小时。在潮湿条件下,氧化银遇到氯化物时会形成棕色的氯化银层,密封含有氯化铜的屏蔽层。为了使氧化银形成完整的有角度的银膜,它必须与氯化铜充分接触。

(三)"青铜病"的防治

"青铜病"指的是氧化亚铜与地下盐酸、水、氧接触可能化为碱式氯化铜,呈松膨的粉状,通常称为粉状锈。对"青铜病"活性腐蚀治理问题是当今文物保护界头痛的难题之一。用不同方法处理过的大部分青铜器,只要存放在一个较为理想的环境中,在相当长的时间内可以相对稳定,不会旧病复,这里介绍一种易于操作的防治方法——锌粉封闭置换法。在高倍放大镜下,用探针小心地将器物上浅绿色的粉状锈从受影响的部位彻底除掉,用90%的酒精溶液将锌粉弄潮湿,再用小毛笔尖将潮湿的锌粉涂在上述清理出的部位边缘使其充分接触,在锌粉尚潮湿时,用刀尖将其压实,然后用90%乙醇将其弄湿,用不连续的水滴滴注锌粉8小时,连续三天,每小时加一次水。经过处理的部位就生成灰色的较密实的锌化合物,因为颜色难看,需用10%的聚醋酸乙烯酯溶液调拌碱式碳酸铜或氧化铁调出与该器物相似的锈色。这一方法主要是利用锌的反应生成一层黏附牢固、稳定、难溶的氧化锌或氢氧化锌、碱式碳酸锌膜,起到屏障作用,使空气中的水分子难以渗透[①]。

二、青铜器的修复

中国古青铜器是人类文化艺术宝库中的璀璨明珠。古代先民创造的这一珍贵文化遗产,保存至今无损者数量不多。无论是出土器还是传世品,由于受到自然界或人为等因素的影响,大部分都有不同程度的损坏。如何修理、复原这些被损坏的珍贵艺术品,是一切热爱青铜艺术的人所关心的问题。

(一)修复的原则

"保护器物的原状不能随意增添或改变原物的面貌和完整性。"修复养护工作有两个方面的内容:一是清除器物标本上的一切附着物;二是修补器物和标本的残缺部分。其目的是恢复物品的本来面目,防止附着的有害物质继续危害文物藏品。修复养护工作重视历史的真实,不能凭主观想象改动原物原貌,复原部分要求做到与其余部分基本相仿,修复材料要尽可能与原物一致,并尽量采用原制作方法和工序。

(二)破碎青铜器的焊接修复

首先根据青铜器的破碎形状,拼块找碴口,在碴口之间做好记号。接着锉口,有纹面的碴口不要,选择没有花纹的内面,锉断面的三分之二为宜。接下来点焊碎片,固定保牢。焊接用

---

① 冀克强.文物保护中青铜器的保护方法分析[J].东方收藏,2021(23):62—63.

烙铁可采用 200 瓦左右电烙铁,碴口对碴口先焊固定,不使整体走形,边拼边用细小黄铜棍焊点拉撑,方法是前一块对缝后先用铜棍点焊与器体拉撑着,校正其与整器形体一致,再在碴口间点焊牢。用烙铁烫下铜棍,同样方法再支撑下一块,复杂破碎严重的器物可采用多根铜棍拉撑,也可在不影响碴口焊接的内部焊多根拉撑铜棍,使已焊接的碎块间保牢,待整体修复完再烫掉铜棍。采用此法一块块焊接至整体复原,观察对缝严密无走形的情况,便可沿焊缝通焊一遍,然后用木锉锉平焊口,砂布打磨平光后,便可做作旧处理。另外,也可沿焊缝灌注 914 粘接剂,采用焊粘结合的方法修复。

(三)青铜残器的补配

青铜残器的补配,可以采用铜锡合金或配铸铜件进行。一般,铜器的残缺部分都是相对的,都可以依照好的部分做。首先在完好部位上翻模具,因为可以耐 400℃高温,铅锡合金熔点在 300℃左右,采用"腻子型硅橡胶贴印模法"最适合,如没有条件可采用传统的石膏翻模法。接下来,熔化铅锡。按 6∶4 配比放入小坩埚或生铁锅内,普通炉火上熔化。用铁勺将其熔化的合金液浇注入已预热的模内,待其冷却取出铸蕊,去掉铸造口,用木锉修去铸线,表面砂纸打磨光。然后与原器修对碴口,碴口修得合适,再点上助焊剂。

修好焊缝,再在新补配处刷上三氧化铁,将铅锡咬成黑色,处理完毕,作旧。

(四)变形青铜器的修复

有些青铜器严重变形,破碎部分很难看,按原状对碴口,需要矫形,也就是使用压力,使铜器变形恢复原状。修复此类铜器,要分别视其铜器本身变形、腐蚀、薄厚程度和强度、弹性、脆性等铜质考虑采用的方法。主要方法有四种:锤击法,模压法,撬压、支撑、扭压焊接法,锯解法。一般来讲,腐蚀轻微和脆性小的可采用锤击法;变形部分较薄、变形程度小、扭、曲简单的可采用台钳模压法;单线裂缝变形地采用撬压法;表面凹陷的可采用腹腔支撑顶压法;腐蚀严重,铜质硬、脆、壁厚的可采用锯解焊接法。

另外如糠酥青铜器修复、錾花补配修复等方法,专业技术要求甚高,这里就不一一叙述了。

三、孔子博物馆青铜器管理与研究

孔子博物馆有 3900 多件青铜器,在库房的配备上,孔子博物馆设置专门铜器库房,考虑到出土青铜器病害较多,还专门设有出土青铜器库房,库房内有青铜器专用储藏柜。柜内隔板为木质且包有防滑布。珍贵文物以及部分特殊的文物配备珍贵文物储藏柜。对于大件的铜器还专门配有大型、重型文物储藏架。另外,因为青铜器对温湿度要求较高,湿度不能高于 50%,库房内有恒温恒湿设备和污染物调节,可以保证温湿度、环境质量常年符合青铜器保存条件。还有,因为青铜器会出现粉状锈,粉状锈易传染、难以控制,对于产生粉状锈的文物,设立了专门的隔离柜,以保证其他文物的安全。

在上文中已经提到主要来源为孔府旧藏和鲁国故城遗址出土。孔府旧藏青铜器以祭孔礼乐器为大宗,包括元明清三代祭孔礼乐器。现在存有元代祭孔礼器的博物馆数量并不多,因为衍圣公世袭罔替的特殊性质,孔府留存了元明时期的不少祭孔礼乐器,这也是孔子博物馆的一大特色。祭孔礼乐器最为有名的当属乾隆御赐的"商周十供"了。"商周十供"原名周十供,是清乾隆三十六年(1771年)乾隆皇帝到曲阜祭祀孔子时颁赐孔府的。据《孔府档案》记载:"乾隆三十六年(1771年),皇上临幸释奠……因念阙里庙堂所列各器不过汉时所造,且色泽亦不能甚古。著仿太学之例颁内府所藏姬朝铜器十事,备列庙庭,交与衍圣公孔昭焕,世守勿替……衍圣公孔昭焕敬藏礼器库内,祭祀则恭陈于殿中。""十供"原名分别是周夔凤豆、周宝簠、周伯彝、周牺尊、周亚尊、周饕餮甗、周蟠夔敦、周四足鬲、周册卣、周木鼎。后经专家鉴定,周册卣、周木鼎、周亚尊为商代所制,故称"商周十供"。除了"商周十供"之外,还有康熙皇帝御赐的鎏金八卦纹铜编钟等。孔子博物馆藏祭孔礼乐器器型全面,数量众多,约有1300余件,在国内外祭孔礼乐器的收藏上都具有重要的地位。孔府旧藏铜器还有一类是孔府自用器,包括香炉、手炉、火炉、水烟袋、各种锅类、铜盆等等,种类繁多、制作考究。出土青铜器主要来源于鲁国故城遗址,其中具有代表性的是鲁仲齐墓出土的一组青铜器,包括铜甗、铜簠、铜盘、铜匜、铜鼎等。这一组青铜器制作十分精美,而且铸有铭文,铭文秀丽规整,具有较高的学术价值。鲁仲齐墓还出土了一件胆式铜壶,非常有特点,因其为侯母铸造,故名为侯母壶侯。同时期乙组33号鲁伯悆墓出土一件与侯母壶造型类似的冥器青铜壶,高20厘米,底径12.5厘米。除此之外,未见有类似造型与纹饰的青铜器。与鲁国其他青铜器风格不同,1983年日照崮河崖西周1号墓北出土青铜壶一件(无铭文),通高47.5厘米,口径11厘米,底径18.3厘米,比侯母壶略大,除壶盖之外造型与纹饰和侯母壶基本相同,可能有所关联。综上,侯母壶铸造地不明确,不能确定是鲁国铸造。由此可见,侯母壶还具有很大的研究空间。

第五节　书画保护管理研究

一、孔子博物馆书画概况

孔子博物馆有古代书画3300余件,主要来源为孔府旧藏,也是因为孔府旧藏的书画平时多悬挂使用,而不是作为收藏,因此很多书画的状况都不太理想,出现断裂、油污、水渍、脱裱等情况。

二、书画保护

(一)书画清洁

书画因为悬挂的缘故而存有污渍。另外,在书画观摩的时候,古人不像我们现在保管古书画这样会戴棉手套开合书画,而是直接用手进行操作,因此就会存有一些汗渍,汗渍经过长期的氧化就会发黄,汗渍中含有一定的盐分并对书画造成一定的化学危害。总体来讲书画的清洁有干洗和水洗两种,主要是针对书画物质层进行清洁,去除污染物。干洗,指的是用毛刷、掸子、棉花、面团、海绵或专用的小功率吸尘器等,通过纯物理操作的方式清除画心污染物的一种清洁方式。水洗,指的是用蒸馏水或者纯净水将书画的积尘、水渍、污染物进行漂洗的一种清洁方式。古书画一般很难仅通过干洗的方式进行处理,往往配合水洗进行,另外干洗也较为容易操作,这里不过多的进行阐述了,需要注意的是,干洗的时候一定要谨慎处理,注意文物安全。下面我们就简单的介绍一下水洗的具体操作。

水洗就是用水将书画进行清洗。可以使用喷壶或者排刷用清水打湿书画,书画湿透后,再轻轻用排刷、毛刷或者毛笔等将水从书画中慢慢赶出。一般古书画污渍较重,不太可能一次就清洗干净,需要进行多次清洗。部分书画会有发霉的情况,这种情况可以用高锰酸钾溶液涂在发霉的地方,稍待一定时间后再涂过氧化氢和淡草酸水,再用清水进行清洁,注意一定要清洁彻底。

(二)揭旧裱

书画如果出现了严重的断裂、虫蛀或者污渍,不能单纯地通过清洗进行处理,需要将它背后的旧裱揭去,进行更深层次的处理。在揭旧裱之前,需要对书画进行彻底的浸润。做法是排笔蘸清水或温水将书画刷湿,或者用喷壶慢慢将书画喷湿。待书画彻底湿润后,方可将书画背后的裱纸慢慢揭下来。有些书画因为破损严重或者旧裱浆糊太多,很难揭下,这种情况需要用手指慢慢将旧裱搓下来。揭掉旧裱之后要对残断的画心进行拼合,拼合完毕后敷上新的裱纸,如果残断得厉害,还需要在这层裱纸上进行一定的加固,也就是托补,就是用薄薄的宣纸或者皮纸撕成细条,保留毛边,然后用淡浆糊贴在画心断裂处的命纸上。托补旧画心时,务必要用干纸吸去多余的浆糊,以免留有浆糊痕迹,影响美观。托补过后需要将补好的画上墙,待完全干透后就可以进行重新装裱了。需要注意的是,重新装裱不得改变原有字画的装裱形式,原有的装裱材料如果可以利用尽量以旧补旧。

(三)全色

字画经过揭裱后就完成修复了,但是有些作品残损较多,或者因为虫蛀画面有部分缺失。因此有些书画在装裱好之后还需要进行全色,但是博物馆里的书画一般不进行全色,在这里就不展开论述了。需要提到的一点是能不全色尽量不去全色,在全色时颜色开始一定要调得浅些,慢慢调深,以免出现失误,毁掉了作品。

三、孔子博物馆书画的管理与研究

书画保存不当是多种原因造成的,比如季节更替产生的温差改变,干、湿不均,阳光紫外线辐射情况,空气尘土的污染等,由此而产生虫蛀、霉变、褪色等问题,使一幅完好的书画面目全非,失去其艺术价值。孔子博物馆3300多件书画大多来源于孔府旧藏,因此多多少少会出现一定的问题。为了更好地保护好这批书画,孔子博物馆设立了专门的书画库房。库房内有书画专用抽屉式储藏柜,柜内隔板为木质且包有防滑布,珍贵文物以及部分特殊的文物配备布套和囊匣。因为书画对温湿度要求较高,湿度过低会引起书画的干裂,湿度过高会导致书画发霉,因此在库房内有恒温恒湿设备和污染物调节,可以保证温湿度、环境质量常年符合书画保存条件。

　　孔子博物馆的书画作品,按内容主要可分为四类:一是孔子及弟子画像,二是衍圣公及其夫人画像,三是孔子后裔书画,四是帝王御笔及名人书画。其中以孔子画像最为珍贵。孔子及弟子画像主要有明代《孔子燕居图轴》《孔子观欹器图轴》《孔子讲学图轴》《三圣图轴》及清代《孔子行教像轴》等。不同的作品表现了孔子仁者爱人、温文尔雅、雍容大度、智慧卓群的圣人形象和有教无类、诲人不倦、礼乐教化的教育思想。衍圣公及其夫人的画像在字画藏品中占据着重要的地位,这些画像生动地描绘了衍圣公及其夫人的容貌,是孔子后裔对先祖的缅怀,对研究衍圣公承袭、明清官服发展演变等有重要的参考价值。孔子后裔不仅遵循祖训读书明理,而且在书画上也有着较高的造诣,其中以孔毓圻的《竹兰图》、孔继涑《玉虹楼法帖》和孔宪培《鹭鸶芙蓉图轴》等最负盛名。

　　除此之外,孔府还藏有乾隆皇帝《万仞宫墙赞》《孔子故宅门赞》,慈禧太后《寿字中堂》等帝王御笔书画,以及明周之冕、倪元璐,清金农、桂馥、郑板桥、刘墉等大量名人书画,突显了孔府作为"天下第一家",尊享"安荣富贵公府第,文章道德圣人家"的特殊荣耀。

第六节　瓷器保护管理与研究

一、孔子博物馆瓷器概况

　　孔子博物馆瓷器有 7300 余件,主要来源于孔府旧藏,另外还有少部分为曲阜本地遗址出土。孔府旧藏瓷器主要是孔府日用瓷器,包括陈设器、餐具等。出土瓷器主要来源于窑址和墓葬,这部分瓷器比例较小,但窑址出土的瓷器对于本地陶瓷烧造业具有重要的研究价值。

二、瓷器保护

(一)瓷器的清洁

　　瓷器因为表面有一层釉,对清洁的要求并不太高,一般家用清洁剂都可以使用。瓷器清洁的方法很多,常用的方法有:①清水去尘、除泥,对残片上的泥土、灰尘和旧缝中存有的黄、黑垢迹,可用清水、洗洁精、漂白粉等浸泡,用刷子、竹签、刀子手工清洗;②机械去污,对部分附着有硬结物的瓷器可以用小型超声波清洗设备或电动刻字笔等进行清理;③化学去污,瓷

器上的 $CaCO_3$、$MgCO_3$ 等盐类物质可用 5%～10% 的稀盐酸、甲酸或醋酸等清洗。

清洗过程中必须注意的几个问题：①无论采取何种清洗方法，均应以不伤害文物为基本原则。无此把握的方法必须先经过试验，取得满意效果后再使用；②部分早期瓷器以及磁州窑的一些瓷器因为胎釉结合并不太好，有些胎质也比较酥松，在处理时应格外注意；③对釉上彩瓷的清理也需要谨慎，不可以用坚硬的物体碰触彩绘表面，另外在选择清洗剂的时候要有针对性；④瓷器文物并非清洗得越干净、越彻底越好，相反，有些器物上的异物应予以保留或保护。需要强调的是凡黏附在器物表面的各种历史遗迹应予以保留，如丝麻织品或其他印痕以及必要的各类锈蚀等，既有年代特征，又能反映品种特点的印记，应予以大部分保留。

(二)瓷器修复

瓷器修复一般指的是瓷器的拼合和补缺。需要注意的是，早期瓷器和部分磁州窑的瓷器，除了需要拼合补缺外，还需要进行脱盐处理。长期的埋藏导致盐分和其他矿物质进入胎体，因此其胎体比较酥松，为了防止盐分的析出对胎体以及釉面的损伤，在保护的时候需要根据具体情况进行一定的脱盐处理。

瓷器的拼合主要采用可逆性胶类进行直接黏合，黏合的时候要注意胶不能使用过多，以免溢出，如有溢出一定要进行及时清理，另外黏合的时候还要做好文物的固定，以免发生错位造成不必要麻烦。

瓷器的补缺在历史上出现过多种方式，比如锡补、铜补、银补和金补，因为用的都是金属，因此我们统称金缮。这种修补方式非常美观，它使瓷器本体与金属之间产生了一种和谐的美，但是这种方式现在并不适合博物馆文物修复。现当代对于博物馆里的瓷器一般不进行补缺，除非有特殊的展出需求。补缺具体来讲需要先用全透明无色超强胶（HD－505）A∶B两种按 1∶1 的比例混合均匀后，加放 3～4 倍的滑石粉，再加少量的太白粉，涂在缺口或需修补处。如果缺口比较大，可以先用橡皮泥或黏土或石蜡做个模具，用事先调好的黏合剂滑石粉做成模型，等固化后，再用 HD－505 胶粘接。需要做纹饰的可以在打磨光滑的器皿面上绘画纹饰，颜料最好用油彩料和矿物颜料，色彩干后，再用全透明黏合剂 A∶B 胶按 2∶1 混合均匀，再加入少量的滑石粉混合均匀，盖在纹饰上釉用，但这层黏合剂不能太厚，多盖几次，直到和器型外面一样厚。

三、孔子博物馆瓷器管理与研究

孔子博物馆藏有瓷器 7300 余件。在库房的配备上，孔子博物馆设置有专门的瓷器库房，库房内有瓷器专用储藏柜，柜内隔板为木质且包有防滑布。珍贵文物以及部分特殊的文物全部配备了珍贵文物储藏柜并配有文物囊匣，囊匣内有软衬，充分保证了文物的安全。大件的瓷器还专门配有大型、重型文物储藏架。另外，库房内有恒温恒湿设备和污染物调节，可以保证温湿度、环境质量常年符合瓷器保存条件。

孔子博物馆所藏瓷器以明清时期为主。孔府旧藏瓷器按用途大致可分为祭器、陈设器、文房用具和餐具四类。祭器多为孔庙祭器，包括高足豆、香炉等等。另外还有同治十一年周公庙云龙纹青花五供，这套五供制作精美，云龙绘制精致有神，最具价值的是写有"同治十一年周公殿"款识，具有极高的研究价值。陈设器有鹿头尊、梅瓶、赏瓶等，文房用具有笔架山、笔洗、墨床等，从中可以看出衍圣公府和衍圣公的生活品位。因帝王、官员常至孔庙祭祀孔子，孔府餐饮接待频繁，故留存有大量精美成套餐具，如成组使用，颇有气势，突显了孔家"天下第一家"的尊贵地位。

参考文献

[1] 白鹏飞,刘宗元.博物馆数字化建设与博物馆信息传播[J].大众文艺,2014(23):199－200.

[2] 鲍立泉.数字传播技术发展与媒介融合演进[D].武汉:华中科技大学,2010.

[3] 北京市科学技术协会信息中心,北京数字科普协会.创意科技助力数字博物馆[M].北京:中国传媒大学出版社,2012.

[4] 单霁翔.博物馆的学术研究[M].天津:天津大学出版社,2017.

[5] 刁常宇.有器之用馆藏文物数字化采集与质量评价[M].杭州:浙江大学出版社,2021.

[6] 杜越.智慧博物馆建设中的藏品管理研究[D].上海:上海大学,2021.

[7] 傅琳.中国国家博物馆藏杨绛捐赠张之洞相关文物来源考[J].文史杂志,2020(06):15－21.

[8] 郭海莉.北京故宫博物院"数字故宫"的文化传播研究[D].长沙:湖南师范大学,2020.

[9] 黄瀚东,白广珍.瓷器文物常用清洗方法简述[J].文物鉴定与鉴赏,2021(04):47－50.

[10] 黄尤精.论图书馆数字资源采集与保存[J].中国管理信息化,2018,21(07):136－137.

[11] 黄雨涵.博物馆馆藏文物的数字化保护[J].大众文艺,2021(17):27－28.

[12] 冀克强.文物保护中青铜器的保护方法分析[J].东方收藏,2021(23):62－63.

[13] 金孝鲜.浅析文物环境对文物保护的影响及应对措施[J].文物鉴定与鉴赏,2021(18):88－90.

[14] 孔德平.中国古籍珍本丛刊孔子博物馆卷23[M].北京:国家图书馆出版社,2019.

[15] 李欣.BIM技术在古建筑保护中的应用研究[J].绿色环保建材,2019(03):234＋237.

[16] 李贞诚.数字化技术在博物馆文物保护工作中的思考分析[J].文物鉴定与鉴赏,2021(18):100－102.

[17] 刘辰光.简析博物馆藏品管理和保护工作[J].文化产业,2021(34):136－138.

[18] 刘冬雪.古籍数字化信息采集技术研究[D].北京:北京印刷学院,2017.

[19] 刘诗婷.X射线无损检测技术在金属文物研究中的应用[D].南京:南京艺术学院,2020.

[20] 刘效廷,闫俊,张晓瑜.浅析数字化博物馆建设中的问题与对策[J].汉字文化,2019,(03):113－114.

[21] 刘新阳.展览的艺术博物馆陈列操作与思考[M].武汉:武汉出版社,2016.

[22] 刘雁,付强.博物馆文物藏品的保护与利用分析[J].文化产业,2022(04):100－102.

[23] 刘媛媛.浅谈新时期博物馆社会教育服务功能[J].中国民族博览,2022(05):211－213.

[24] 马晓言.陶器文物保护的影响因素及修复方法[J].东方收藏,2021(07):107－108.

[25] 孟祥鹏.数字化技术在博物馆展陈中的发展和运用研究[J].收藏与投资,2021,12(09):93－95.

[26]孟祥鹏.文物预防性保护在博物馆中的应用策略[J].文物鉴定与鉴赏,2022(06):42—44.

[27]庞佳.浅析玉器鉴赏与保护之间的关系[J].文物鉴定与鉴赏,2019(11):104.

[28]齐越,沈旭昆.博物馆数字资源的管理与展示[M].上海:上海科学技术出版社,2008.

[29]宋会宇.国内纺织品文物清洗研究进展[J].西部皮革,2021,43(21):38—40+56.

[30]苏逸文.大数据背景下博物馆展览策划的分析与思考[J].文化创新比较研究,2019,3(14):146—147.

[31]孙翰伯.1948—1966年中国文物建筑保护制度及实践[D].郑州:郑州大学,2021.

[32]唐海波.让文物说话[M].宁波:宁波出版社,2020.

[33]王蕾.新媒体语境下的博物馆信息传播途径[J].首都博物馆论丛,2019,(00):169—174.

[34]吴云一.新博物馆学语境中的当代博物馆建筑设计[M].上海:上海人民出版社,2016.

[35]徐爱娣.浅议文物藏品管理规范化和信息化[J].文物鉴定与鉴赏,2020(11):100—101.

[36]徐光霁.博物馆数字化建设与文物管理探讨[J].中国科技信息,2021,(17):108—109.

[37]徐文娟.书画文物修复用纸老化性能的研究[J].中国文物科学研究,2021(02):68—72.

[38]薛超.博物馆数字化与数字采集中需改进的问题[J].文物世界,2004,(01):68—69+64.

[39]薛万侠.面向文物价值论的文物鉴定与鉴赏[J].文物鉴定与鉴赏,2020(03):94—95.

[40]闫永艳.灰岩类石质文物抗侵蚀保护试验研究[D].焦作:河南理工大学,2017.

[41]姚娜.基于热裂解气相色谱质谱法的明清时期纸质文物科学研究[D].北京:北京科技大学,2022.

[42]银文,任新宇.面向博物馆数字化展陈的交互式信息传播[J].艺海,2021,(09):74—76.

[43]游桃花.博物馆藏品开发与利用对策研究[J].文物鉴定与鉴赏,2020(16):124—125.

[44]游越.数字化保护在博物馆馆藏文物中的应用[J].现代交际,2021,(21):236—238.

[45]岳顶聪.博物馆数字化展示的交互体验研究[D].深圳:深圳大学,2018.

[46]张海燕.博物馆金属文物保护与修复探究[J].文物鉴定与鉴赏,2021(05):77—79.

[47]张丽.数字化时代中国博物馆教育发展研究[D].武汉:华中师范大学,2015.

[48]张子康,罗怡.艺术博物馆理论与实务[M].北京:文化艺术出版社,2017.

[49]郑滨.试论新形势下博物馆开展数字化建设的原因和路径[J].文物鉴定与鉴赏,2021,(17):114—116.

[50]中原文物2019年第3期双月刊(总第207期)[J].大众考古,2019(07):94.

[51]钟明剑.三维数字化技术在文物保护与开发中的应用[J].文物鉴定与鉴赏,2022(03):63—65.